LEI GERAL DE PROTEÇÃO DE DADOS

Estudos sobre um novo cenário
de Governança Corporativa

Rodrigo Pironti
Coordenador

Prefácio
Marcelo M. Bertoldi

LEI GERAL DE PROTEÇÃO DE DADOS

Estudos sobre um novo cenário de Governança Corporativa

1ª Reimpressão

Belo Horizonte

2021

© 2020 Editora Fórum Ltda.

2021 1ª Reimpressão

É proibida a reprodução total ou parcial desta obra, por qualquer meio eletrônico, inclusive por processos xerográficos, sem autorização expressa do Editor.

Conselho Editorial

Adilson Abreu Dallari
Alécia Paolucci Nogueira Bicalho
Alexandre Coutinho Pagliarini
André Ramos Tavares
Carlos Ayres Britto
Carlos Mário da Silva Velloso
Cármen Lúcia Antunes Rocha
Cesar Augusto Guimarães Pereira
Clovis Beznos
Cristiana Fortini
Dinorá Adelaide Musetti Grotti
Diogo de Figueiredo Moreira Neto (in memoriam)
Egon Bockmann Moreira
Emerson Gabardo
Fabrício Motta
Fernando Rossi
Flávio Henrique Unes Pereira

Floriano de Azevedo Marques Neto
Gustavo Justino de Oliveira
Inês Virgínia Prado Soares
Jorge Ulisses Jacoby Fernandes
Juarez Freitas
Luciano Ferraz
Lúcio Delfino
Marcia Carla Pereira Ribeiro
Márcio Cammarosano
Marcos Ehrhardt Jr.
Maria Sylvia Zanella Di Pietro
Ney José de Freitas
Oswaldo Othon de Pontes Saraiva Filho
Paulo Modesto
Romeu Felipe Bacellar Filho
Sérgio Guerra
Walber de Moura Agra

FÓRUM
CONHECIMENTO JURÍDICO

Luís Cláudio Rodrigues Ferreira
Presidente e Editor

Coordenação editorial: Leonardo Eustáquio Siqueira Araújo
Aline Sobreira de Oliveira

Av. Afonso Pena, 2770 – 15º andar – Savassi – CEP 30130-012
Belo Horizonte – Minas Gerais – Tel.: (31) 2121.4900 / 2121.4949
www.editoraforum.com.br – editoraforum@editoraforum.com.br

Técnica. Empenho. Zelo. Esses foram alguns dos cuidados aplicados na edição desta obra. No entanto, podem ocorrer erros de impressão, digitação ou mesmo restar alguma dúvida conceitual. Caso se constate algo assim, solicitamos a gentileza de nos comunicar através do e-mail editorial@editoraforum.com.br para que possamos esclarecer, no que couber. A sua contribuição é muito importante para mantermos a excelência editorial. A Editora Fórum agradece a sua contribuição.

L525   Lei Geral de Proteção de Dados : estudos sobre um novo cenário de
        Governança Corporativa / coordenado por Rodrigo Pironti. 1. Reimpressão. Belo
        Horizonte : Fórum, 2020.
        254 p. ; 14,5cm x 21,5cm.

        Inclui bibliografia.
        ISBN: 978-65-5518-043-5

        1. Direito empresarial. 2. Direito privado. 3. Direito público. 4. Direito
        administrativo. I. Pironti, Rodrigo. II. Título.

2020-1518   CDD: 342
                                                             CDU: 342

Elaborado por Vagner Rodolfo da Silva – CRB-8/9410

Informação bibliográfica deste livro, conforme a NBR 6023:2018 da Associação Brasileira de Normas Técnicas (ABNT):

PIRONTI, Rodrigo (Coord.). Lei Geral de Proteção de Dados: estudos sobre um novo cenário de Governança Corporativa. 1. Reimpr. Belo Horizonte: Fórum, 2020. 254 p. ISBN 978-65-5518-043-5.

Aos meus filhos, Enrico e Chiara, a quem dedico não apenas mais esta obra, mas minha vida.

À minha esposa, Ana, que me dá suporte e com quem divido todos os meus dias.

Aos meus pais e irmão, Nilo, Sandra e Ricardo, sempre presentes.

Ao amigo Luis Cláudio, à Maria Amélia e sua equipe e à Editora Fórum, que, após a décima obra, já se confundem com minha história acadêmica e de vida.

A Deus.

Meus sinceros agradecimentos a todos os que contribuíram, direta ou indiretamente, para a concretização desta obra, em especial, aos coautores, responsáveis por dividir comigo o grande privilégio desta publicação.

Ao time do escritório Pironti Advogados, sócios e colaboradores, verdadeiros amigos que transformam minha jornada em um grande propósito.

SUMÁRIO

PREFÁCIO
Marcelo M. Bertoldi 15

LEI GERAL DE PROTEÇÃO DE DADOS NA EXPERIÊNCIA EUROPEIA
Luciano Ferraz, Thiago Ferreira Almeida 17
1   Considerações introdutórias 17
2   LGPD na União Europeia 18
3   À guisa de conclusão 22
    Referências 23

A INSEGURANÇA JURÍDICA SOBRE O INÍCIO DE VIGÊNCIA DA LGPD: OS REFLEXOS DE UMA ESQUIZOFRENIA NORMATIVA
Rodrigo Pironti 27

INVESTIGAÇÕES CORPORATIVAS À LUZ DA LEI GERAL DE PROTEÇÃO DE DADOS
Ana Maria Silveira Sasso Gomes, Eduardo Moura, Marcos Mafra 37
1   Introdução 37
2   As investigações corporativas no âmbito da *General Data Protection Regulation (GDPR)* 38
3   A necessidade de adequação das investigações corporativas segundo a Lei Geral de Proteção de Dados (LGPD) 42
4   Recomendações na forma de coletar e tratar dados durante o processo de investigação interna 44
5   Requisitos impostos pela Lei Geral de Proteção de Dados no processo de investigação de dados 46
6   Considerações finais 50

LEI GERAL DE PROTEÇÃO DE DADOS E *"DUE DILIGENCE"* DE INTEGRIDADE: APARENTE CONFLITO OU EFETIVA APLICAÇÃO?
Matheus Lourenço Rodrigues da Cunha 51
    Introdução 51

1	A tutela internacional e interna de direitos humanos e fundamentais decorrentes de dados pessoais	52
2	A corrupção como agente lesivo de direitos humanos e fundamentais e a tutela proveniente de seu combate e prevenção	57
3	As diligências ou verificações apropriadas (*due diligence*) como requisito de efetividade do programa de *compliance* e integridade	60
4	Aparente conflito entre a LGPD e *due diligence* de integridade e alternativas para a conformidade	65
	Conclusão	68
	Referências	69

PROGRAMA DE GOVERNANÇA EM PRIVACIDADE
Éryta Dallete Fernandes Karl 73

I	Comprometimento do agente de tratamento de dados	74
II	Integração do programa à estrutura geral de governança	75
III	Aplicabilidade do programa a todo o conjunto de dados pessoais sob controle da organização	76
IV	Adaptação do programa à estrutura, escala, volume e sensibilidade dos dados tratados	77
V	Estruturação de políticas e salvaguardas adequadas	77
VI	Avaliação sistemática e periódica de impactos e riscos à privacidade	79
VII	Mecanismos de supervisão internos e externos	79
VIII	Existência de planos de resposta a incidentes e planos de remediação	80
IX	Transparência com o titular dos dados	80
X	Monitoramento contínuo e atualização constante	81

AUTORIDADE NACIONAL DE PROTEÇÃO DE DADOS (ANPD)
Ana Maria Silveira Sasso Gomes 83

AUTORIDADE NACIONAL DE PROTEÇÃO DE DADOS, ASPECTOS PENDENTES DE REGULAÇÃO E CULTURA DE PROTEÇÃO DE DADOS
Natália Brotto, Pedro Henrique Dalgallo Camargo 91

1	A Autoridade Nacional de Proteção de Dados	91
2	Aspectos pendentes de regulação pela ANPD e os princípios da LGPD	93
3	Aspectos pendentes e primeiros passos da ANPD	95

4	A ANPD e a figura do encarregado (*Data Protection Officer*)	97
5	A necessária delimitação do legítimo interesse pela ANPD	98
6	A ANPD e os bancos de dados "antigos"	99
7	A ANPD e a cultura de proteção de dados	100
8	Conclusão	101
	Referências	102

RESPONSABILIDADES E SANÇÕES ADMINISTRATIVAS NA LGPD
Francisco Zardo 105

1	Objeto de análise	105
2	A responsabilidade dos agentes de tratamento de dados	106
2.1	Pressupostos: conduta, dano e nexo	106
2.2	Responsabilidade subjetiva ou objetiva?	106
2.3	Solidariedade	107
2.4	Excludentes de responsabilidade	108
2.5	Aspectos processuais e a prescrição	109
3	As sanções administrativas aplicáveis aos agentes de tratamento de dados	110
3.1	A incidência do regime jurídico de Direito Administrativo Sancionador	110
3.2	A exigência de tipicidade, antijuridicidade e culpabilidade (ou reprovabilidade)	112
3.3	As sanções em espécie	114
3.4	O processo administrativo e a dosimetria das sanções	117
3.5	Vedação ao *bis in idem*	118
3.6	Prescrição	119
	Referências	119

SISTEMA DE GESTÃO DE SEGURANÇA DA INFORMAÇÃO E *DATA SCIENCE*: COMO UTILIZAR NA IMPLANTAÇÃO DA LGPD
Felipe Guimarães 121

	Sistema de informação × tecnologia da informação	122
	Segurança da informação	123
1	Disponibilidade	123
2	Integridade	124
3	Confidencialidade	124
	Os conceitos de dado e informação	124
	Segurança e sigilo dos dados	126

Conclusão 129

OS PRINCIPAIS DESAFIOS DAS EQUIPES DE TI PARA SE ADEQUAREM À LGPD
Christian Bachmann 131
1   Introdução 131
2   Bases legais 132
3   Ciclo de vida dos dados pessoais 134
3.1   Titular do dado 134
3.2   Coleta de dados 134
3.3   Processamento/armazenamento 135
3.4   Descarte 136
4   Mapeamento dos ativos de TI 136
5   Análise de riscos de TI 137
6   *Privacy by design* 139
7   Consentimento 140
8   Direito dos usuários 142
9   Incidente de segurança 143
10   Exceção 145
    Referências 145

PRIVACY BY DESIGN E PRIVACY BY DEFAULT
Sandro Tomazele de Oliveira Lima 147

IMPLANTAÇÃO DA LGPD NO SETOR PÚBLICO: GERENCIANDO RISCOS IMINENTES
Walter Cunha, Bruno Affonso, Juliana Legentil 157
1   Introdução 157
2   Lei Geral de Proteção de Dados Pessoais: impactos no setor público 158
3   Gerenciamento de riscos relacionados à LGPD no setor público 160
    Considerações finais 164
    Referências 164

A ADMINISTRAÇÃO PÚBLICA NA LEI GERAL DE PROTEÇÃO DE DADOS
Luciano Elias Reis, Rafael Knorr Lippmann 167
1   Introdução 167

2	Dados pessoais e a Administração Pública........................	168
3	A Administração Pública na LGPD....................................	170
3.1	Princípio da finalidade e a "pertinência temática" no tratamento de dados pessoais..	171
3.2	Controle humano sobre tomada de decisão automatizada.....	173
3.3	Inadequação das sanções legais às infrações praticadas pela Administração Pública..	175
3.4	Sanções aos agentes públicos por violação aos dispositivos legais..	176
	Conclusão...	177
	Referências...	177

FUNDAMENTOS DA LEI GERAL DE PROTEÇÃO DE DADOS PESSOAIS E A RESPONSABILIDADE EXTRACONTRATUAL DO ESTADO NO TRATAMENTO DE DADOS PESSOAIS

Mirela Miró Ziliotto, Felipe Greggio..................................		179
1	Introdução...	179
2	Os fundamentos e princípios da Lei Geral de Proteção de Dados Pessoais...	180
3	Princípios e responsabilidade do tratamento de dados pessoais pela Administração Pública...................................	189
4	Conclusão..	197
	Referências..	198

A APLICAÇÃO DA LGPD NAS EMPRESAS ESTATAIS

Caroline Rodrigues da Silva...		201
1	Introdução...	201
2	Contextualização...	202
3	A LGPD e as estatais...	210
3.1	Execução de atividades em regime de concorrência..........	210
3.2	Operacionalização de políticas públicas............................	211
3.3	LGPD e demais atuações das estatais................................	212
	Conclusão..	214
	Referências..	215

A LEI GERAL DE PROTEÇÃO DE DADOS NO SISTEMA S: ASPECTOS RELEVANTES

Julieta Mendes Lopes Vareschini.....................................		217
1	Do regime jurídico aplicável ao Sistema S........................	217

2	Lei Geral de Proteção de Dados Pessoais: aplicabilidade ao Sistema S	220
3	Conclusão	230
	Referências	230

A FIGURA DO ENCARREGADO PELA PROTEÇÃO DE DADOS PESSOAIS
Diogo Silva Marzzoco 233

	Introdução	233
1	Quem é o encarregado e qual o perfil desejado?	234
2	Quem deve indicar um encarregado?	236
3	Atividades do encarregado	240
4	Responsabilização do encarregado	245
5	Conclusão	246

SOBRE OS AUTORES 249

PREFÁCIO

O direito à privacidade, cujas raízes remontam ao final do século XIX, diz respeito à garantia atribuída a todo o cidadão de ter seus assuntos privados resguardados, evitando-se assim a intromissão alheia indesejada. Se esse valor já era objeto de atenção e proteção por parte da legislação, com a internet, a disseminação extraordinária das redes sociais e a utilização dos dados pessoais de forma indiscriminada por parte das organizações, o tema ganha relevância mundial, a ponto de tornar-se pauta constante da OCDE e exigência de um mercado cada vez mais exigente em relação a esse assunto.

A Lei Geral de Proteção de Danos brasileira, inspirada na *General Data Protection Regulation* (GPDR), oriunda da Comunidade Econômica Europeia, trata-se de um microssistema legislativo de alcance extraordinário e impacto significativo em todos os setores da sociedade. Não por outro motivo que essa legislação vem atraindo significativa atenção do mundo jurídico.

Ao longo da presente obra os autores trataram de temas extremamente atuais e pertinentes ao entendimento da nova realidade em que o Brasil será inserido com a entrada em vigor da LGPD, na qual a proteção e privacidade de dados pessoais passarão a ser requisitos essenciais ligados à responsabilidade corporativa.

A inovação deste livro está representada na pluralidade dos temas abordados, voltados não apenas para a iniciativa privada, mas também, e principalmente, para o setor público. O vasto conhecimento compartilhado pelos autores garantirá ao leitor um amplo entendimento em relação aos aspectos fundamentais da LGPD, de modo que compreenda os principais conceitos e particularidades relacionados a este tema de grande relevância atual.

Demonstrando um embasamento teórico rico, os autores apresentam os diversos temas tratados neste livro com a preocupação de trazê-los para a prática, fazendo com que o leitor possa não só aprofundar seu conhecimento, mas também aumentar sua capacidade de aplicação desse conhecimento no seu cotidiano.

Espero que todos tenham uma boa leitura.

Marcelo M. Bertoldi
Advogado, professor, doutor em Direito pela PUC-SP.

LEI GERAL DE PROTEÇÃO DE DADOS NA EXPERIÊNCIA EUROPEIA

LUCIANO FERRAZ
THIAGO FERREIRA ALMEIDA

1 Considerações introdutórias

A vulnerabilidade do ambiente digital – consequência da transmissibilidade instantânea das informações pela *internet* e por outros meios de comunicação em massa – impôs mudanças no processo de tratamento de dados pessoais[1] no mundo ocidental.[2]

A nova realidade – inexoravelmente incorporada por diversos Estados, empresas e cidadãos – revelou paulatinamente a imperiosidade de se garantir proteção jurídica aos dados em face da facilitação de acesso e do potencial compartilhamento lícito ou ilícito proporcionado pelas interconexões digitais.

---

[1] *Personally Identifiable Information* – PII, em inglês, é um termo usado em segurança da informação referente a dados que podem ser usados na identificação, no contato e na localização de pessoas. São tipos de PPI: nome completo, local e data de nascimento, cédula de identidade, cadastro de pessoas físicas, número do título eleitoral, endereço de IP (em alguns casos), número de placa de veículos, número da carteira de habilitação, retrato, impressões digitais, número de cartões de crédito, tipo sanguíneo, informações genéticas.

[2] A primeira experiência de regulamentação foi a da União Europeia tratada neste artigo. Nos EUA, em 28 de junho de 2018, foi aprovado o *California Consumer Privacy Act of 2018* (CCPA), que é uma legislação estadual californiana inspirada na legislação europeia e com vigência estabelecida a partir de 1º de janeiro de 2020.

Nessa onda, o direito fundamental à privacidade previsto nas Constituições (*v.g.*, art. 5º, X, da Constituição Brasileira) sofreu uma significativa "ingerência cibernética" à medida que os dados personalíssimos se transformaram numa espécie de *commodity digital* apta à exploração comercial de perfis e tendências, utilizáveis para as mais diversas finalidades.

A partir daí, verifica-se uma reação protetiva dos ordenamentos jurídicos, que passam a manifestar suas preocupações com a segurança dos dados e com os respectivos acessos, em resposta às intrusões do capital explorativo ou do aparelhamento ilícito, em ordem a tutelar direitos fundamentais de liberdade, de privacidade e o livre desenvolvimento das pessoas naturais.

O presente ensaio pretende analisar alguns aspectos relevantes da implementação da legislação de proteção de dados na União Europeia (GDPR), como forma de exemplificar a temática que encontra discussão fértil no Brasil a partir da promulgação da Lei Geral de Proteção de Dados brasileira (LGPD).

No Brasil, a primeira legislação a tratar especificamente da proteção de dados pessoais é a Lei Federal nº 13.709, de 14 de agosto de 2018.[3]

2 LGPD na União Europeia

A Figura 1 a seguir demonstra os países que possuem legislação adequada ou parcialmente adequada aos padrões de proteção de dados exigidos nos países-membros da União Europeia. A figura destaca também os países que instituíram autoridades independentes para a regulação e a fiscalização dos dados, conforme publicação da Comissão Nacional de Informática e Liberdades da França (*Commission Nationale de l'Informatique et des Libertés* – CNIL).[4]

---

[3] A Lei Federal nº 14.010, de 10 de junho de 2020, alterou o art. 65 da Lei Federal nº 13.709/2018, definindo que a referida legislação entrará em vigor no dia 1º de agosto de 2021, quanto aos arts. 52, 53 e 54. Por sua vez, a Medida Provisória nº 959, de 29 de abril de 2020, alterou o inicio II do art. 65 da Lei Federal nº 13.709/2018, estabelecendo a entrada em vigor dos demais artigos da LGPD a partir de 3 de maio de 2021.

[4] COMMISSION NATIONALE DE L'INFORMATIQUE ET DES LIBERTÉS – CNIL. Disponível em: https://www.cnil.fr/fr/les-missions-de-la-cnil. Acesso em: 28 out. 2019.

Figura 1 – Países com Legislação de Proteção de Dados

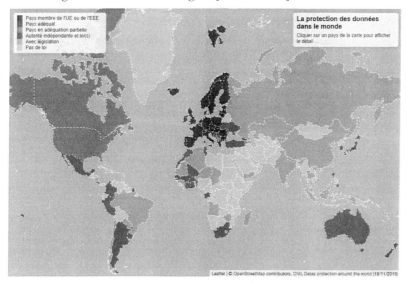

Fonte: Commission Nationale de l'Informatique et des Libertés (2019).

Sobre o tema, o Parlamento, o Conselho e a Comissão da União Europeia aprovaram normativa específica sobre novas regras de proteção de dados pessoais, estabelecendo regime de padronização dentro do espaço comum. Esse regime é extensível a terceiros Estados (alheios ao espaço europeu), assim como às empresas estrangeiras que ofertam produtos e serviços no ambiente da União Europeia.[5]

De fato, em 27 de abril de 2016, foi adotado o Regulamento 2016/679, que revogou a Diretiva 95/46/EC, passando a se constituir no principal mecanismo de proteção de dados na União Europeia (*General Data Protection Regulation* – GDPR).

O GDPR, após um período de transição de dois anos, entrou em vigência em 25 de maio de 2018 para todos os Estados-membros e adjacências. É que o GDPR é um regulamento – e não uma diretiva – e

---

[5] As empresas estrangeiras, por exemplo, estão submetidas à legislação europeia de protecção de dados, sendo conhecido o caso da empresa americana Google, que foi multada no valor de 50 milhões de euros pela Comissão Nacional de Informática e Liberdades da França – CNIL (REUTERS. *Data privacy and GDPR at one year, a U.S. perspective*. Part One – report card. May 22, 2019. Disponível em: https://www.reuters.com/article/bc-finreg-gdpr-one-year-report-card-part/data-privacy-and-gdpr-at-one-year-a-u-s-perspective-part-one-report-card-idUSKCN1SS2K5. Acesso em: 29 out. 2019).

como tal é desnecessário que os Estados-membros da União Europeia aprovem legislação local complementar para lhe garantir eficácia plena interna.

A norma europeia qualificada como regulamento consiste em ato europeu vinculativo e aplicável diretamente por força dos tratados constitutivos.[6]

Em compasso com o GDPR, também na União Europeia foi aprovada a Diretiva 2016/680, que versa sobre proteção de dados de pessoas naturais referentes ao seu processamento por autoridades competentes com o objetivo de proteção, investigação e prossecução de ofensas penais ou execução de penas criminais, revogando as disposições da Decisão-Quadro do Conselho da União Europeia 2018/977/JHA.

---

[6] A supremacia e a primazia das normas europeias sobre as de Direito Interno dos seus Estados-membros possuem fundamentação jurisprudencial do Tribunal de Justiça da União Europeia (TJUE). Quatro casos emblemáticos do TJUE trataram da questão. O Caso Van Gend & Loos/Administração Fiscal, julgado pelo Tribunal de Justiça das Comunidades Europeias (TJCE) em 1962 (Acórdão 05/02/1963), tornou-se um dos julgados mais importantes para a consolidação do Direito Comunitário europeu ao longo dos seus 50 anos de existência. Sua relevância demonstra-se pelo estabelecimento, em 1963, do princípio do efeito direto das disposições dos tratados fundamentais e daqueles posteriormente pactuados e concede a eles a possibilidade de recorrer em juízo nacional ao seu cumprimento ou a sua abstenção. No Caso Costa & ENEL – Acórdão 15/07/1964, revela-se o posicionamento do TJCE em reconhecer o primado da norma comunitária sobre a norma nacional, mesmo posterior, que se oponha ao Direito Comunitário. É a garantia da eficácia única do direito comunitário, que não poderia variar de um Estado-membro para outro, conforme as previsões legislativas nacionais e posteriores. O Caso Administração das Finanças do Estado/Simmenthal – Acórdão 09/03/1978 – estabeleceu que o juiz nacional é responsável, no âmbito das suas competências, pela aplicação das disposições de direito comunitário, cabendo-lhe a obrigação de garantir o pleno efeito de tais normas e decidir pela não aplicação de qualquer norma de direito interno que as contrarie, ainda que tal norma seja posterior, sem que tenha de requerer ou mesmo aguardar a prévia eliminação da referida norma pela via legislativa ou por quaisquer outros procedimentos constitucionais de derrogação normativa do direito interno. Por fim, no Caso Internationale Handelsgesellschaft – Acórdão 17/12/1970, o TJCE decidiu que não cabe a invocação de normas nacionais para verificar a validade do Direito Comunitário, sob pena de prejuízo do próprio caráter comunitário e da natureza da comunidade europeia. Observa-se, portanto, que a jurisprudência europeia define a supremacia das normas comunitárias sobre qualquer norma interna, inclusive das normas constitucionais dos seus Estados-membros. O reconhecimento de princípios pela via jurisprudencial do TJUE permitiu que o desenvolvimento da União Europeia se desse por via de uma consolidação casuística: *Europeanisation through case-law*. As decisões no início da década de 1960 enfrentaram o momento inicial europeu de formação política e econômica, em que diversas perspectivas de integração estavam em debate, angariando espaço para que decisões jurisdicionais assumissem repercussões políticas sobre a atuação da comunidade europeia nos anos posteriores. Tal posicionamento é justificável pela competência do TJUE de único intérprete da norma comunitária, bem como a sua atuação de vanguarda em reconhecer princípios basilares para a integração europeia, antecedendo qualquer decisão de tribunais constitucionais dos Estados-membros em decidir sobre o alcance e o primado das normas comunitárias (ALMEIDA, 2014).

Referidas regulamentações inseriram-se, como se disse, na proposta da União Europeia de reforçar a tutela aos direitos fundamentais dos seus cidadãos na era digital e de facilitar negócios pela simplificação de regras aplicáveis às companhias inseridas no Mercado Único Digital (*Digital Single Market*). Conforme dados da própria União Europeia, a simplificação dessas regras tem a aptidão de poupar gastos públicos estimados em 2,3 bilhões de euros por ano, havendo estudos que apontam que a nova legislação é capaz de gerar 28.000 novos empregos na Europa e 75.000 em todo o mundo.[7]

Já no começo de sua vigência, em período amostral compreendido entre maio de 2018 e maio de 2019, foram registrados pela Comissão Europeia mais de 89 mil notificações de ruptura da segurança de dados pessoais causados por liberação indevida ou acidental de empresas na União Europeia. E o acesso a tais informações somente se tornou possível porque a regulação da União Europeia (GDPR) impõe às empresas e aos organismos o dever de informarem a quebra de proteção de dados às autoridades europeias em até 72 horas da ciência do ocorrido.[8]

Com efeito, o GPDR, em seu art. 51,[9] estabelece que cada Estado-membro da União Europeia tem a obrigação de instituir uma ou mais autoridades públicas independentes, com a atribuição de fiscalizar e monitorar a aplicação dos seus dispositivos, sempre com o objetivo de proteger os direitos e as liberdades fundamentais das pessoas físicas em ambiente comunitário.[10] Em Portugal, por exemplo, a autoridade independente existente é a Comissão Nacional de Protecção de Dados – CNPD.[11]

Como as autoridades de regulação devem repassar informações ao Parlamento Europeu e ao Conselho Europeu, foi criada a Autoridade Supervisora Europeia de Proteção de Dados (*European Data Protection*

---

[7] Ver estudo publicado pela *International Association of Privacy Professionals* (IAPP): GDPR's global reach to require at least 75,000 DPOs worldwide.iapp.org. Disponível em: https://iapp.org/news/a/study-gdprs-global-reach-to-require-at-least-75000-dpos-worldwide/#. Acesso em: 29 mar. 2020.
[8] EUROPEAN COMMISSION. *EU data protection rules*. Disponível em: https://ec.europa.eu/commission/priorities/justice-and-fundamental-rights/data-protection/2018-reform-eu-data-protection-rules/eu-data-protection-rules_en. Acesso em: 28 out. 2019.
[9] GENERAL DATA PROTECTION REGULATION – GDPR. *Supervisory Authority. Art. 51*. Disponível em: https://gdpr-info.eu/art-51-gdpr/. Acesso em: 02 abr. 2020.
[10] Caso algum Estado-membro estabeleça mais de uma autoridade independente, existe a obrigação de se criar uma autoridade supervisora a representar as autoridades constituídas. Para acesso a todas as Autoridades de Proteção de Dados de cada Estado-membro da União Europeia, veja: https://edpb.europa.eu/about-edpb/board/members_en. Acesso em: 02 abr. 2020.
[11] CNPD. Disponível em: https://www.cnpd.pt. Acesso em: 02 abr. 2020.

Supervisor – EDPS[12]), responsável por coordenar a fiscalização e a cooperação de dados entre as nações europeias. Em complementação ao EDPS, também foi constituído o Conselho Europeu de Proteção de Dados (*European Data Protection Board – EDPB*) – órgão independente e responsável pela aplicação das regras de proteção de dados pela União Europeia, competindo-lhe, entre outros, estabelecer a cooperação entre os Estados-membros. Seu conselho é composto por representantes das autoridades independentes nacionais e pela própria Autoridade Europeia Supervisora de Proteção de Dados (EDPS).[13]

Como uma das mais recentes atualizações do sistema europeu de proteção de dados, o art. 97 da GDPR exige, a partir de 25 de maio de 2020 e a cada quatro anos, o envio de relatório elaborado pela Comissão Europeia ao Conselho e ao Parlamento Europeu. Esse relatório também deverá ser disponibilizado para livre acesso ao público.

O último relatório da Comissão Europeia de Proteção de Dados, emitido em 24 de junho de 2020, apresenta que os cidadãos encontram-se mais conscientes dos seus direitos em virtude das ações em prol da transparência, direito ao acesso de dados. Pesquisa de opinião realizada pela referida comissão europeia atestou que 69% da população com mais de 16 anos conhece o regulamento europeu de proteção de dados e que 71% das pessoas conhecem as autoridades nacionais europeias de proteção de dados.

Observa-se, portanto, que é bastante válida e recente a experiência da União Europeia no tratamento, regulação e fiscalização do acesso e do trânsito de dados pessoais em seu território, constituindo-se, a bem da verdade, uma relevante fonte de informações e exemplo normativo em todos os cantões do globo, inclusive no Brasil.

3 À guisa de conclusão

As transformações do ambiente digital e a facilidade de acesso e transmissão mudaram as exigências e as experiências no processo de tratamento dos dados pessoais pelo mundo. As linhas anteriores visaram a estabelecer um paralelo entre o processo de implantação do GDPR na União Europeia e a instituição da LGPD no Brasil.

---

[12] EDPS. Disponível em: https://edps.europa.eu. Acesso em: 02 abr. 2020.
[13] EDPB. Disponível em: https://edpb.europa.eu/about-edpb/about-edpb_en. Acesso em: 02 abr. 2020.

Os objetivos da LGPD europeia são elogiáveis. A tutela dos direitos fundamentais da personalidade é uma conquista do constitucionalismo contemporâneo e como tal deve ter sua importância avaliada, com esmero, pelo legislador democrático, de acordo com as mutações societárias, tecnológicas e comportamentais.

O debate sobre a LGPD trará impactos em diversos aspectos na Administração Pública, podendo trazer reflexos, inclusive, sobre entendimentos já consagrados pela jurisprudência. O objetivo do presente artigo consistiu em apresentar uma abordagem internacional a partir da perspectiva europeia das normas de proteção de dados, com o fim último de contribuir para o debate brasileiro.

Referências

ALEXY, Robert. *Teoria dos Direitos Fundamentais*. Trad. Virgílio Afonso da Silva. São Paulo: Malheiros, 2008.

ALMEIDA, Thiago Ferreira. *A natureza jurídica dos empréstimos por organizações internacionais de cooperação financeira*: as licitações brasileiras realizadas com normas internacionais. Programa de Pós-Graduação da Faculdade de Direito da UFMG. Orientador: Roberto Luiz Silva. Dissertação (mestrado) – Faculdade de Direito da Universidade Federal de Minas Gerais, 19 de maio de 2014.

BERNAL PULIDO, Carlos. *El principio de proporcionalidad y los derechos fundamentales*. Madrid: Centro de Estudios Políticos y Constitucionales, 2005.

BRASIL. *Constituição da República Federativa do Brasil de 1988*. Disponível em: http://www.planalto.gov.br/ccivil_03/constituicao/constituicaocompilado.htm. Acesso em: 02 abr. 2020.

BRASIL. *Lei Federal nº 13.709, de 14 de agosto de 2018. Lei Federal de Proteção de Dados Pessoais (LGPD)*. Disponível em: http://www.planalto.gov.br/ccivil_03/_ato2015-2018/2018/lei/L13709.htm. Acesso em: 01 abr. 2020.

BRASIL. *Lei Federal nº 13.979, de 6 de fevereiro de 2020*. Dispõe sobre as medidas para enfrentamento da emergência de saúde pública de importância internacional decorrente do coronavírus responsável pelo surto de 2019. Disponível em: http://www.planalto.gov.br/ccivil_03/_ato2019-2022/2020/lei/L13979.htm. Acesso em: 01 abr. 2020.

BRASIL. *Lei Federal nº 14.010, de 10 de junho de 2020*. Dispõe sobre o Regime Jurídico Emergencial e Transitório das relações jurídicas de Direito Privado (RJET) no período da pandemia do coronavírus (Covid-19). Disponível em: http://www.planalto.gov.br/ccivil_03/_Ato2019-2022/2020/Lei/L14010.htm. Acesso em: 17.06.2020.

BRASIL. *Medida Provisória nº 926, de 20 de março de 2020*. Altera a Lei nº 13.979, de 6 de fevereiro de 2020, para dispor sobre procedimentos para aquisição de bens, serviços e insumos destinados ao enfrentamento da emergência de saúde pública de importância internacional decorrente do coronavírus. Disponível em: http://www.planalto.gov.br/ccivil_03/_ato2019-2022/2020/Mpv/mpv926.htm#art1. Acesso em: 01 abr. 2020.

BRASIL. *Medida Provisória nº 927, de 22 de março de 2020.* Dispõe sobre as medidas trabalhistas para enfrentamento do estado de calamidade pública reconhecido pelo Decreto Legislativo nº 6, de 20 de março de 2020, e da emergência de saúde pública de importância internacional decorrente do coronavírus (covid-19), e dá outras providências. Disponível em: http://www.planalto.gov.br/ccivil_03/_ato2019-2022/2020/Mpv/mpv927.htm#art38. Acesso em: 01 abr. 2020.

BRASIL. *Medida Provisória nº 928, de 23 de março de 2020.* Altera a Lei nº 13.979, de 6 de fevereiro de 2020, que dispõe sobre as medidas para enfrentamento da emergência de saúde pública de importância internacional decorrente do coronavírus responsável pelo surto de 2019, e revoga o art. 18 da Medida Provisória nº 927, de 22 de março de 2020. Disponível em: http://www.planalto.gov.br/ccivil_03/_Ato2019-2022/2020/Mpv/mpv928.htm. Acesso em: 01 abr. 2020.

BRASIL. *Medida Provisória nº 959, de 29 de abril de 2020.* Estabelece a operacionalização do pagamento do Benefício Emergencial de Preservação do Emprego e da Renda e do benefício emergencial mensal de que trata a Medida Provisória nº 936, de 1º de abril de 2020, e prorroga a *vacatio legis* da Lei nº 13.709, de 14 de agosto de 2018, que estabelece a Lei Geral de Proteção de Dados Pessoais (LGPD). Disponível em: http://www.planalto.gov.br/CCIVIL_03/_Ato2019-2022/2020/Mpv/mpv959.htm. Acesso em: 01.05.2020.

CALIFORNIANS FOR CONSUMER PRIVACY. *California Consumer Privacy Act of 2018 (CCPA).* Disponível em: https://www.caprivacy.org. Acesso em: 02 abr. 2020.

COMMISSION NATIONALE DE L'INFORMATIQUE ET DES LIBERTÉS – CNIL. Disponível em: https://www.cnil.fr/fr/les-missions-de-la-cnil. Acesso em: 28 out. 2019.

CRAIG, Paul; DE BÚRCA, Gráinne. *EU Law.* Text, Cases, and Materials. 4. ed. Oxford: Oxford University Press, 2008.

EUROPEAN COMMISSION. *EU data protection rules.* Disponível em: https://ec.europa.eu/commission/priorities/justice-and-fundamental-rights/data-protection/2018-reform-eu-data-protection-rules/eu-data-protection-rules_en. Acesso em: 28 out. 2019.

EUROPEAN COMMISSION. *Commission report*: EU data protection rules empower citizens and are fit for the digital age. Disponível em: https://ec.europa.eu/commission/presscorner/detail/en/ip_20_1163. Acesso em: 09.07.2020.

EUROPEAN DATA PROTECTION BOARD. *Autoridades de Proteção de Dados de cada Estado membro da União Europeia.* Disponível em: https://edpb.europa.eu/about-edpb/board/members_en. Acesso em: 02 abr. 2020.

GENERAL DATA PROTECTION REGULATION – GDPR. *Supervisory authority. Art. 51.* Disponível em: https://gdpr-info.eu/art-51-gdpr/. Acesso em: 02 abr. 2020.

GENERAL DATA PROTECTION REGULATION – GDPR. *Commission reports. Art. 97.* Disponível em: https://gdpr.eu/article-97-commission-reports/. Acesso em: 13 jul. 2020.

INTERNATIONAL CONFERENCE OF DATA PROTECTION AND PRIVACY COMMISSIONERS – ICDPPC. Disponível em: https://icdppc.org. Acesso em: 28 out. 2019.

JOTA. *PL de Toffoli prevê adiamento da LGPD e suspensão de regras anticoncorrenciais.* Ana Pompeu. 02 abr. 2020. Disponível em: https://www.jota.info/justica/pl-de-toffoli-preve-adiamento-da-lgpd-e-suspensao-de-regras-anticoncorrenciais-02042020. Acesso em: 02 abr. 2020.

MULLIGAN, Stephen P.; FREEMAN, Wilson C.; LINEBAUGH, Chris D. *Data Protection Law: An Overview*. Congressional Research Service. March 25, 2019. Disponível em: https://fas.org/sgp/crs/misc/R45631.pdf. Acesso em: 29 out. 2019.

PORTUGAL. *Comissão Nacional de Proteção de Dados – CNPD*. Disponível em: https://www.cnpd.pt. Acesso em: 02 abr. 2020.

REUTERS. *Data privacy and GDPR at one year, a U.S. perspective*. Part One – report card. May 22, 2019. Disponível em: https://www.reuters.com/article/bc-finreg-gdpr-one-year-report-card-part/data-privacy-and-gdpr-at-one-year-a-u-s-perspective-part-one-report-card-idUSKCN1SS2K5. Acesso em: 29 out. 2019.

THE PRIVACY ADVISOR. *GDPR's global reach to require at least 75,000 DPOs worldwide*. International Association of Privacy Professionals (IAPP). Disponível em https://iapp.org/news/a/study-gdprs-global-reach-to-require-at-least-75000-dpos-worldwide/#. Acesso em: 29 mar. 2020.

UNIÃO EUROPEIA. *European Commission*. Disponível em: https://ec.europa.eu/commission/priorities/justice-and-fundamental-rights/data-protection/2018-reform-eu-data-protection-rules/eu-data-protection-rules_en. Acesso em: 28 out. 2019.

UNIÃO EUROPEIA. *European Court of Justice*. Disponível em: https://europa.eu/european-union/law/find-case-law_en. Acesso em: 27 out. 2019.

UNIÃO EUROPEIA. *EU General Data Protection Regulation Framework and Compliance*. Disponível em: https://www.privacyrules.com/privacy-global-expertise/eu-gdpr-framework-compliance-0000409.html. Acesso em: 23 out. 2019.

UNIÃO EUROPEIA. *European Data Protection Supervisor – EDPS*. Disponível em: https://edps.europa.eu. Acesso em: 02 abr. 2020.

UNIÃO EUROPEIA. *European Data Protection Board – EDPB*. Disponível em: https://edpb.europa.eu/about-edpb/about-edpb_en. Acesso em: 02 abr. 2020.

Informação bibliográfica deste texto, conforme a NBR 6023:2018 da Associação Brasileira de Normas Técnicas (ABNT):

FERRAZ, Luciano; ALMEIDA, Thiago Ferreira. Lei Geral de Proteção de Dados na experiência europeia. *In*: PIRONTI, Rodrigo (Coord.). *Lei Geral de Proteção de Dados*: estudos sobre um novo cenário de Governança Corporativa. Belo Horizonte: Fórum, 2020. p. 17-25. ISBN 978-65-5518-043-5.

A INSEGURANÇA JURÍDICA SOBRE O INÍCIO DE VIGÊNCIA DA LGPD: OS REFLEXOS DE UMA ESQUIZOFRENIA NORMATIVA

RODRIGO PIRONTI

O reconhecimento do estado de calamidade pública no Brasil em decorrência da disseminação global do novo coronavírus (COVID-19) gerou grande instabilidade social e econômica no país. Este cenário de incertezas, somado aos possíveis prejuízos e impactos projetados para a economia pós-crise, elevou os questionamentos sobre a prorrogação da entrada em vigor da Lei Geral de Proteção de Dados, prevista originalmente no texto da Lei nº 13.709/18, para 15 de agosto de 2020.

Em um cenário no qual as empresas brasileiras lutam para se manter firmes e em funcionamento com os graves reflexos econômicos da pandemia, cogitar a possibilidade de aplicação de sanções relacionadas ao vazamento ou ausência de processo adequado de proteção de dados pessoais a partir de agosto do ano de 2020 agravava ainda mais a preocupação dos empresários brasileiros.

À pauta das empresas o tema da proteção de dados é de relevância imprescindível, porém, diante do cenário que se estabeleceu no país, a implantação de um efetivo programa de proteção de dados pessoais é de complexidade abissal, considerando não apenas o momento de grave crise econômica e de redução das atividades empresariais em razão da pandemia da covid-19, mas também a inexistência de regulamentação infralegal ante a ausência da criação da Agencia Nacional de Proteção de Dados (ANPD), órgão cuja finalidade, dentre outras, é a de regulamentação e avaliação dos programas de proteção implementados.

Para se entender essa esquizofrenia normativa, importante realizar um brevíssimo histórico sobre os prazos da LGPD. Nesse sentido, serão analisados sob esse enfoque os principais projetos de lei que tramitaram no Congresso Nacional, com o objetivo de prorrogar o prazo de entrada em vigor da LGPD, destacando-se os seus pontos e as suas perspectivas de êxito diante dos cenários objetivos trazidos no próprio texto. Com esse breve perpasse histórico, será possível entender a "colcha de retalhos" normativa para se delimitar a vigência das regras e das sanções da referida Lei Geral, bem como os discursos justificativos de cada uma das propostas e para onde esses discursos foram conduzidos.

O *Projeto de Lei nº 5.762 de 2019*, apresentado na Câmara pelo Deputado Carlos Bezerra em 30.10.2019, trazia a proposição da prorrogação da entrada em vigor da LGPD para 15 de agosto de 2022.

A justificativa apresentada pelo deputado baseava-se nas dificuldades enfrentadas pelas empresas no processo de adequação, uma vez que à época do protocolo do projeto apenas uma pequena parcela de empresas havia iniciado projetos para implantação de medidas visando atender às disposições da Lei Geral de Proteção de Dados.

Ainda, segundo o projeto, a morosidade na criação da Autoridade Nacional de Proteção de Dados (ANPD) também influenciaria na dificuldade de adequação das empresas, vez que o referido órgão deveria editar os regulamentos e procedimentos que serviriam como balizador das medidas a serem adotadas para a proteção dos dados pessoais.

Com isso, o objetivo principal deste projeto, apresentado em outubro de 2019, era o de prorrogação do início da vigência da Lei Geral por dois anos, de modo que se permitisse a criação da ANPD para elaboração de diretivas em relação às medidas de adequação minimamente necessárias e para que as empresas estivessem aptas a implementar efetivamente tais medidas.

Por ter sido protocolado antes do Decreto nº 06, de 20 de março de 2020, que reconheceu o estado de calamidade pública no Brasil em decorrência da pandemia do coronavírus, o referido projeto não foi classificado em regime de tramitação de urgência, pelo que, naturalmente, perdeu força diante dos projetos posteriores apresentados já em regime de apreciação urgente.

O *Projeto de Lei nº 1.027/20*, outro projeto com objetivo semelhante, foi posteriormente apresentado no Senado em 26 de março de 2020, este, de autoria do Senador Otto Alencar, trazia a proposição do adiamento da entrada em vigor da LGPD para 16 de fevereiro de 2022, sob a também justificativa de que a ausência da criação da ANPD acarretava a impossibilidade jurídica da devida adequação das empresas à Lei.

Segundo o texto apresentado, a não instalação do órgão responsável pela regulamentação e fiscalização da Lei Geral de Proteção de Dados impedia a completa adequação das empresas, uma vez que estas conseguiriam apenas estabelecer políticas gerais de proteção de dados, políticas estas que poderiam – inclusive – ser consideradas insuficientes após a devida regulamentação da lei.

Ademais, de acordo com a justificativa apresentada, o prazo inicialmente concedido para a adequação não seria suficiente, uma vez que a própria Autoridade Nacional de Proteção de Dados não havia sido, igualmente, criada neste período.

Argumentava ainda o projeto que a criação da ANPD era medida extremamente necessária à regulamentação da lei brasileira de proteção de dados, porém o motivo dado não pareceu razoável ao vincular o impedimento de adequação à lei à ausência de criação do referido órgão; isto porque, utilizando-se das boas práticas relacionadas à proteção de dados e à segurança da informação, bem como baseando-se na experiência da União Europeia em relação à aplicação prática dos dispositivos da GDPR (General Data Protection Regulation), seria plenamente possível que a grande maioria das empresas brasileiras estivessem adequadas aos preceitos normativos da LGPD até agosto de 2020.

Importante destacar, neste cenário, que o texto inaugural da Lei Geral de Proteção de Dados inicialmente estabeleceu prazo de 24 meses para que as empresas aplicassem as medidas de adequação necessárias ao atendimento das suas exigências, tempo suficiente para a implantação de um efetivo Programa de Privacidade de Dados, porém, em razão de diversos motivos, dentre eles a ausência de criação e consequente fiscalização da ANPD, boa parte destes processos foi adiada.

Neste sentido, o Projeto de Lei nº 1027/20 parecia estar na contramão do que efetivamente era relevante às boas práticas empresariais e, em larga medida, contrariava o próprio interesse nacional em obter o credenciamento do país na OCDE (Organização para a Cooperação e Desenvolvimento Econômico) e de fortalecer a economia brasileira em um cenário internacional, condição que exigia o estabelecimento de um marco regulatório de proteção de dados pessoais.

Em 30 de março de 2020, por sua vez, o Senador Álvaro Dias apresentou o *Projeto de Lei nº 1.164/20* propondo a concessão de prazo de 12 meses para aplicação das sanções previstas no art. 52 da LGPD, mantendo-se, no entanto, para agosto de 2020 a entrada em vigor dos demais dispositivos da lei. No dia seguinte ao protocolo, o referido projeto de lei foi retirado em caráter definitivo para correções, motivo pelo qual houve a apresentação de novo Projeto de Lei sob o nº 1.198/20.

O PL nº 1.198/20 manteve as justificativas inicialmente apresentadas no PL nº 1.164/20, no sentido de que a possibilidade de imediata aplicação das sanções, a partir de agosto de 2020, causaria enorme prejuízo ao setor privado em virtude do cenário de calamidade pública que o Brasil se encontra, decorrente da covid-19. Assim, propôs que as sanções somente fossem aplicáveis a partir de agosto de 2021, mantendo-se a eficácia dos demais dispositivos para agosto de 2020.

A medida buscava trazer maior segurança jurídica aos destinatários da LGPD, pois o momento de grande instabilidade econômica e financeira vivido demandava das empresas um planejamento ainda maior em relação aos investimentos necessários para a adequação à lei.

Neste sentido, permitir que eventuais sanções, especialmente pecuniárias, fossem aplicadas logo após a entrada em vigor da lei poderia agravar ainda mais a crise econômica no país, o que parece absolutamente razoável.

Porém, ainda que existissem preocupações relacionadas aos impactos financeiros decorrentes da aplicação das sanções, a ausência de um marco regulatório vinha causando impasses na viabilização de relações econômicas com outros países, o que impunha uma definição em relação ao marco legal para vigência da lei, a fim de garantir maior segurança jurídica às operações e relações empresariais no país.

Em um cenário pós-crise, no qual a economia brasileira precisaria ainda mais de investimentos estrangeiros para se restabelecer, manter a entrada em vigor da LGPD seria medida essencial para o estabelecimento de um ambiente de segurança em relação à proteção de dados, que inclusive é um dos requisitos necessários para o ingresso do Brasil na OCDE.

Encerrando esse breve histórico proposto, em 30 de março de 2020, o Senador Antonio Anastasia apresentou o *Projeto de Lei nº 1.179/20*, que dispunha sobre o Regime Jurídico Emergencial e Transitório das relações jurídicas de direito privado durante o período de pandemia do novo coronavírus. Dentre as proposições trazidas, como um tema "apartado" do contexto geral do mencionado PLS, constava a prorrogação da entrada em vigor da LGPD por mais 18 meses, iniciando a partir de 15 de agosto de 2021.

O referido projeto de lei não alterava ou revogava as leis em vigor, apenas suspendia parcialmente a eficácia de algumas, na tentativa de minimizar os reflexos jurídicos causados pela crise relacionada à covid-19.

Em relação à LGPD, ainda que a prorrogação pudesse ser vista como positiva em uma análise preliminar, pois concederia mais prazo para as empresas se adequarem, é importante destacar que a postergação da entrada em vigor da lei criaria insegurança jurídica e consequências econômicas ao país, uma vez que o Brasil permaneceria por mais um ano sem um marco regulatório sobre a proteção de dados pessoais e este cenário acarretaria ao país grandes perdas de oportunidades comerciais em âmbito internacional, bem como a manutenção de atividades empresariais distantes das boas práticas na proteção destes dados.

A prorrogação apresentada no PL nº 1.179/20 apresentava uma justificativa razoável, uma vez que busca evitar onerosidade às empresas em um momento de dificuldades financeiras decorrentes da covid-19. No entanto, a prorrogação integral da lei apenas estaria adiando o enfrentamento de uma realidade que há tempos se mostrava necessária, qual seja, a garantia da proteção dos dados pessoais em nosso território.

Posteriormente, em 02 de abril de 2020, foi apresentada, pelo Senador Alvaro Dias, a Emenda nº 20 ao PL nº 1.179/20, solicitando que o prazo proposto fosse alterado para 1º de janeiro de 2021, por entender que não se devia postergar por tanto tempo a entrada em vigor da LGPD sob pena da ausência da referida legislação causar grande atraso ao país e de que, ainda que as proposições feitas no PL nº 1.179/20 em relação à LGPD atendessem às necessidades das empresas brasileiras na atual crise econômico-financeira, era preciso pensar em um futuro pós-crise, motivo pelo qual o referido projeto deveria ser aprovado com o ajuste proposto na referida emenda, dentre outros, pelos vários motivos apresentados nos nossos comentários ao PL nº 1.198/20.

Ou seja, se perquiria naquele momento que, ainda que a situação decorrente da covid-19 gerasse grande insegurança ao país, não se podia ignorar os prejuízos causados pelo atraso em se ter uma legislação de proteção de dados adequada e vigente.

Nesse sentido, propus à época, dos projetos, em artigo publicado no blog Café com *Compliance*, uma análise da oportunidade de aprovação dos projetos mencionados, que culminou com o seguinte gráfico de análise:

Diagrama de Cálculo de Oportunidade

		Probabilidade				
		1 Muito baixa	2 Baixa	3 Média	4 Alta	5 Muito alta
Opotunidade	5 Muito alta	5	10	15	20	25
	4 Alta	4	8	12	16	20
	3 Média	3	6	9	12	15
	2 Baixa	2	4	6	8	10
	1 Muito baixa	1	2	3	4	5

☐ Máxima   ☐ Alta   ☐ Média   ■ Baixa

Matriz de Probabilidade × Oportunidade (5 × 5)

PL	CRITÉRIOS					CATEGORIA	P	O	NO (PXO)	OPORTU-NIDADE
	Demonstra boas práticas das empresas em Proteção de Dados	Prazo adequado para Aplicação de Sanções	Prazo de adequação até regulamentação pela ANPD	Potencial de melhoria no cenário econômico internacional	Mitigação dos riscos de segurança da informação					
PL 5762/19	Não	Sim	Sim	Não	Não	Potencial de aprovação do PL	Muito baixa	Média	3	
PL 1027/20	Não	Sim	Sim	Não	Não	Potencial de aprovação do PL	Média	Média	9	
PL 1179/20	Sim (Emenda)	Sim	Sim	Sim (Emenda)	Sim (Emenda)	Potencial de aprovação do PL	Muito alta	Muito alta	25	
PL 1198/20	Sim	Sim	Sim	Sim	Sim	Potencial de aprovação do PL	Muito alta	Muito alta	25	

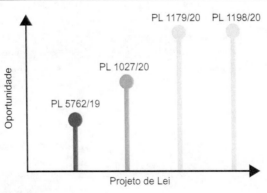

De todos os projetos avaliados, o PL nº 1.179/20, do senador Antonio Anastasia, foi aquele que ganhou destaque e impulso legislativo, tendo caminhado para aprovação no Senado com a prorrogação da vigência da LGPD para janeiro de 2021, e, ainda, com a extensão da aplicação das sanções apenas a partir de agosto de 2021.

O referido PL nº 1.179/20 foi também aprovado na Câmara dos Deputados, porém com uma redução de seu texto, que retirou o prazo de vigência da lei, que, neste momento, já concorria com um novo marco legal e temporal, qual seja, o da Medida Provisória nº 959/20, que pretendia prorrogar a vigência da Lei Geral de Proteção de Dados para 03 de maio de 2021.

Em resumo, se estabeleciam até este momento quatro possíveis cenários:

1 Se o PL nº 1.179/20 *fosse sancionado* pelo presidente *com a MP nº 959/2020 em vigor*, a *vigência da LGPD seria 03.05.2021* com sanções aplicáveis somente a partir de 01.08.2021;

2 Se o PL nº 1.179/20 *fosse sancionado* pelo presidente e a *MP nº 959/2020 caducasse*, ou seja, não fosse convertida em lei, a *vigência da LGPD seria 16.08.2020* com sanções aplicáveis somente a partir de 01.08.2021;

3 Se o PL nº 1.179/20 *fosse vetado* pelo presidente *com a MP nº 959/2020 em vigor*, a *vigência da LGPD seria 03.05.2021 (inclusive sanções)*;

4 Se o PL nº 1.179/20 *fosse vetado* pelo presidente e a *MP nº 959/2020 caducasse*, ou seja, não fosse convertida em lei, a *vigência da LGPD seria 16.08.2020 (inclusive sanções)*.

Esses cenários conduziam a uma completa insegurança jurídica, até que, em 10 de junho de 2020, o PL nº 1.179/20 foi sancionado, com publicação da nova Lei nº 14.010/20, que manteve a vigência da Lei Geral de Proteção de Dados para agosto de 2020, com as sanções a partir de agosto de 2021.

Contudo, as incertezas sobre a vigência da LGPD no país ainda são grandes, pois, ainda que a Lei nº 14.010/20 traga um cenário concreto e normativo sobre essa esquizofrenia normativa instaurada até o momento em tema de proteção de dados, ainda se confrontam dois cenários a potencializar a insegurança jurídica, quais sejam, o de que:

1 Se o PL nº 1.179/20 *for sancionado* pelo presidente *e a MP nº 959/2020 entrar em vigor como lei superveniente*, a *vigência da LGPD será 03.05.2021* com sanções aplicáveis somente a partir de 01.08.202;

2 Já se o PL nº 1.179/20 *for sancionado* pelo presidente e a *MP nº 959/2020 caducar*, ou seja, não for convertida em lei, a *vigência da LGPD será 16.08.2020* com sanções aplicáveis somente a partir de 01.08.2021.

É dizer, a esquizofrenia normativa instaurada no tema de proteção de dados no país, ao largo de trazer segurança jurídica e previsibilidade para as relações empresariais, apenas amplia a angústia e indefinição sobre o tema, pois, caso a Medida Provisória nº 959/2020 seja rejeitada ou perca validade, a Lei Geral de Proteção de Dados passa a valer já em agosto deste ano.

Diante disso, qual o atual cenário e qual deve ser a postura das empresas?

Em síntese, o prazo de vigência da LGPD somente será o de agosto de 2020 caso a MP nº 959/20 seja rejeitada ou perca a validade, o que é bastante provável. Caso contrário, o prazo de vigência da lei será o de maio de 2021; em ambos os casos, com a aplicação de sanções apenas em agosto do próximo ano.

O cenário, ainda mais grave – em meu sentir –, não está na indefinição da vigência da LGPD, mas no silêncio eloquente sobre a criação da Autoridade Nacional de Proteção de Dados Pessoais (ANPD) e do Conselho Nacional de Proteção de Dados Pessoais e da Privacidade (CNPDPP), que até o presente momento é fruto da mais absoluta omissão por parte do Executivo Federal.

Volto a afirmar que essa "colcha de retalhos" normativa gera instabilidade ao setor público e privado, já que são vários temas a se definir, dentre eles, qual será a regulamentação específica dada ao setor pela Agência Nacional de Proteção de Dados? Como se dará a fiscalização efetiva destes setores? Como serão tratadas as sanções? (tema dos mais relevantes diante de um cenário de crise), dentre tantos outros que demandariam maior responsabilidade na condução dessa questão.

Reitero que, diante deste panorama de muitas incertezas, com normas com pretensa eficácia que pretendem direcionar ações complexas e concretas na realidade das empresas e do setor público, a melhor resposta para enfrentar estas questões é a de encontrar a solução menos onerosa entre a necessidade de implantação dos objetivos dispostos na lei e a incerteza de sua vigência, preparando o cenário de implantação da Lei Geral de Proteção de Dados, com a produção de um bom processo de Relatório de Impacto de Proteção de Dados e com o estabelecimento – desde já – de um efetivo cronograma de implantação de todo o processo que será futuramente executado.

Em resumo, há que se preparar o ambiente interno independentemente do prazo de vigência da lei, pois se há uma certeza em um bom processo de gerenciamento de riscos é de que, independentemente da materialização do evento, devemos estar preparados para sua consequência, que, neste caso, não pode (ou melhor, não deveria) imputar responsabilidade por omissão à empresa.

Desde os primeiros dias da edição da lei, questionado sobre quando se deve iniciar o processo de adequação e qual será efetivamente o início de sua vigência; minha resposta nunca furtou ao princípio básico da realidade e da coerência: "não jogue dados com o acaso", independentemente do que orienta a esquizofrenia estatal, não se pode esperar para iniciar esse relevante e fundamental processo, que tem como único destinatário da segurança da informação e proteção de dados, o *"core business"* da empresa.

Informação bibliográfica deste texto, conforme a NBR 6023:2018 da Associação Brasileira de Normas Técnicas (ABNT):

PIRONTI, Rodrigo. A insegurança jurídica sobre o início de vigência da LGPD: os reflexos de uma esquizofrenia normativa. *In*: PIRONTI, Rodrigo (Coord.). *Lei Geral de Proteção de Dados*: estudos sobre um novo cenário de Governança Corporativa. Belo Horizonte: Fórum, 2020. p. 27-35. ISBN 978-65-5518-043-5.

INVESTIGAÇÕES CORPORATIVAS À LUZ DA LEI GERAL DE PROTEÇÃO DE DADOS

ANA MARIA SILVEIRA SASSO GOMES
EDUARDO MOURA
MARCOS MAFRA

1 Introdução

O tratamento de dados realizado em processos investigativos internos sempre foi um assunto que apresenta mais dúvidas do que certezas. É possível realizar o acesso à caixa de e-mail de colaboradores pertencentes ao grupo de risco? A empresa pode monitorar a rede para gerenciar riscos de vazamento de informações? Que tipo de informação pode ser acessada para o esclarecimento de uma apuração interna e privada? Perguntas como essas com certeza já foram feitas em algum momento pela grande maioria dos profissionais que possuem a responsabilidade de conduzir processos investigativos, extremamente importantes no apoio à tomada de decisões.

    Com o amadurecimento e profissionalização dos processos investigativos corporativos conduzidos no Brasil, a ausência de parâmetros claros para a condução destes passou a ser suplementada pela aplicação de boas práticas que trouxeram mais eficiência e segurança aos profissionais que realizam esse fundamental trabalho de apoio à gestão. Esse amadurecimento fez com que as perguntas que antes causavam certa dificuldade e desconforto passassem a ser respondidas por meio de metodologia, de regulamentação corporativa, além da segurança jurídica trazida por decisões judiciais que passaram a dar relevância ao resultado de processos investigativos privados realizados com base em critérios técnicos e forenses mundialmente consagrados.

A Lei Geral de Proteção de Dados (LGPD) é um instituto recente na legislação nacional, entretanto não foi criado apenas para normatizar a proteção e privacidade de dados pessoais que ainda não continham uma previsão legal única no Brasil. Esta lei, além de trazer conceitos inspirados em legislações internacionais sobre o tratamento de dados pessoais, também consolidou entendimentos existentes sobre regras para a coleta e o tratamento destes dados.

Com a chegada desta normatização necessária para a efetiva garantia da proteção da individualidade e privacidade das pessoas, bem como do direito à não exposição indevida de dados particulares, surgiu um questionamento para os profissionais que trabalham com investigações corporativas: como a LGPD vai impactar na condução dos processos investigativos particulares a partir de sua vigência?

O breve raciocínio produzido neste estudo tem como principal função esclarecer o que de fato vai mudar em todas as fases do processo investigativo. Busca-se apontar o que deve ser considerado a partir da vigência da LGPD para planejar uma investigação, quais bases legais permitem coletar informações que contenham dados pessoais para a condução de processos investigativos, bem como a melhor maneira para os profissionais responsáveis por investigações corporativas analisarem e disseminarem informações vinculadas a dados pessoais.

Neste sentido, por meio do presente estudo realizou-se uma comparação de como os processos investigativos foram adequados em países que já possuem uma legislação de proteção de dados mais madura e consolidada em relação ao Brasil.

Também foi realizada uma análise comparativa entre a LGPD e as boas práticas de mercado utilizadas no mundo da investigação moderna para avaliar sua adequação aos requisitos da norma e assim entender, mesmo que anteriormente à concepção da Autoridade Nacional de Proteção de Dados, o que pode vir a mudar no dia a dia das equipes de investigação interna ao realizarem seu trabalho.

2 As investigações corporativas no âmbito da *General Data Protection Regulation (GDPR)*

A *General Data Protection Regulation (GDPR)*, legislação europeia de proteção de dados, impõe limites para a condução de investigações corporativas realizadas por empresas privadas. Considerando que as principais bases legais da GDPR para o tratamento de dados pessoais de colaboradores – incluídos aqueles necessários para a condução de investigações internas – são o consentimento e o legítimo interesse,[1] as equipes de investigação das empresas com sede no território europeu tiveram que adequar seus protocolos, prevendo um maior planejamento dos trabalhos a serem realizados, sob pena de sofrerem aplicação de multa prevista no artigo 83 da GDPR.[2]

A obtenção do consentimento dos colaboradores permitindo o tratamento de seus dados pessoais durante a condução de investigações internas é um grande problema, porque a maioria destas ações não é previamente comunicada aos investigados, justamente para evitar o comprometimento das apurações. Não faria sentido exigir que as empresas obtivessem o consentimento de colaboradores eventualmente investigados por condutas inadequadas para que possam coletar e tratar seus dados pessoais antes de iniciar as apurações relacionadas a tais práticas.[3]

Além disso, segundo o artigo 7º GDPR, para que seja válido, o consentimento deverá ter sido dado pelo titular dos dados de modo inteligível, especificamente para a finalidade em questão e de forma inequívoca, ou seja, em linguagem clara e simples. Analisando um possível consentimento prévio dado pelo colaborador por meio do contrato de trabalho firmado com o empregador, há orientações de autoridades nacionais de proteção de dados, como o *Information Commissioner's Office* (ICO) da Inglaterra,[4] no sentido de que haveria grande desequilíbrio de poder entre empregador e empregado, portanto, este consentimento não poderia ser considerado livre e válido.

---

[1] UNIÃO EUROPEIA. *REGULATION (EU) 2016/679 OF THE EUROPEAN PARLIAMENT AND OF THE COUNCIL. GENERAL DATA PROTECTION REGULATION (GDPR)*. Regulation on the protection of natural persons with regard to the processing of personal data and on the free movement of such data, and repealing Directive 95/46/EC (General Data Protection Regulation). 27 abr. 2016. Article 6 – Lawfulness of processing.

[2] OSBORNE CLARKE. *GDPR | The practical impact on internal investigations.* 25 jul. 2018. Disponível em: https://www.osborneclarke.com/insights/gdpr-the-practical-impact-on-internal-investigations/. Acesso em: 23 jun. 2020.

[3] YAHNKE, Katie. *How Does the GDPR Affect Internal Investigations?* The GDPR expects you to be transparent by obtaining explicit consent, but your line of work requires you to be discreet. 2 dez. 2019. Disponível em: https://i-sight.com/resources/how-does-the-gdpr-affect-internal-investigations/#:~:text=Under%20the%20GDPR%2C%20it's%20essential,misconduct%20based%20on%20specific%20facts. Acesso em: 23 jun. 2020.

[4] INFORMATION COMMISSIONER'S OFFICE (ICO). *Lawful basis for processing*: Consent. 9 maio 2018. Disponível em: https://ico.org.uk/media/for-organisations/guide-to-data-protection/guide-to-the-general-data-protection-regulation-gdpr/consent-1-0.pdf. Acesso em: 23 jun. 2020.

Neste sentido, para utilizar o consentimento como base legal em relação às investigações corporativas, deveria ser coletada autorização expressa e específica dos colaboradores para cada investigação iniciada e não apenas por meio da inclusão de cláusula padrão no contrato de trabalho autorizando o empregador a acessar, monitorar e revisar a correspondência eletrônica e os equipamentos utilizados pelos empregados. Esta recomendação, no entanto, encontra-se muito distante da realidade organizacional, pois informar um colaborador sobre a realização de investigação sobre condutas por ele praticadas potencialmente prejudicará o desenvolvimento dos trabalhos, inclusive com provável recusa do investigado em conceder a referida autorização.[5]

Com base no exposto e considerando o contexto da GDPR, o legítimo interesse seria a base legal mais adequada para que dados pessoais de colaboradores fossem coletados e tratados ao longo de investigações corporativas. Para utilizar esta base legal como fundamento, no entanto, as empresas deverão executar e documentar uma avaliação referente ao legítimo interesse vinculado ao processo investigativo, em relação à coleta e o tratamento dos dados pessoais dos colaboradores investigados. Nesta avaliação da legitimidade do tratamento de dados para fins investigativos deverão ser comparados os interesses da empresa em relação às expectativas de privacidade dos colaboradores, de modo que não haja violações.[6]

É importante que esta avaliação referente ao legítimo interesse, chamada de LIA (*Legitimate Interest Assessment*), identifique se o tratamento dos dados pessoais dos colaboradores ao longo do processo investigativo está em conformidade com a finalidade previamente informada ao titular dos dados no momento da coleta. Além disso, deve-se avaliar quais tratamentos uma pessoa que se encontre na mesma posição deste titular razoavelmente esperaria que fossem destinados a seus dados pessoais. Normalmente, o legítimo interesse das empresas para a abertura de um processo investigativo interno é a suspeita da prática de condutas inadequadas por seus colaboradores, com base em fatos devidamente documentados.

---

[5] OSBORNE CLARKE. *GDPR | The practical impact on internal investigations*. 25 jul. 2018. Disponível em: https://www.osborneclarke.com/insights/gdpr-the-practical-impact-on-internal-investigations/. Acesso em: 23 jun. 2020.

[6] WHITE, Lara; REEVES, Andrew; GREENWOOD, Sarah. *GDPR: What are the grounds for processing personal data during an investigation?* 10 out. 2019. Disponível em: https://fcpablog.com/2019/09/10/gdpr-what-are-the-grounds-for-processing-personal-data-durin/. Acesso em: 24 jun. 2020

Neste sentido, para que as empresas possam justificar a utilização da base legal do interesse legítimo, qualquer tratamento de dados que ocorra ao longo de investigações internas deve ser devidamente justificado, considerando também o princípio da coleta de informações mínimas, ou seja, a utilização do mínimo possível de dados para alcançar a finalidade almejada.[7] Além disso, as empresas regidas pela GDPR também devem considerar o princípio da transparência previsto na legislação, inclusive no contexto de investigações internas, devendo informar a seus colaboradores sobre como seus dados pessoais poderão ser tratados. A observância deste princípio também é um requisito fundamental para apoiar as empresas na justificativa de utilização da base legal do legítimo interesse.

Em relação à necessidade de realização de um *Data Protection Impact Assessment (DPIA)* nas investigações internas, o que se vê nos países europeus é a recomendação de que seja aplicado apenas em casos que potencialmente representem alto risco de violação a direitos e liberdades de pessoas físicas. Neste caso, se o LIA identificar um impacto significativo na privacidade e proteção dos dados pessoais dos colaboradores investigados, a empresa deve realizar o DPIA, além de registrar formalmente o escopo da investigação, indicando os motivos pelos quais coletou e tratou os dados pessoais, a necessidade vinculada a este tratamento, a proporcionalidade das medidas aplicadas, bem como os riscos e impactos atrelados à privacidade dos colaboradores envolvidos.[8]

Com base no exposto, percebe-se que as empresas sob a jurisdição da GDPR tiveram que adequar seus processos investigativos para atender aos requisitos da lei de proteção de dados pessoais europeia. Em resumo, para conduzir investigações, as empresas devem suspeitar da ocorrência de condutas inadequadas baseada em fatos específicos e devidamente documentados. A coleta e o tratamento de dados pessoais dos colaboradores não devem ser justificados no consentimento, pois este deveria ser obtido dos colaboradores investigados especificamente

---

[7] YAHNKE, Katie. *How Does the GDPR Affect Internal Investigations?* The GDPR expects you to be transparent by obtaining explicit consent, but your line of work requires you to be discreet. 2 dez. 2019. Disponível em: https://i-sight.com/resources/how-does-the-gdpr-affect-internal-investigations/#:~:text=Under%20the%20GDPR%2C%20it's%20essential,misconduct%20based%20on%20specific%20facts. Acesso em: 24 jun. 2020.

[8] YAHNKE, Katie. *How Does the GDPR Affect Internal Investigations?* The GDPR expects you to be transparent by obtaining explicit consent, but your line of work requires you to be discreet. 2 dez. 2019. Disponível em: https://i-sight.com/resources/how-does-the-gdpr-affect-internal-investigations/#:~:text=Under%20the%20GDPR%2C%20it's%20essential,misconduct%20based%20on%20specific%20facts. Acesso em: 24 jun. 2020.

em relação a cada investigação conduzida, o que inviabilizaria sua realização. A base legal mais adequada para o tratamento de dados pessoais em processos investigativos seria o legítimo interesse, que deverá ser devidamente mensurado por meio da realização do LIA. Neste caso, a avaliação do legítimo interesse deverá ser formalmente registrada pelas empresas para que possam garantir e justificar suas ações durante as investigações.[9]

Em casos de alto risco e impacto identificados por meio do LIA, recomenda-se também a realização do DPIA, como forma de resguardar o processo investigativo e o tratamento dos dados pessoais que forem necessários neste processo. É necessário que se confirme a necessidade da coleta e tratamento dos dados pessoais dos colaboradores investigados, bem como se não haveria outra maneira menos invasiva de obter o mesmo resultado no processo investigativo, garantindo que os interesses das empresas não violem direitos e liberdades dos titulares (colaboradores).

Diante do exposto, percebe-se que no contexto da GDPR tornou-se importante a criação de um processo adequado para as investigações corporativas, de modo que haja a formalização e documentação da necessidade e do legítimo interesse vinculados à coleta e ao tratamento de dados pessoais dos colaboradores investigados, com o objetivo de evitar excessos nestas atividades.[10]

3   A necessidade de adequação das investigações corporativas segundo a Lei Geral de Proteção de Dados (LGPD)

A Lei Geral de Proteção de Dados foi criada com base na *GDPR*. Portanto, analisando as questões que foram debatidas na Europa, já é de se esperar que a necessidade de adequação das investigações corporativas também gere dúvidas em relação à LGPD. Porém, importante destacar que a LGPD apresenta textos mais orientativos do que aspectos práticos e que estejam completamente adequados à realidade brasileira. Assim, a

---

[9]   OSBORNE CLARKE. *GDPR | The practical impact on internal investigations*. 25 jul. 2018. Disponível em: https://www.osborneclarke.com/insights/gdpr-the-practical-impact-on-internal-investigations/. Acesso em: 23 jun. 2020.

[10] HALPERT, Jim; ZAPF, Dr. Daniel; UMHOEFER, Carol A. *The GDPR's impact on internal investigations*. 10 jul. 2018. Disponível em: https://www.dlapiper.com/en/uk/insights/publications/2018/07/global-anticorruption-newsletter/the-gdpr-impact-investigations/. Acesso em: 24 jun. 2020.

análise do presente estudo será feita considerando as melhores práticas do mercado em conformidade com a lei.

Em suma, todo processo de tramitação de dados pessoais que ocorre no Brasil deverá se adequar aos requisitos previstos na LGPD, exceto o rol taxativo presente em seu 4º artigo.[11] No inciso III, alínea "d" do referido artigo, está presente a hipótese de exceção relacionada à atividade de investigação e repressão de infrações penais. Em uma análise rasa e ignorando os parágrafos seguintes, pode-se concluir que as atividades de investigações não necessitam de adequação aos requisitos da LGPD. Essa interpretação superficial e incompleta, por muitas vezes, é utilizada por empresas que desejam desenfreadamente utilizar a ferramenta de investigações de forma inadequada.

Importante esclarecer que a hipótese de atividades de investigação mencionada no referido artigo da LGPD refere-se àquelas atreladas ao processo penal e de segurança pública.[12] Portanto, a própria LGPD prevê a proibição desse tipo de operação de tratamento de dados por pessoas jurídicas de Direito Privado,[13] ou seja, neste sentido, apenas entes públicos,[14] conforme regulamentação em legislação específica,[15] podem tratar dados pessoais para atividades de investigação sem a necessidade de adequação aos requisitos da LGPD.

Conforme estabelece o §2º do artigo 4º da LGPD, há apenas a exceção nas situações em que a pessoa jurídica de Direito Privado estiver apoiando investigações de um ente público, necessitando que este processo seja tutelado pela pessoa jurídica de Direito Público

---

[11] BRASIL. *Lei nº 13.709, de 14 de agosto de 2018*. Lei Geral de Proteção de Dados Pessoais (LGPD). 14 ago. 2018. Art. 4º.

[12] MALDONADO, VIVIANE NÓBREGA MALDONADO; BLUM, RENATO OPICE. *LGPD: Lei Geral de Proteção de Dados comentada*. São Paulo: Thomson Reuters Brasil, 2019. p. 72

[13] "Art. 4º - §2º É vedado o tratamento dos dados a que se refere o inciso III do caput deste artigo por pessoa de direito privado, exceto em procedimentos sob tutela de pessoa jurídica de direito público, que serão objeto de informe específico à autoridade nacional e que deverão observar a limitação imposta no §4º deste artigo". BRASIL. *Lei nº 13.709, de 14 de agosto de 2018*. Lei Geral de Proteção de Dados Pessoais (LGPD). 14 ago. 2018.

[14] Pessoas jurídicas de direito privado poderão tratar os dados pessoais, sem a devida adequação aos requisitos da LGPD, caso exista a totalidade dos dados pessoais de banco de dados, para atividades do inciso III do artigo 4º, apenas nas situações em que o seu capital seja integralmente constituído pelo Poder Público, conforme preceitua seu §4º. BRASIL. *Lei nº 13.709, de 14 de agosto de 2018*. Lei Geral de Proteção de Dados Pessoais (LGPD). 14 ago. 2018.

[15] "Art. 4º - §1º O tratamento de dados pessoais previsto no inciso III será regido por legislação específica, que deverá prever medidas proporcionais e estritamente necessárias ao atendimento do interesse público, observados o devido processo legal, os princípios gerais de proteção e os direitos do titular previstos nesta Lei". BRASIL. *Lei nº 13.709, de 14 de agosto de 2018*. Lei Geral de Proteção de Dados Pessoais (LGPD). 14 ago. 2018.

e, obrigatoriamente, reportado de maneira específica à autoridade nacional.[16] Desta forma, as empresas brasileiras que atuarem em investigações privadas ou possuírem este tipo de ferramenta implementada internamente deverão obrigatoriamente se adequar aos requisitos previstos na LGPD, sob pena de serem aplicadas as sanções previstas no artigo 52 e terem suas investigações corporativas frustradas.

4 Recomendações na forma de coletar e tratar dados durante o processo de investigação interna

O processo de coleta em uma investigação geralmente é o que mais expõe a riscos a investigação e o profissional que a está conduzindo. Os riscos vinculados ao processo investigativo advêm de vários cenários, mas, especialmente na coleta, as questões acerca da legalidade da diligência são as mais temerosas.

A primeira recomendação para atendimento aos requisitos da LGPD não está relacionada diretamente à fase de coleta, mas sim à fase de planejamento do processo investigativo. A fase de planejamento vai exigir a realização de uma análise técnico-jurídica prévia em relação à determinação das bases de dados que poderão vir a ser consultadas em fase de coleta, ou seja, ferramentas como o LIA (*Legitimate Interest Assessment*) deverão fazer parte do planejamento de investigação para determinar a existência do legítimo interesse em relação ao acesso de bases que contenham e transacionem dados pessoais dos colaboradores, sejam eles sensíveis ou não.

A preparação do ambiente corporativo para a realização de investigações internas se tornará fundamental, ou seja, a empresa que quiser apurar desvios cometidos por seus colaboradores vai precisar criar um ambiente viável à apuração do cometimento de práticas inadequadas.

Quanto à preparação do ambiente corporativo, deve-se considerar que:

---

[16] Conforme o *Guia de Boas Práticas para Implementação na Administração Pública Federal* nessas situações será obrigatório o envio do Relatório de Impacto de Proteção de Dados. COMITÊ CENTRAL DE GOVERNANÇA DE DADOS. *LEI GERAL DE PROTEÇÃO DE DADOS (LGPD): Guia de Boas Práticas para Implementação na Administração Pública Federal*. BRASIL, 20 mar. 2020. Disponível em: https://www.gov.br/governodigital/pt-br/governanca-de-dados/guia-lgpd.pdf. Acesso em: 21 jun. 2020.

- As empresas deverão repensar as cláusulas de seus contratos de trabalho com colaboradores, pois estas devem passar a conter consentimentos expressos para o tratamento dos dados fornecidos. Além das autorizações solicitadas para os tratamentos de praxe, deve-se considerar a inserção de cláusulas específicas que autorizem o tratamento de dados pessoais para apuração de desvios de conduta. Tal consentimento não terá como finalidade garantir a utilização da base legal do consentimento, mas a proteção da empresa de riscos que excedem à LGPD, como, por exemplo, riscos trabalhistas e criminais, sendo uma prática de mercado altamente recomendada. A obtenção de autorização dos colaboradores para o monitoramento de e-mails e equipamentos irá garantir o atendimento ao princípio da transparência, pois o titular de dados terá ciência prévia de que seus dados pessoais poderão ser coletados e tratados para eventual processo investigativo;
- A higienização de bases de dados com a exclusão de dados desnecessários ou excessivos também traz maior segurança ao processo investigativo e gerencia o risco de acesso indevido ou disseminação de dados que não fazem parte do escopo da análise;
- As políticas internas da corporação, como o Código de Conduta, Política de Segurança da Informação e outras Políticas Comportamentais, também devem sofrer um processo de revisão para que componham o rol de consentimentos fornecidos pelos colaboradores para que a empresa possa legalizar suas bases de dados.

Ainda que exista a remota possibilidade de obtenção do consentimento específico dos colaboradores para eventuais processos investigativos de que façam parte, por meio de um aditivo de contrato de trabalho ou termo de consentimento próprio, de modo que seja possível a utilização da base legal do consentimento, com o objetivo de proteger o sucesso da investigação interna corporativa, recomenda-se que as empresas não se fundamentem nesta base legal para a condução de seus processos investigativos. Isto ocorre porque as boas práticas vinculadas às investigações internas recomendam que não se comunique aos colaboradores investigados a instauração e condução de tais processos.

Uma base legal que poderá fazer parte da rotina dos processos investigativos e que poderá servir como segurança jurídica para o acesso legal a dados pessoais é o cumprimento de uma obrigação legal, especialmente se considerarmos a Lei Anticorrupção. Importante lembrar que esta legislação (Lei nº 12.486/13 e Decreto nº 8.420) exige das empresas a apuração de desvios de conduta que possam caracterizar atos de corrupção e, portanto, esse seria um excelente exemplo de justificativa para que a empresa conduza apurações internas amparada inclusive pela própria LGPD.

Cumpre destacar que o processo investigativo em si é uma ferramenta de apoio à tomada de decisões pelas empresas. Neste sentido, a melhor base legal para garantir a segurança jurídica necessária em relação à adequação dos processos investigativos aos requisitos da LGPD é o legítimo interesse, conforme será abordado no próximo tópico.

5 Requisitos impostos pela Lei Geral de Proteção de Dados no processo de investigação de dados

É de notório conhecimento que o empregador pode, de maneira geral e imparcial, monitorar os seus empregados e os bens corporativos cedidos, como computadores, celulares etc., que servirão para um processo investigativo futuro. Entretanto, os dados que ali tramitam, na grande maioria das vezes, serão pessoais, o que torna obrigatória a adequação do tratamento despendido a eles, considerando os requisitos da LGPD.

Nesse caso, ressalta-se o cuidado que o processo de investigação interna deve ter em razão de ainda não haver uma legislação específica sobre o assunto, mas apenas os requisitos impostos pela própria LGPD, os quais deverão ser contemplados nesse processo para evitar possíveis aplicações de sanção às empresas.

O primeiro requisito se dá em determinar a finalidade específica para a investigação que será conduzida, bem como sua base legal dentro do rol apresentado pela lei.[17] Em uma aplicação lógica e literal

---

[17] "Art. 7º O tratamento de dados pessoais somente poderá ser realizado nas seguintes hipóteses: I - mediante o fornecimento de consentimento pelo titular; II - para o cumprimento de obrigação legal ou regulatória pelo controlador; III - pela administração pública, para o tratamento e uso compartilhado de dados necessários à execução de políticas públicas previstas em leis e regulamentos ou respaldadas em contratos, convênios ou instrumentos congêneres, observadas as disposições do Capítulo IV desta Lei; IV - para a realização de estudos por órgão de pesquisa, garantida, sempre que possível, a anonimização dos dados pessoais; V - quando necessário para a execução de contrato ou de procedimentos preliminares relacionados a contrato do qual seja parte o titular, a pedido do titular dos dados; VI - para o exercício regular de direitos em processo judicial, administrativo ou arbitral, esse último

do artigo 10[18] da LGPD, pode-se fundamentar a base legal no interesse legítimo do empregador, visto que a investigação é uma atividade de apoio ao controlador – apenas quando este for empregador – em razão da responsabilização objetiva deste em face dos atos do empregado.[19] Para a realização do processo investigativo, conforme preceitua o artigo 10 da LGPD, no seu §1º, deverão ser utilizados apenas aqueles dados estritamente necessários e que estejam vinculados com a finalidade da investigação.

Além disso, deve-se obrigatoriamente elaborar um plano de investigação,[20] definindo exatamente o que será investigado e quais dados serão coletados e tratados ao longo do processo.[21] Em seguida, o §2º do supracitado artigo dispõe que o controlador deve adotar medidas de transparência, o que pode fundamentar a elaboração de uma Política de Investigação Corporativa da empresa que seja disseminada entre todos os colaboradores, demonstrando todas as ferramentas de que a empresa disporá para proteger os dados pessoais, os termos de confidencialidade e sigilo em relação ao processo investigativo e, por

---

nos termos da Lei nº 9.307, de 23 de setembro de 1996 (Lei de Arbitragem); VII - para a proteção da vida ou da incolumidade física do titular ou de terceiro; VIII - para a tutela da saúde, exclusivamente, em procedimento realizado por profissionais de saúde, serviços de saúde ou autoridade sanitária; (Redação dada pela Lei nº 13.853, de 2019); IX - quando necessário para atender aos interesses legítimos do controlador ou de terceiro, exceto no caso de prevalecerem direitos e liberdades fundamentais do titular que exijam a proteção dos dados pessoais; ou X - para a proteção do crédito, inclusive quanto ao disposto na legislação pertinente". BRASIL. Lei nº 13.709, de 14 de agosto de 2018. Lei Geral de Proteção de Dados Pessoais (LGPD). 14 ago. 2018.

[18] "Art. 10. O legítimo interesse do controlador somente poderá fundamentar tratamento de dados pessoais para finalidades legítimas, consideradas a partir de situações concretas, que incluem, mas não se limitam a: I - apoio e promoção de atividades do controlador;" BRASIL. *Lei nº 13.709, de 14 de agosto de 2018*. Lei Geral de Proteção de Dados Pessoais (LGPD). 14 ago. 2018.

[19] "Art. 932. São também responsáveis pela reparação civil: III - o empregador ou comitente, por seus empregados, serviçais e prepostos, no exercício do trabalho que lhes competir, ou em razão dele;" BRASIL. *Lei nº 10.406, de 10 de janeiro de 2002*. Institui o Código Civil. 10 jan. 2020.

[20] Alguns métodos de investigação já possuem protocolos específicos para o mapeamento dos dados que serão coletados, vinculados à finalidade de investigar e com a criação de um foco investigativo, além da indicação de como ocorrerá a coleta. Um ótimo exemplo é o Método Decipher, da Compliance School®. Confira mais em: https://complianceschool. eadbox.com.br/metodo-decipher.

[21] "Art. 10 - §1º Quando o tratamento for baseado no legítimo interesse do controlador, somente os dados pessoais estritamente necessários para a finalidade pretendida poderão ser tratados". BRASIL. Lei nº 13.709, de 14 de agosto de 2018. Lei Geral de Proteção de Dados Pessoais (LGPD). 14 ago. 2018.

fim, demonstrar um fluxo genérico para os processos investigativos dentro da empresa.[22]

Por último, na hipótese de utilização da base legal do legítimo interesse, conforme artigo 10º, §3º da LGPD, importante destacar que será obrigatória a produção de um Relatório de Impacto à Proteção de Dados Pessoais (RIPD) que poderá ser adaptado e específico para os processos de investigação, uma vez que a ANPD poderá solicitar que as empresas apresentem este RIPD.[23]

Portanto, como boa prática que atenderá aos requisitos da LGPD, bem como permitirá a correta condução de processos investigativos nas empresas, recomenda-se que seja elaborado um relatório na fase de planejamento da investigação – o qual deverá ser atualizado ao decorrer do processo –, que, além de determinar como a investigação será realizada, possua como anexo o RIPD de investigação, no qual sejam expressamente avaliados os riscos e impactos relacionados ao tratamento de dados durante o processo investigativo, além dos requisitos legais presentes no artigo 5º, inciso XVII, da LGPD.[24]

Ainda, deverá ser avaliado o legítimo interesse vinculado àquele processo investigativo específico, com esclarecimentos sobre quais dados pessoais serão colhidos e tratados. Assim, o relatório de planejamento investigativo também deverá possuir um anexo para a análise de viabilidade do processo investigativo. Sugere-se que seja utilizada a ferramenta do LIA (*Legitimate Interest Assessment*) para esta análise, contendo as seguintes informações:

---

[22] "Art. 10 - §2º O controlador deverá adotar medidas para garantir a transparência do tratamento de dados baseado em seu legítimo interesse". Lei nº 13.709, de 14 de agosto de 2018. Lei Geral de Proteção de Dados Pessoais (LGPD). 14 ago. 2018.

[23] "Art. 10 - §3º A autoridade nacional poderá solicitar ao controlador relatório de impacto à proteção de dados pessoais, quando o tratamento tiver como fundamento seu interesse legítimo, observados os segredos comercial e industrial. BRASIL. *Lei nº 13.709, de 14 de agosto de 2018*. Lei Geral de Proteção de Dados Pessoais (LGPD). 14 ago. 2018.

[24] Conforme a LGPD, um Relatório de Impacto de Proteção de Dados deve no mínimo conter a descrição do processo, análise dos riscos e dos impactos, bem como planos de ações com medidas a serem aplicadas no processo. BRASIL. *Lei nº 13.709, de 14 de agosto de 2018*. Lei Geral de Proteção de Dados Pessoais (LGPD). 14 ago. 2018. Art. 5º, inciso XVII.

Figura I – LIA (*Legitimate Interest Assessment*)

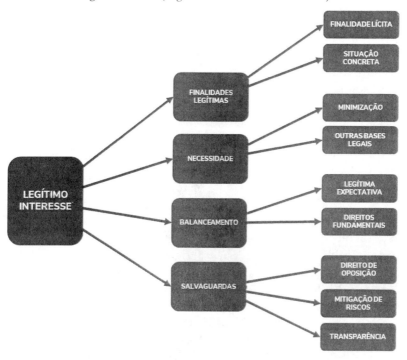

Para que seja possível utilizar a base legal do legítimo interesse nos processos investigativos, é necessária que a avaliação realizada por meio do LIA atenda aos quatro requisitos demonstrados na *Figura I*. Na hipótese do não preenchimento de algum destes itens, não haverá justificativa legal para a fundamentação do tratamento de dados pessoais no interesse legítimo.

Neste sentido, o tratamento de dados com base no legítimo interesse deve: (a) possuir uma finalidade comprovadamente legítima a partir da existência de uma situação concreta; (b) haver uma necessidade comprovada a partir da verificação da não existência de outra base legal aplicável, bem como a coleta de dados se dar em relação à menor quantidade de dados possíveis; (c) ser realizado o devido balanceamento entre a legítima expectativa dos titulares e a ausência de ofensa a direitos ou liberdades fundamentais destes; (d) todas as salvaguardas serem devidamente garantidas.

Desta forma, percebe-se que os processos de investigação corporativa deverão sofrer ajustes para que possam ser considerados adequados à LGPD.

6 Considerações finais

Conforme exposto ao longo deste estudo, resta claro que o processo investigativo conduzido pelas empresas privadas deverá ser adequado à LGPD para que seja considerado lícito. Analisando as boas práticas e orientações trazidas pela GDPR, as quais precisam ser ajustadas à realidade brasileira, recomenda-se que as equipes investigativas adotem algumas medidas fortemente relacionadas ao planejamento das investigações a serem iniciadas, de modo que não haja qualquer violação a direitos dos titulares de dados pessoais.

Na fase de planejamento da investigação é primordial que seja elaborado um relatório contendo o foco investigativo, com a indicação de como ocorrerá a coleta e o tratamento dos dados dos colaboradores investigados. Sugere-se às empresas a elaboração de um RIPD adaptado e específico às investigações corporativas conduzidas, de modo que estejam devidamente formalizados os riscos e impactos relacionados ao tratamento dos dados pessoais para esta finalidade.

Além do mencionado Relatório de Impacto à Proteção de Dados Pessoais (RIPD), recomenda-se que as investigações internas sejam fundamentadas na base legal do legítimo interesse e, para tanto, faz-se necessária a elaboração do *LIA (Legitimate Interest Assessment)*, que também deverá ser incluído como um anexo do relatório investigativo.

Todos estes registros, que estão sob responsabilidade do *Compliance Officer* ou aquele responsável pela condução das investigações corporativas dentro da empresa, garantirão a rastreabilidade dos processos investigativos conduzidos e a segurança jurídica necessária ao bom cumprimento dos preceitos de proteção e privacidade trazidos pela LGPD em relação aos colaboradores investigados, também titulares de dados pessoais. Desde que observem tais critérios, as investigações corporativas continuarão servindo como uma importante ferramenta de gestão nas empresas, pois são fundamentais para o apoio técnico à tomada de decisões e fortalecem consideravelmente a efetividade do programa de integridade.

Informação bibliográfica deste texto, conforme a NBR 6023:2018 da Associação Brasileira de Normas Técnicas (ABNT):

GOMES, Ana Maria Silveira Sasso; MOURA, Eduardo; MAFRA, Marcos. Investigações corporativas à luz da Lei Geral de Proteção de Dados. *In*: PIRONTI, Rodrigo (Coord.). *Lei Geral de Proteção de Dados*: estudos sobre um novo cenário de Governança Corporativa. Belo Horizonte: Fórum, 2020. p. 37-50. ISBN 978-65-5518-043-5.

LEI GERAL DE PROTEÇÃO DE DADOS E *"DUE DILIGENCE"* DE INTEGRIDADE: APARENTE CONFLITO OU EFETIVA APLICAÇÃO?

MATHEUS LOURENÇO RODRIGUES DA CUNHA

Introdução

Informações sempre foram decisivas na história. Batalhas e guerras foram vencidas, territórios usurpados, povos persuadidos, mercados conquistados e várias dessas situações em razão de informações favoráveis. Em um mundo globalizado, em que a sociedade é mundialmente interconectada, informações relevantes convertem-se em dados preciosos, que, segundo Clive Humby, são o novo petróleo.[1]

Contudo, o uso inadequado e indiscriminado de dados pessoais tem gerado crises e escândalos de repercussão internacional, que culminaram na edição de normas de tutela dos dados pessoais como direitos humanos e fundamentais, dentre elas a Lei nº 13.709/2018, conhecida como Lei Geral de Proteção de Dados Pessoais (LGPD). Por outro lado, estão em vigência no ordenamento jurídico estrangeiro e interno outras normas que impõem o uso de dados, inclusive pessoais,

---

[1] Clive Robert Humby é um matemático britânico especializado em ciência de dados e estratégias de negócios centradas no cliente, responsável pela criação do programa de fidelidade Clubcard da companhia Tesco em 1994, um dos primeiros a utilizar dados de consumo dos clientes convertendo-os em benefícios para o consumidor, mas também em estratégias comerciais para a empresa, que hoje possui, apenas no Reino Unido, mais de 17 milhões de usuários.

com amparo legal e constitucional, para tutela de outros direitos humanos e fundamentais.

Um desses potenciais conflitos pode ser proposto no âmbito do microssistema legislativo anticorrupção, composto pela Lei nº 12.846/2013 (Lei Anticorrupção) e seus instrumentos regulamentadores (*v.g.*, Decreto Federal nº 8.420/2015), que estabelecem, como requisito para a existência e efetividade do programa de integridade, a condução de diligências apropriadas para contratação e supervisão de terceiros (*v.g.*, fornecedores, prestadores de serviço, agentes intermediários e associados), conhecidas também como *due diligence*.

As diligências promovidas pelo programa de *compliance* das instituições, a fim de avaliar o risco de integridade de terceiros e, em caso de fusão e aquisição de empresas e, até mesmo, de colaboradores, se valem da análise de uma série de bancos de dados públicos ou privados, justamente com o objetivo de serem consideradas devidas. Para que a diligência seja efetiva, deve ser aprofundada.

Contudo, a LGPD "dispõe sobre o tratamento de dados pessoais, inclusive nos meios digitais, por pessoa natural ou por pessoa jurídica de direito público ou privado, com o objetivo de proteger os direitos fundamentais de liberdade e de privacidade e o livre desenvolvimento da personalidade da pessoa natural".[2] Representa-se, assim, uma limitação no tratamento dos dados pessoais. Irrefutável é que esses dados pessoais podem ser alvo das pesquisas conduzidas durante uma *due diligence*. Assim, em razão de eventual antinomia entre tais normas, pode surgir a ideia de que uma deveria se sobressair à outra.

Destarte, sem qualquer pretensão de exaurir o tema, propõe-se no presente estudo um exame de eventual conflito entre a LGPD e as mencionadas diligências apropriadas (*due diligence*) decorrente do programa de integridade, previstas na legislação anticorrupção, e seus possíveis desdobramentos.

1 A tutela internacional e interna de direitos humanos e fundamentais decorrentes de dados pessoais

Não é novidade que, desde a expansão do uso da internet, empresas estão em busca de dados para mapear e persuadir seus consumidores. Charles Duhigg, em *O poder do hábito*, ao expor suas

---

[2] BRASIL. Lei nº 13.709, de 14 de agosto de 2018. Lei Geral de Proteção de Dados Pessoais (LGPD). Artigo 1º.

considerações sobre os hábitos de consumo, menciona a história do estatístico Andrew Pole, que no ano 2002 foi contratado pela gigante do varejo norte-americano, *Target*.

A estratégia da companhia era simples, reunir a maior quantidade possível de dados de cada cliente, identificado por seu número de cadastro (*v.g.*, dados cadastrais de loja, *links* acessados de *e-mail marketing* e *cookies* de navegação na internet, cupons recebidos por mensagens de texto no celular ou por correio e utilizados, histórico de compras em loja física e *on-line*, uso de cartão de crédito e do programa de fidelidade etc.). Este conjunto de dados permitia que a empresa pudesse prever padrões de comportamento de consumo a fim de direcionar promoções e descontos para cada consumidor.

O resultado dessa abordagem foi tão efetivo que, além de elevar consideravelmente o volume de vendas da *Target*, fez com que este se tornasse um padrão de várias gigantes do varejo, de diversos segmentos (*v.g.*, Amazon.com, Best Buy, supermercados Kroger, 1-800-Flowers, Oliver Garden, Bank of America, Hewlett-Packer etc.).

No entanto, não são recolhidos, armazenados, analisados e compartilhados apenas dados cadastrais e de consumo dos clientes, que espontaneamente os oferecem em troca de descontos ou benefícios. "Há vendedores de dados [...] que 'ouvem' as conversas on-line de consumidores em fóruns de discussão da internet e mantêm controle de quais produtos esses consumidores mencionam favoravelmente".[3]

Existem ainda empresas que se valem de outras estratégias, como aquelas que coletam dados por meio de pesquisas de hábito de consumo e opinião de mercado, em troca de bônus em programa de milhagens. Mais recentemente, pessoas passaram a relatar ofertas apresentadas em suas redes sociais e nos sites na internet, de acordo com assuntos que são verbalmente debatidos, como se os dados fossem captados por meio do microfone do aparelho celular.[4]

De mais a mais, o uso de informações pessoais já foi objeto de ações, no mínimo, questionáveis. O melhor exemplo para demonstrar esse fato é o clássico caso da *Cambridge Analytica*, empresa de mineração e análise de dados para fins eleitorais, que em 2018 se viu no epicentro

---

[3] DUHIGG, Charles. *O poder do hábito. Por que fazemos o que fazemos na vida e nos negócios*. Rio de Janeiro: Objetiva, p. 201.
[4] LAVADO, Thiago. *O Google e o Facebook ouvem suas conversas? A sensação de que estão bisbilhotando nossas conversas e empurrando propaganda com base no que falamos é crescente entre usuários de internet*. Exame. Rio de Janeiro, 11 out. 2017. Disponível em: https://exame.abril.com.br/tecnologia/o-google-e-o-facebook-ouvem-suas-conversas. Acesso em: 01 dez. 2019.

do maior escândalo de uso indevido e vazamento de dados, utilizados, inclusive, na campanha presidencial de Donald Trump e no plebiscito que levou à saída do Reino Unida da União Europeia, nominado de *Brexit*.

Após uma série de denúncias, investigações e audiências realizadas nos Estados Unidos e no Reino Unido, a empresa se declarou culpada por se negar a informar sobre dados pessoais que tinha extraído do Facebook, descumprindo uma decisão judicial proferida em Londres. Por sua vez, a rede social se manifestou e informou que a consultoria utilizou aplicativos para coletar informações privadas de 87 milhões de usuários sem seu conhecimento, possivelmente influenciando nos resultados dos mencionados pleitos, inclusive com o uso de *fakenews*.[5]

O uso indiscriminado de dados para fins comerciais, políticos ou qualquer outra finalidade, por ausência de regulação efetiva, levou sistemas jurídicos internos e internacionais a buscarem a regulamentação do tema, inclusive sob o fundamento de que os dados pessoais devem ser tutelados como direitos humanos e fundamentais.

Este movimento deu origem, por exemplo, à *General Data Protection Regulation* (GDPR), no âmbito da União Europeia; *California Consumer Privacy Act*, nos Estados Unidos; a *Ley General de Protección de Datos Personales*, no México; e a mencionada Lei nº 13.709/2018, no Brasil. Esta última, no âmbito do direito interno brasileiro, tutela o tratamento de dados pessoais a fim de garantir e proteger direitos fundamentais, como liberdade, privacidade e livre desenvolvimento da personalidade. Consoante Patrícia Peck, "assim como o GDPR – lei europeia que trata do assunto –, a LGPD advém da evolução e expansão dos direitos humanos e resulta da atualização/adaptação de documentos internacionais de proteção dos direitos humanos",[6] como a Diretiva da União Europeia nº 95/46/CE.

Segundo a LGPD, dado pessoal é toda e qualquer informação relacionada a pessoa natural identificada ou identificável. Dessa forma, podem ser considerados dados pessoais, por exemplo, nome, números de documentos e registros, endereços físicos e eletrônicos ou qualquer conjunto de informações que possam, individualmente ou em conjunto, identificar o seu titular.

A norma regula o tratamento de dados pessoais, ou seja, toda e qualquer operação relacionada a estes, *v.g.*, "coleta, produção, recepção,

---

[5] AMER, Karim; NOUJAIM, Jehane. *Privacidade rackeada*. Critically Acclaimed Films, 2019.
[6] PINHEIRO, Patricia Peck. *Proteção de dados pessoais*: Comentários à Lei nº 13.709/2018 (LGPD). São Paulo: Saraiva Educação, 2018, p. 50.

classificação, utilização, acesso, reprodução, transmissão, distribuição, processamento, arquivamento, armazenamento, eliminação, avaliação ou controle da informação, modificação, comunicação, transferência, difusão ou extração".[7]

Uma tutela ainda mais defesa se impõe a dados sensíveis, ou seja, aqueles que, quando vinculados a uma pessoa natural, podem gerar sua discriminação, v.g., "origem racial ou étnica, convicção religiosa, opinião política, filiação a sindicato ou a organização de caráter religioso, filosófico ou político, dado referente à saúde ou à vida sexual, dado genético ou biométrico".[8]

Como a própria norma dispõe, o intuito do legislador foi proteger direitos constitucionalmente estabelecidos, tido como fundamentais, v.g., a liberdade, a privacidade e o livre desenvolvimento da personalidade da pessoa. Embora o direito à proteção dos dados pessoais não esteja expressamente previsto na Constituição Federal, por meio de uma leitura funcional de seus princípios, como ressalta Caitlin Sampaio Mulholland, se tornou "elemento constituinte da identidade da pessoa e deve ser protegido na medida em que compõe parte fundamental de sua personalidade, que deve ter seu desenvolvimento privilegiado, por meio do reconhecimento de sua dignidade".[9] Logo, merece total proteção.

Por tal razão, além de serem obrigados a reparar todo e qualquer dano (patrimonial, moral, individual ou coletivo) causado em violação à legislação de proteção de dados pessoais, os agentes de tratamento poderão sofrer duras sanções (v.g., suspensão ou proibição de acesso ou tratamento de bancos de dados, publicidade da conduta indevida e multa pecuniária, que poderá variar até 2% (dois por cento) do faturamento da pessoa jurídica, excluídos os tributos, limitada, no total, a R$50.000.000,00 (cinquenta milhões de reais) por infração).

Nota-se que, além das sanções, aos agentes de tratamento de dados pessoais impõe-se o risco reputacional por eventuais vazamentos. Notícias sobre esse tema são frequentes no Brasil e no mundo (v.g., "Vazamento de dados expõe telefone e e-mail de 1,2 bilhão de pessoas";[10] "Facebook investiga alegações de que 267 milhões de dados de usuários

---

[7] BRASIL. Lei nº 13.709... cit. Artigo 5º, inciso X.
[8] BRASIL. Lei nº 13.709... cit. Artigo 5º, inciso II.
[9] MULHOLLAND, Caitlin Sampaio. Dados pessoais sensíveis e a tutela de Direitos Fundamentais: uma análise à luz da Lei Geral de Proteção de Dados (Lei nº 13.709/18). *Revista de Direitos e Garantias Fundamentais*, v. 19, n. 3, p. 171, 2018.
[10] LOUBAK, Ana Letícia. Vazamento de dados expõe telefone e e-mail de 1,2 bilhão de pessoas. TechTudo. Rio de Janeiro, 27 nov. 2019. Disponível em: https://www.techtudo.com.br/

foram expostos on-line";[11] "MPDFT investiga possível vazamento de dados de site do Cadastro Positivo";[12] "Brasil multa Facebook em 6,6 milhões de reais pelo vazamento de dados no caso Cambridge Analytica";[13] "Vivo pode ser multada em R$10 milhões por vazamentos de dados";[14] "British Airways recebe multa recorde de R$900 milhões por vazar dados";[15] "Google recebe multa de 50 milhões de euros na França por violar GDPR"[16]).

À maneira da legislação estrangeira, a LGPD impõe uma série de restrições e obrigações aos agentes de tratamento de dados, que deverão se adaptar a essa nova realidade, "o que demanda investimento, atualização de ferramentas de segurança de dados, revisão documental, melhoria de procedimentos e fluxos internos e externos de dados pessoais, com aplicação de mecanismos de controle e trilhas de auditoria e, acima de tudo, mudança de cultura".[17]

Assim, impõe-se a toda e qualquer pessoa natural ou jurídica, de direito público ou privado, que atue com o tratamento de dados pessoais no Brasil ou no exterior, o dever de conformidade às normas relacionadas à temática, a partir da revisão, adaptação ou reformulação de seus processos de trabalho, a fim de que não violem as disposições normativas, sobretudo para que não causem lesões a direitos humanos e fundamentais decorrentes de dados pessoais.

---

noticias/2019/11/vazamento-de-dados-expoe-telefone-e-e-mail-de-12-bilhao-de-pessoas.ghtml. Acesso em: 28 jan. 2020.

[11] MURPHY, Hanna. Facebook investiga alegações de que 267 milhões de dados de usuários foram expostos on-line. *Financial Times*, Londres, 20 dez. 2019. Disponível em: https://www.ft.com/content/502cc08a-231f-11ea-b8a1-584213ee7b2b. Acesso em: 28 jan. 2020.

[12] FEITOSA JUNIOR, Alessandro. MPDFT investiga possível vazamento de dados de site do Cadastro Positivo. UOL. São Paulo, 14 jan. 2020. Disponível em: https://gizmodo.uol.com.br/mpdft-investiga-possivel-vazamento-dados-cadastro-positivo. Acesso em: 28 jan. 2020.

[13] ROSSI, Marina. Brasil multa Facebook em 6,6 milhões de reais pelo vazamento de dados no caso Cambridge Analytica. *El País*, Madrid, 30 dez. 2019. Disponível em: https://brasil.elpais.com/tecnologia/2019-12-30/brasil-multa-facebook-em-66-milhoes-de-reais-pelo-vazamento-de-dados-no-caso-cambridge-analytica.html. Acesso em: 28 jan. 2020.

[14] NAKAGAWA, Liliane. Vivo pode ser multada em R$10 milhões por vazamentos de dados. *Olhar Digital*, São Paulo, 07 nov. 2019. Disponível em: https://olhardigital.com.br/noticia/vivo-pode-ser-multada-em-r-10-milhoes-por-vazamentos-de-dados/92714. Acesso em: 28 jan. 2020.

[15] HIGA, Paulo. British Airways recebe multa recorde de R$ 900 milhões por vazar dados. *Tecnoblog*, São Paulo, 08 jul. 2019. Disponível em: https://tecnoblog.net/297840/british-airways-multa-recorde-vazamento-dados. Acesso em: 28 jan. 2020.

[16] ALECRIM, Emerson. Google recebe multa de 50 milhões de euros na França por violar GDPR. Tecnoblog. São Paulo, 21 jan.2019. Disponível em: https://tecnoblog.net/275817/google-multa-gdpr-franca/. Acesso em: 28 jan. 2020.

[17] PINHEIRO, Patricia Peck. *Proteção de dados...* cit., p. 43.

2 A corrupção como agente lesivo de direitos humanos e fundamentais e a tutela proveniente de seu combate e prevenção

A corrupção pode ser considerada como uma das mais proeminentes patologias[18] da sociedade pós-moderna,[19] causa de inúmeras lesões a direitos humanos e fundamentais, tanto em sociedades desenvolvidas quanto, sobretudo, em países subdesenvolvidos. É flagrante os danos que os atos corruptivos podem causar a direitos fundamentais, *v.g.*, direitos sociais (saúde, educação, habitação, segurança etc.), políticos (votar e ser votado livre de embaraços etc.), econômicos (desenvolvimento econômico, estabilidade da moeda etc.), de acesso à justiça, entre outros. Como ressaltam Valerio Mazzuoli e Matheus Cunha, "embora a corrupção, por si só, não seja apontada como uma violação a direitos humanos e fundamentais propriamente dita, certo é que da maneira como está inserida no meio social, envolvendo agentes públicos e privados, impede a realização dos direitos dos cidadãos e a efetivação de inúmeras políticas públicas capazes de fazer avançar o país e retirá-lo da pobreza e da miséria iminentes".[20]

---

[18] No cenário internacional, *v.* HEIDENHEIMER, Arnold J.; JOHNSTON, Michael (Ed.). *Political corruption*: concepts and contexts. 3. ed. New Brunswick: Transaction Publishers, 2002; ROSE-ACKERMAN, Susan; PALIFKA, Bonnie J. *Corruption and government*: causes, consequences, and reform. 2. ed. New York: Cambridge University Press, 2016; MAURO, Paolo. Corruption and growth. *The Quarterly Journal of Economics*, v. 110, n. 3, p. 681-712, 1995; SHLEIFER, Andrei; VISHNY, Robert W. Corruption. *The Quarterly Journal of Economics*, v. 108, n. 3, p. 599-617, 1993; TANZI, Vito. Corruption around the world: causes, consequences, scope, and cures. *Staff Papers*, v. 45, n. 4, p. 559-594, 1998. No cenário nacional, *v.* AVRITZER, Leonardo *et al.* (Org.). *Corrupção*: ensaios e críticas. Belo Horizonte: UFMG, 2008; FILGUEIRAS, Fernando. A tolerância à corrupção no Brasil: uma antinomia entre normas morais e prática social. *Opinião Pública*, v. 15, n. 2, p. 386-421, 2009; BOTELHO, Ana Cristina Melo de Pontes. *Corrupção política*: uma patologia social. Belo Horizonte: Fórum, 2010.

[19] Embora o conceito de sociedade pós-moderna esteja distante de se tornar uma unanimidade na doutrina, compreender as características do comportamento social pós-globalização, diferentemente das décadas anteriores, pode ser fundamental ao concreto enfrentamento dos danos colaterais por ela causados. Sobre a pós-modernidade, *v.* LYOTARD, Jean François. *A condição pós-moderna*. 12. ed. Rio de Janeiro: José Olympio, 2009; HABERMAS, Jürgen. *O discurso filosófico da modernidade*. São Paulo: Martins Fontes, 2000; ANDERSON, Perry. *As origens da pós-modernidade*. Rio de Janeiro: Jorge Zahar, 1999; CONNOR, Steven. *Cultura pós-moderna*. Introdução às teorias do contemporâneo. 5. ed. São Paulo: Loyola, 2004; HALL, Stuartigo. *A identidade cultural na pós-modernidade*. 11 ed. Rio de Janeiro: DPA, 2006; LIPOVETSKY, Gilles; CHARLES, Sébastien. *Os tempos hipermodernos*. Tradução Mário Vilela. 2. ed. São Paulo: Barcarolla, 2005.

[20] MAZZUOLI, Valerio de Oliveira; CUNHA, Matheus Lourenço Rodrigues da. *Compliance*: de instrumento de sustentabilidade empresarial a mitigador de violações a direitos humanos e fundamentais. *Revista de Direito Público (ReDiP)*, Lisboa, n. 18, p. 172, jul./dez. 2017.

Nesse mesmo sentido, a Transparência Internacional tem sido clara ao afirmar que a corrupção é a causa e o núcleo de muitas violações e que entre os vários países existe uma tendência generalizada de corrupção sistêmica que coexiste com uma falha institucionalizada no respeito aos direitos humanos.[21] Diante desta concepção, para o concreto enfrentamento, seu conceito não deve se limitar ao viés jurídico-penal, assim como suas causas e consequências não podem se reduzir ao campo econômico.

Os atos corruptivos, pouco a pouco, passaram a ser considerados, social e juridicamente, como gênero de diversas espécies de condutas. Ou seja, deixaram de se limitar à forma literal, tal como prevista na norma penal (*v.g.*, artigos 317 e 333, do Código Penal Brasileiro), para expandir a outras práticas de vilipêndio de recursos, patrimônio e do próprio interesse público, por condutas diversas (*v.g.*, suborno, fraude em processos licitatórios e de contratação, clientelismo, patrocínio político, nepotismo, extorsão, prevaricação, tráfico de influência, conflitos de interesses, utilização de informação privilegiada, apropriação indébita e desvio de recursos, uso de interposta pessoa para ocultação de reais beneficiários finais de direitos e interesses, além de outros atos lesivos ao interesse público e, até mesmo, ao interesse privado).

O mencionado enfrentamento da corrupção foi inicialmente proposto pela sociedade internacional globalizada, por meio do enriquecimento dos sistemas jurídicos internos, premidos por normas cogentes e não cogentes de organismos internacionais (*v.g.*, ONU, OCDE, OEA), a partir da evidente utilização da análise econômica do direito, pelo aumento de hipóteses de condutas tipificadas no direito sancionador (*v.g.*, responsabilização de pessoas jurídicas por diversos ilícitos, vedação da dedutibilidade tributária do suborno de agentes públicos estrangeiros etc.) e a imposição de severas sanções em caso de violações (*v.g.*, elevadas multas, restrição de direitos, exposição reputacional etc.), como é o caso da Lei nº 12.846/2013, conhecida como Lei Anticorrupção ou Lei da Empresa Limpa.

Todavia, embora o combate aos atos corruptivos seja relevante em um momento de transformação social, a partir do devido processo de responsabilização de pessoas físicas e/ou jurídicas que violem as mencionadas normas, a estratégia pela prevenção parece ser dotada

---

[21] TRANSPARÊNCIA INTERNACIONAL. Human Rights and Corruption. *Working Paper*, Berlim, n. 05, 2008. Na redação original: "Corruption is the cause and core of many human rights violations. Among countries, there is a generalised trend of systemic corruption coexisting with an institutionalised failure to respect human rights".

de maior racionalidade e sustentabilidade. Isso se deve ao fato de que o combate e a respectiva responsabilização, por regra, pressupõem ameaça ou lesão ao bem jurídico tutelado, enquanto a prevenção estabelece proteção, tutela.

Neste sentido, destaca-se a disseminação do programa de integridade,[22] em um primeiro momento no setor privado, mas já notado no ambiente estatal e no terceiro setor, que, entre outros princípios fundamentais, deve ser baseado em riscos específicos de cada organização, a fim de garantir sua efetividade, como o risco de práticas corruptivas.

Comumente conhecido como programa de *compliance*, trata-se de um sistema de gestão de riscos com atuação evolutiva pautada pela melhoria contínua e pela disseminação de valores (*v.g.*, conduta ética e integridade), composto de uma série de mecanismos metodologicamente estabelecidos, posicionados na segunda linha de defesa do ambiente interno de uma organização do setor privado, público ou terceiro setor, que a auxilia a prevenir, detectar e responder irregularidades, ilegalidades e desvios de conduta que são ou poderão ser praticadas por seus colaboradores, administradores, acionistas, representantes ou terceiros, que agem em seu nome e que, em razão disso, podem trazer a responsabilização ou exposição da imagem e reputação da pessoa jurídica e dos dirigentes a ela relacionados.[23]

No artigo 41 do Decreto Federal nº 8.420/2015, o legislador pátrio dispôs o conceito legal do *Programa de Compliance Anticorrupção* ou *Programa de Integridade*, ao menos com foco nas questões relacionadas à Lei nº 12.846/2013, "que consiste, no âmbito de uma pessoa jurídica, no conjunto de mecanismos e procedimentos internos de integridade, auditoria e incentivo à denúncia de irregularidades e na aplicação efetiva de códigos de ética e de conduta, políticas e diretrizes".[24]

---

[22] A base do *programa de compliance* é sempre a melhoria contínua, portanto, é equivocada a ideia de que haverá começo, meio e fim de sua implementação. O programa se retroalimenta e permite a melhoria de sua gestão e, por consequência, dos resultados. Por esse motivo, conforme a melhor doutrina, trata-se não de um programa, mas de um *sistema de compliance*. Já o foco na integridade advém justamente quando o sistema atua na mitigação de riscos de condutas tidas como corruptivas. Contudo, em razão da disposição expressa na legislação nacional, adotar-se-á no presente estudo o termo *programa de integridade*.

[23] CUNHA, Matheus Lourenço Rodrigues da. *Relação tridimensional entre corrupção, Compliance e direitos humanos e fundamentais*: uma análise sobre os efeitos colaterais dos atos corruptivos com relação a direitos individuais e difusos e à forma como a consolidação da cultura de integridade pode ajudar a garanti-los. Dissertação (Mestrado em Direito), 544p. Cuiabá: Universidade Federal de Mato Grosso, 2019, p. 363-364.

[24] BRASIL. Decreto nº 8.420, de 18 de março de 2015. Regulamenta a Lei nº 12.846, de 1º de agosto de 2013, que dispõe sobre a responsabilização administrativa de pessoas jurídicas

Ainda, da compreensão do mesmo dispositivo legal, nota-se que o objetivo do programa de integridade é "detectar e sanar desvios, fraudes, irregularidades e atos ilícitos praticados contra a administração pública, nacional ou estrangeira".[25] Dessa forma, "com o objetivo de mitigar o risco de cominação de severas sanções impostas pelas normas anticorrupção, de evitar o risco reputacional pela exposição de possível envolvimento em atos corruptivos, bem como para cumprir uma exigência de mercado quanto à adoção de padrões de ética e de integridade no ambiente corporativo, as empresas têm buscado na implementação de programas de *compliance* uma solução altamente viável".[26]

Portanto, caso o programa exista, com todos os seus requisitos formais presentes, assim como seja verdadeiramente efetivo, além de prevenir atos corruptivos (*v.g.*, desvios, fraudes, irregularidades e atos ilícitos) praticados contra a Administração Pública, nacional ou estrangeira, resguardará direitos humanos e fundamentais de danos eventualmente deles decorrentes. Logo, pode-se concluir que o programa de *compliance* efetivo se trata de um importante instrumento de tutela de direitos humanos e fundamentais.

3 As diligências ou verificações apropriadas (*due diligence*) como requisito de efetividade do programa de *compliance* e integridade

Atualmente, sobretudo no setor privado, o processo de avaliação e/ou auditoria quanto à existência do programa de *compliance* e integridade tem se pautado na verificação dos requisitos formais apresentados nos Estados Unidos pelo *Resource Guide to the FCPA*, que se disseminaram pelo mundo em diversas normativas que replicaram o modelo proposto pelo *U.S. Department of Justice* (DoJ) e *U.S. Securities and Exchange Commission* (SEC). No Brasil, esta estrutura formal foi, pela primeira oportunidade, prevista normativamente no artigo 42 do Decreto nº 8.420/2015, que regulamentou a Lei Anticorrupção no âmbito federal.

---

pela prática de atos contra a administração pública, nacional ou estrangeira e dá outras providências. Artigo 41.
[25] BRASIL. Decreto nº 8.420... cit., artigo 41.
[26] MAZZUOLI, Valério de Oliveira; CUNHA, Matheus Lourenço Rodrigues da. *Compliance*... cit., p. 196.

Dentre os diversos requisitos formais para se verificar a existência e a efetividade do programa de integridade (v.g., comprometimento da alta direção; análise periódica de riscos; padrões de conduta, políticas e procedimentos de integridade aplicáveis a colaboradores e terceiros; treinamentos periódicos, canais de denúncia e medidas de remediação), devem ser consideradas "diligências apropriadas para contratação e, conforme o caso, supervisão, de terceiros, tais como, fornecedores, prestadores de serviço, agentes intermediários e associados",[27] assim como "verificação, durante os processos de fusões, aquisições e reestruturações societárias, do cometimento de irregularidades ou ilícitos ou da existência de vulnerabilidades nas pessoas jurídicas envolvidas".[28]

Estas diligências ou verificações apropriadas, também conhecidas como *due diligence*, recaem sobre terceiros que se relacionam com as organizações, via de regra comercialmente. O conceito de terceiro utilizado pela Organização para Cooperação e Desenvolvimento Econômico (OCDE), expresso no *report Typologies on the Role of Intermediaries in International Business Transactions*, considera um intermediário como uma pessoa física ou jurídica (como empresas de consultoria, *joint venture* etc.) que é colocada em contato com ou entre dois ou mais parceiros comerciais, como um canal para bens ou serviços oferecidos por um fornecedor para um consumidor, que pode atuar para atividades econômicas legítimas, pagamentos de suborno ou em uma combinação de ambos.[29]

Contudo, a utilização de terceiros nas relações pode expor a organização a riscos de *compliance*. A própria OCDE publicou, em 2014, um estudo chamado *Foreign Bribery Report: an analysis of the crime of bribery of foreign public officials*, em que analisa e descreve a corrupção transnacional baseada em 427 casos de corrupção de agentes públicos estrangeiros, onde aponta que em 75% (setenta e cinco por cento) dos casos, terceiros intermediários foram utilizados na oferta, promessa ou pagamento do suborno. Ou seja, três em cada quatro casos de suborno envolveram pagamentos por meio de terceiros intermediários.[30]

---

[27] BRASIL. Decreto nº 8.420... cit. Artigo 42, inciso XIII.
[28] BRASIL. Decreto nº 8.420... cit. Artigo 42, inciso XIV.
[29] ORGANIZAÇÃO PARA COOPERAÇÃO E DESENVOLVIMENTO ECONÔMICO. *Typologies on the Role of Intermediaries in International Business Transactions*. Final Report. Paris: OCDE, 2009, p. 5.
[30] ORGANIZAÇÃO PARA COOPERAÇÃO E DESENVOLVIMENTO ECONÔMICO. *OECD Foreign Bribery Report*: an analysis of the crime of bribery of foreign public officials. Paris: OCDE, 2014, p. 28.

Ademais, normas estrangeiras (*v.g., Foreign Corrupt Practices Act (FCPA)* – EUA; *United Kingdom Bribery Act (UKBA)* – Reino Unido; *Ley de Responsabilidad Penal Empresaria* – Argentina etc.) e a própria Lei nº 12.846/2013 (Lei Anticorrupção) estabelecem a responsabilização de pessoas jurídicas por atos lesivos praticados em desfavor da Administração Pública, nacional ou estrangeira (a variar de cada hipótese normativa), direta ou indiretamente. Ou seja, a pessoa jurídica poderá ser responsabilizada por condutas praticadas por seus colaboradores (diretamente) ou por terceiros que ajam em seu nome ou benefício (indiretamente).

Assim, impõe-se como pertinente, além de extremamente relevante do ponto de vista da prevenção de riscos, a análise e verificação daqueles terceiros que se relacionam com a organização, inclusive como um requisito formal de existência e efetividade do programa de *compliance*. Portanto, cada organização deve previamente estabelecer e formalizar seu processo interno de gerenciamento de riscos de *compliance* para terceiros, em que deve prever quais são os seus riscos de *compliance* prioritários e quais os grupos de terceiros que estão em alta exposição, para que posteriormente sejam analisados e monitorados.

O documento *Evaluation of Corporate Compliance Programs* (Avaliação de Programas de Conformidade Corporativa) publicado pela *Criminal Division* do *U.S. Department of Justice* em 2017, para estabelecer critérios técnico-formais de mensuração da efetividade de programas de integridade sob a jurisdição norte-americana, foi revisado em 2019 e 2020. Nessa oportunidade, o documento passou a esclarecer que um programa bem projetado deve aplicar diligências aprofundadas baseadas em riscos nos relacionamentos com terceiros, que embora possam variar de acordo com o tamanho e a natureza da empresa, os tipos de transações e as categorias de terceiros, devem avaliar as qualificações e associações de terceiros (*v.g.*, parceiros, incluindo agentes, consultores e distribuidores comumente usados para ocultar má conduta, como o pagamento de subornos a funcionários públicos) e se a empresa conhece a lógica comercial da relação com aqueles terceiros (*v.g.*, se os termos do contrato com terceiros descrevem especificamente os serviços a serem executados, se o terceiro está realmente realizando o trabalho e se sua remuneração é proporcional ao trabalho que está sendo fornecido naquele setor e região geográfica).[31]

---

[31] ESTADOS UNIDOS DA AMÉRICA. U.S. Department of Justice. Criminal Division. *Evaluation of Corporate Compliance Programs*. Jun. 2020, p. 07-08. Disponível em: https://www.justice.gov/criminal-fraud/page/file/937501/download. Acesso em: 13 jul. 2020.

Importante ressaltar que, em algumas organizações, este processo se estende a colaboradores com funções estratégicas e/ou de alto grau de exposição aos riscos de *compliance*, em um processo de verificação, via de regra, prévio à contratação, comumente nominado de *background check*. De mais a mais, a Lei nº 12.846/2013 estabelece que "subsiste a responsabilidade da pessoa jurídica na hipótese de alteração contratual, transformação, incorporação, fusão ou cisão societária".[32] Assim, em processos de fusão e aquisição de empresas (M&A – *Mergers and Acquisitions*), também torna-se fundamental a *due diligence* para a verificação da empresa adquirida, em relação aos riscos e eventuais passivos de *compliance*.

Embora a legislação seja omissa quanto a requisitos para que as diligências sejam consideradas de fato apropriadas, a Controladoria-Geral da União (CGU), a título de *softlaw* (recomendação), publicou em 2018 o *Manual Prático de Avaliação de Programas de Integridade em Processos Administrativos de Responsabilização*, em que sugere:

- As diligências prévias realizadas pela PJ para contratação de terceiros incluem: a) verificação do envolvimento de terceiros em casos de corrupção e práticas de fraude contra a administração pública? b) verificação da existência de programas de integridade implementados nos terceiros avaliados, para mitigar os riscos de corrupção e fraude contra a administração pública? c) realização de diligências aprofundadas em relação aos terceiros para celebração de parcerias, como consórcios, associações, *join ventures* e sociedades de propósito específico?
- As regras sobre a realização de diligências prévias à contratação de terceiros: a) favorecem a contratação de terceiros que apresentam baixo risco de integridade? b) estabelecem a necessidade de adoção de medidas para minimizar o risco da contratação de terceiro, caso o resultado das diligências realizadas indique alto risco de integridade na contratação? c) podem impossibilitar a contratação ou a formação da parceria, caso seja verificado alto risco de integridade do terceiro?
- Foram apresentados documentos demonstrando que as diligências de terceiros são aplicadas pela PJ, como formulários

---

[32] BRASIL. Lei nº 12.846, de 1º de agosto de 2013. Dispõe sobre a responsabilização administrativa e civil de pessoas jurídicas pela prática de atos contra a administração pública, nacional ou estrangeira, e dá outras providências. Artigo 4º.

preenchidos por terceiros, e-mails solicitando informações a terceiros e avaliações do perfil de risco dos terceiros?[33]

Algumas formas de comprovação são apresentadas, como "políticas disciplinando a realização de diligências; formulários; telas de consulta de fornecedores em bancos de dados governamentais relacionados ao tema (CEIS, CNEP e CEPIM); fluxogramas; relatórios sobre terceiros; telas de sistemas utilizados para realização de verificações de terceiros".[34]

Para a coleta de informações, algumas fontes de pesquisa são públicas e, portanto, podem ser acessadas por qualquer pessoa. Dessa maneira, uma preocupação para o profissional responsável pela realização das diligências é mapear quais fontes disponíveis existem a fim de levantar informações sobre os terceiros com quem sua organização se relaciona e que possam informar questões relevantes (*red flags*) do ponto de vista de integridade e do risco de *compliance* a eles atribuído.

São centenas de fontes já mapeadas por empresas especializadas: Receita Federal do Brasil, juntas comerciais dos estados, portais de transparência dos órgãos governamentais, Cadastro Nacional de Empresas Inidôneas e Suspensas (CEIS); Cadastro Nacional de Empresas Punidas (CNEP); Cadastro de Penalidade a Entidades Privadas sem Fins Lucrativos Impedidas (CEPIM); sites dos tribunais superiores (STF, STJ, TST, TSE e STM), dos tribunais regionais federais e dos tribunais de justiça dos estados; site dos tribunais de contas da União, dos estados e dos municípios (aqueles que possuem), site do Conselho Administrativo de Defesa Econômica (CADE); listas de sanções internacionais (Conselho de Segurança das Nações Unidas – UNSC, *U.S. Office of Foreign Assets Control* – OFAC, Política Externa e de Segurança Comum da União Europeia – CFSP, *UK HM Treasury* etc.); buscadores de internet (Google, Yahoo, Bing etc.); dentre outras.[35]

A partir do momento em que as informações relevantes em relação ao terceiro ou colaborador são coletadas e catalogadas, precisam ser avaliadas por pessoas capacitadas, que realmente entendam sobre os riscos de *compliance* da organização, sobre como eles podem se

---

[33] BRASIL. Controladoria-Geral da União. *Manual Prático de Avaliação de Programas de Integridade em Processos Administrativos de Responsabilização (PAR)*. Brasília, 2018, p. 50.
[34] BRASIL. Controladoria-Geral da União. *Manual Prático...* cit., p. 50.
[35] CUNHA, Matheus Lourenço Rodrigues da. *Due diligence de integridade*: uma estratégia para a gestão de riscos de terceiros. *In*: CUNHA, Matheus; EL KALAY, Márcio (Org.). *Manual de compliance*: Compliance Mastermind. São Paulo: LEC, 2019. v. 1, p. 281-282.

materializar pela atuação dos terceiros e que tenham "olho clínico" para ler nas entrelinhas e resgatar questões relevantes, às vezes ocultas.

Por fim, todas estas informações devem ser apontadas em um relatório completo e detalhado, a fim de auxiliar aqueles com atribuição específica, de acordo com a governança de cada organização, no processo de tomada de decisão em relação ao terceiro (*v.g.*, contratação ou não com o terceiro; aprovação do M&A; contratação do colaborador; imposição de controles mitigatórios dos riscos, renovação periódica da análise etc.). Observados todos estes requisitos, as diligências de integridade (*due diligence* de terceiros, *due diligence* de M&A ou *background check*) poderão, assim, ser consideradas devidas.

4 Aparente conflito entre a LGPD e *due diligence* de integridade e alternativas para a conformidade

Durante a elaboração dos relatórios de *due diligence* de integridade, em relação a terceiros ou em caso de M&A, dados pessoais de sócios, administradores ou demais pessoas naturais relacionadas à pessoa jurídica analisada podem ser manuseados. No caso do *background check*, em que o alvo das diligências é um potencial colaborador, logo pessoa natural, o acesso a dados pessoais é inevitável.

Nota-se que em todo o processo de levantamento, análise, consolidação e deliberação a cerca de informações levantadas nas diligências de integridade (*due diligence* de terceiros, *due diligence* de M&A ou *background check*), dados pessoais podem ser tratados (*v.g.*, coleta, produção, recepção, classificação, utilização, acesso, reprodução, transmissão, distribuição, processamento, arquivamento, armazenamento, eliminação, avaliação ou controle da informação, modificação, comunicação, transferência, difusão ou extração). Logo, resta evidente que os envolvidos neste processo (controlador e operador dos dados) podem estar sujeitos às legislações, nacional e estrangeira, de proteção a dados pessoais.

Neste sentido, em uma interpretação literal, prematura e sem o devido aprofundamento, pode-se compreender que as normas de proteção aos dados pessoais impediriam o tratamento de informações de pessoas naturais nas diligências de integridade. Tal condição afetaria um importante requisito, não apenas de existência, sobretudo, da efetividade do programa de *compliance*. Assim, restaria consubstanciada uma antinomia entre as normas de proteção de dados pessoais e anticorrupção.

Entretanto, como anteriormente apresentado, ambos os conjuntos normativos fazem parte de um mosaico protetivo de direitos humanos e fundamentais que, se relativizados, podem sujeitá-los a graves lesões. Logo, nenhum deles pode ou deve ser desconsiderado ou sobressair objetivamente em relação ao outro. Mas, sim, ter uma aplicação *dialógica*.[36] Neste sentido, o legislador pátrio consignou na LGPD algumas hipóteses permissivas em relação ao tratamento de dados pessoais. Entre essas hipóteses, três delas podem ser utilizadas como fundamento na condução de diligências de integridade, integrante do programa de *compliance*: i. mediante o fornecimento de consentimento pelo titular;[37] ii. para o cumprimento de obrigação legal ou regulatória pelo controlador;[38] iii. quando necessário para atender aos interesses legítimos do controlador ou de terceiro, exceto no caso de prevalecerem direitos e liberdades fundamentais do titular que exijam a proteção dos dados pessoais.[39]

Em razão da primeira hipótese, aquele que se coloca como responsável pelo processo de *due diligence*, na posição de controlador ou operador dos dados, deve se valer do consentimento formal de eventuais pessoas naturais que possam ser alvo da análise, desde que observadas as regras descritas nos parágrafos do artigo 7º e nos artigos 8º e 9º, da LGPD.

A segunda hipótese se justifica para aqueles que são legalmente obrigados a ter um programa de integridade implementado e efetivo, tendo como requisito formal diligências apropriadas para contratação e supervisão de terceiros (*due diligence* de terceiros), assim como para verificação, durante os processos de fusões, aquisições e reestruturações societárias (*due diligence* de M&A). Este é o caso, por exemplo, dos contratantes com o Poder Público, cujo ente federado contratante já possui em vigência legislação própria que vincula a implementação do programa de integridade à assinatura do instrumento contratual (*v.g.*, Lei RJ nº 7.753/2017; Lei DF nº 6.112/2018, alterada pela Lei DF nº 6.176/2018 e pela Lei DF nº 6.308/2019; Lei RS nº 15.228/2018; Lei AM nº 4.730/2018; Lei GO nº 20.489/2019; Lei Vila Velha nº 6.050/2018 e Lei Aracaju nº 5.241/2019).

---

[36] Sobre diálogo das fontes, *v.* JAYME, Erik. Identité culturelle et intégration: le droit international privé postmoderne. *Recueil des Cours*, v. 251, p. 259, 1995.
[37] BRASIL. Lei nº 13.709... cit. Artigo 7º, inciso I.
[38] BRASIL. Lei nº 13.709... cit. Artigo 7º, inciso II.
[39] BRASIL. Lei nº 13.709... cit. Artigo 7º, inciso IX.

Por fim, e certamente mais corriqueiro, está o legítimo interesse daquelas pessoas jurídicas que, em razão da necessidade da gestão efetiva dos seus programas de *compliance*, dispõem das diligências (*due diligence* de terceiros, *due diligence* de M&A ou *background check*) como um mecanismo de prevenção e mitigação dos riscos de integridade. Nesta hipótese, é fundamental que os agentes de tratamento de dados pessoais observem as disposições inseridas no artigo 10 da LGPD, senão vejamos:

Art. 10. O legítimo interesse do controlador somente poderá fundamentar tratamento de dados pessoais para finalidades legítimas, consideradas a partir de situações concretas, que incluem, mas não se limitam a:
I - apoio e promoção de atividades do controlador; e
II - proteção, em relação ao titular, do exercício regular de seus direitos ou prestação de serviços que o beneficiem, respeitadas as legítimas expectativas dele e os direitos e liberdades fundamentais, nos termos desta Lei.
§1º Quando o tratamento for baseado no legítimo interesse do controlador, somente os dados pessoais estritamente necessários para a finalidade pretendida poderão ser tratados.
§2º O controlador deverá adotar medidas para garantir a transparência do tratamento de dados baseado em seu legítimo interesse.
§3º A autoridade nacional poderá solicitar ao controlador relatório de impacto à proteção de dados pessoais, quando o tratamento tiver como fundamento seu interesse legítimo, observados os segredos comercial e industrial.[40]

Ademais, é fundamental que os dados pessoais não se enquadrem como sensíveis, nos termos do artigo 5º, inciso II, da LGPD (exceto se houver enquadramento nas hipóteses dos artigos 11 a 13, da LGPD), bem como sejam respeitados os princípios fundamentais previstos no artigo 6º da norma: i. finalidade; ii. adequação; iii. necessidade; iv. livre acesso; v. qualidade dos dados; vi. transparência; vii. segurança; viii. prevenção; ix. não discriminação; x. responsabilização e prestação de contas; e, sobretudo, xi. boa-fé.

Dessa forma, é importante consignar que o programa de integridade, ainda que sua atuação se limite aos riscos estabelecidos na legislação anticorrupção, deve sofrer as adaptações necessárias, a fim de que esteja em conformidade com as normas de proteção de dados

---

[40] BRASIL. Lei nº 13.709... cit. Artigo 10.

pessoais, nacionais e estrangeiras, a que a respectiva pessoa jurídica esteja sujeita.

Conclusão

As legislações de proteção aos dados pessoais já existentes em várias partes do mundo, como a Lei nº 13.709/2018 no Brasil (LGPD), decorrem da necessária tutela de direitos humanos e fundamentais que podem ser lesados pelo uso indevido de informações das pessoas naturais (*v.g.*, liberdade, privacidade e livre desenvolvimento da personalidade da pessoa natural).

Por outro lado, a corrupção é igualmente nociva a direitos humanos e fundamentais (*v.g.*, direitos sociais, políticos, econômicos e de acesso à justiça). Dessa forma, sistemas internacionais de proteção e, mais recentemente, sistemas jurídicos internos receberam normas que buscam a devida responsabilização de pessoas envolvidas em atos corruptivos, como é o caso das legislações anticorrupção, que visam responsabilizar pessoas jurídicas corruptoras. Tais normas, além do cunho sancionador, buscam a formação de uma cultura de prevenção aos atos lesivos, sobretudo na Administração Pública, com a implementação de programas de *compliance*. Assim, pode-se concluir que o programa de integridade, ao prevenir a ocorrência de atos de corrupção, previne também lesões por eles causadas a direitos humanos e fundamentais, logo, se impondo como importante mecanismo de tutela.

Entre os requisitos formais do programa de integridade estão as diligências de integridade (*due diligence* ou *background check*), que buscam a verificação de pessoas relacionadas à pessoa jurídica titular do programa (*v.g.*, prestadores de serviço, parceiros comerciais, empresas em processo de fusão e aquisição, colaboradores estratégicos etc.), que possam expô-la aos riscos de *compliance*. No entanto, na condução destas diligências, dados e informações de pessoas naturais relacionadas ao examinado podem ser acessados, havendo o risco de violação das legislações de proteção de dados pessoais.

Em uma primeira análise, pode parecer que existe uma antinomia entre os instrumentos normativos de proteção de dados pessoais e anticorrupção. Contudo, como ambos fazem parte de um mosaico protetivo de direitos humanos e fundamentais, não deve haver sobreposição ou priorização entre eles. Mas, sim, uma aplicação dialógica.

Assim, o legislador atribuiu à LGPD hipóteses (art. 7º) em que os dados pessoais possam ser tratados. Destas hipóteses, algumas podem servir de fundamento para a legitimidade da *due diligence* de integridade: i) mediante o fornecimento de consentimento pelo titular; ii) para o cumprimento de obrigação legal ou regulatória pelo controlador; iii) quando necessário para atender aos interesses legítimos do controlador ou de terceiro, exceto no caso de prevalecerem direitos e liberdades fundamentais do titular que exijam a proteção dos dados pessoais.

Para isto, deve ocorrer uma adequação dos processos internos do programa de *compliance*, sobretudo para as diligências de integridade, a fim de que estejam em consonância com as normas de proteção de dados pessoais, nacionais e estrangeiras (*privacy by design*), para evitar que o programa de integridade seja responsável por não conformidades. Afinal, não existe "meio *compliance*".

Referências

ALECRIM, Emerson. Google recebe multa de 50 milhões de euros na França por violar GDPR. *Tecnoblog*, São Paulo, 21 jan.2019. Disponível em: https://tecnoblog.net/275817/google-multa-gdpr-franca/. Acesso em: 28 jan. 2020.

AMER, Karim; NOUJAIM, Jehane. *Privacidade rackeada*. Critically Acclaimed Films, 2019.

ANDERSON, Perry. *As origens da pós-modernidade*. Rio de Janeiro: Jorge Zahar, 1999.

AVRITZER, Leonardo et al. (Org.). *Corrupção*: ensaios e críticas. Belo Horizonte: UFMG, 2008.

BRASIL. Controladoria-Geral da União. Manual Prático de Avaliação de Programas de Integridade em Processos Administrativos de Responsabilização (PAR). Brasília, 2018, p. 50.

BRASIL. Decreto nº 8.420, de 18 de março de 2015. Regulamenta a Lei nº 12.846, de 1º de agosto de 2013, que dispõe sobre a responsabilização administrativa de pessoas jurídicas pela prática de atos contra a administração pública, nacional ou estrangeira e dá outras providências.

BRASIL. Lei nº 12.846, de 1º de agosto de 2013. Dispõe sobre a responsabilização administrativa e civil de pessoas jurídicas pela prática de atos contra a administração pública, nacional ou estrangeira, e dá outras providências.

BRASIL. Lei nº 13.709, de 14 de agosto de 2018. Lei Geral de Proteção de Dados Pessoais (LGPD).

BOTELHO, Ana Cristina Melo de Pontes. *Corrupção política*: uma patologia social. Belo Horizonte: Fórum, 2010.

CONNOR, Steven. *Cultura pós-moderna*. Introdução às teorias do contemporâneo. 5. ed. São Paulo: Loyola, 2004.

CUNHA, Matheus Lourenço Rodrigues da. *Due diligence* de integridade: uma estratégia para a gestão de riscos de terceiros. In: CUNHA, Matheus; EL KALAY, Márcio (Org.). *Manual de compliance*: Compliance Mastermind. São Paulo: LEC, 2019. v. 1, p. 261-296.

CUNHA, Matheus Lourenço Rodrigues da. *Relação tridimensional entre corrupção, compliance e direitos humanos e fundamentais*: uma análise sobre os efeitos colaterais dos atos corruptivos com relação a direitos individuais e difusos e à forma como a consolidação da cultura de integridade pode ajudar a garanti-los. Dissertação (Mestrado em Direito), 544p. Cuiabá: Universidade Federal de Mato Grosso, 2019.

DUHIGG, Charles. *O poder do hábito*. Por que fazemos o que fazemos na vida e nos negócios. Rio de Janeiro: Objetivo.

ESTADOS UNIDOS DA AMÉRICA. U.S. Department of Justice. Criminal Division. *Evaluation of Corporate Compliance Programs*. Jun. 2020. Disponível em: https://www.justice.gov/criminal-fraud/page/file/937501/download. Acesso em: 13 jul. 2020.

FEITOSA JUNIOR, Alessandro. MPDFT investiga possível vazamento de dados de site do Cadastro Positivo. UOL. São Paulo, 14 jan. 2020. Disponível em: https://gizmodo.uol.com.br/mpdft-investiga-possivel-vazamento-dados-cadastro-positivo. Acesso em: 28 jan. 2020.

FILGUEIRAS, Fernando. A tolerância à corrupção no Brasil: uma antinomia entre normas morais e prática social. *Opinião Pública*, v. 15, n. 2, p. 386-421, 2009.

HABERMAS, Jürgen. *O discurso filosófico da modernidade*. São Paulo: Martins Fontes, 2000.

HALL, Stuartigo *A identidade cultural na pós-modernidade*. 11. ed. Rio de Janeiro: DPA, 2006.

HEIDENHEIMER, Arnold J.; JOHNSTON, Michael (Ed.). *Political corruption*: concepts and contexts. 3. ed. New Brunswick: Transaction Publishers, 2002.

HIGA, Paulo. British Airways recebe multa recorde de R$900 milhões por vazar dados. Tecnoblog. São Paulo, 08 jul. 2019. Disponível em: https://tecnoblog.net/297840/british-airways-multa-recorde-vazamento-dados. Acesso em: 28 jan. 2020.

JAYME, Erik. Identité culturelle et intégration: le droit international privé postmoderne. *Recueil des Cours*, v. 251, p. 259, 1995.

LAVADO, Thiago. O Google e o Facebook ouvem suas conversas? A sensação de que estão bisbilhotando nossas conversas e empurrando propaganda com base no que falamos é crescente entre usuários de internet. *Exame*, Rio de Janeiro, 11 out. 2017. Disponível em: https://exame.abril.com.br/tecnologia/o-google-e-o-facebook-ouvem-suas-conversas. Acesso em: 01 dez. 2019.

LIPOVETSKY, Gilles; CHARLES, Sébastien. *Os tempos hipermodernos*. Tradução Mário Vilela. 2. ed. São Paulo: Barcarolla, 2005.

LOUBAK, Ana Letícia. Vazamento de dados expõe telefone e e-mail de 1,2 bilhão de pessoas. *TechTudo*, Rio de Janeiro, 27 nov. 2019. Disponível em: https://www.techtudo.com.br/noticias/2019/11/vazamento-de-dados-expoe-telefone-e-e-mail-de-12-bilhao-de-pessoas.ghtml. Acesso em: 28 jan. 2020.

LYOTARD, Jean François. *A condição pós-moderna*. 12. ed. Rio de Janeiro: José Olympio, 2009.

MAURO, Paolo. Corruption and growth. *The Quarterly Journal of Economics*, v. 110, n. 3, p. 681-712, 1995.

MAZZUOLI, Valerio de Oliveira; CUNHA, Matheus Lourenço Rodrigues da. *Compliance*: de instrumento de sustentabilidade empresarial a mitigador de violações a direitos humanos e fundamentais. *Revista de Direito Público (ReDiP)*, Lisboa, n. 18, p. 157-204, jul./dez. 2017.

MULHOLLAND, Caitlin Sampaio. Dados pessoais sensíveis e a tutela de Direitos Fundamentais: uma análise à luz da Lei Geral de Proteção de Dados (Lei nº 13.709/18). *Revista de Direitos e Garantias Fundamentais*, v. 19, n. 3, p. 159-180, 2018.

MURPHY, Hanna. Facebook investiga alegações de que 267 milhões de dados de usuários foram expostos on-line. *Financial Times*, Londres, 20 dez. 2019. Disponível em: https://www.ft.com/content/502cc08a-231f-11ea-b8a1-584213ee7b2b. Acesso em: 28 jan. 2020.

NAKAGAWA, Liliane. Vivo pode ser multada em R$ 10 milhões por vazamentos de dados. *Olhar Digital*, São Paulo, 07 nov. 2019. Disponível em: https://olhardigital.com.br/noticia/vivo-pode-ser-multada-em-r-10-milhoes-por-vazamentos-de-dados/92714. Acesso em: 28 jan. 2020.

ORGANIZAÇÃO PARA COOPERAÇÃO E DESENVOLVIMENTO ECONÔMICO. *OECD Foreign Bribery Report*: an analysis of the crime of bribery of foreign public officials. Paris: OCDE, 2014.

ORGANIZAÇÃO PARA COOPERAÇÃO E DESENVOLVIMENTO ECONÔMICO. *Typologies on the Role of Intermediaries in International Business Transactions*. Final Report. Paris: OCDE, 2009.

PINHEIRO, Patricia Peck. *Proteção de dados pessoais*: Comentários à Lei nº n. 13.709/2018 (LGPD). São Paulo: Saraiva Educação, 2018.

ROSE-ACKERMAN, Susan; PALIFKA, Bonnie J. *Corruption and government*: causes, consequences, and reform. 2. ed. New York: Cambridge University Press, 2016.

ROSSI, Marina. Brasil multa Facebook em 6,6 milhões de reais pelo vazamento de dados no caso Cambridge Analytica. *El País*, Madrid, 30 dez. 2019. Disponível em: https://brasil.elpais.com/tecnologia/2019-12-30/brasil-multa-facebook-em-66-milhoes-de-reais-pelo-vazamento-de-dados-no-caso-cambridge-analytica.html. Acesso em: 28 jan. 2020.

SHLEIFER, Andrei; VISHNY, Robert W. Corruption. *The Quarterly Journal of Economics*, v. 108, n. 3, p. 599-617, 1993.

TANZI, Vito. Corruption around the world: causes, consequences, scope, and cures. *Staff Papers*, v. 45, n. 4, p. 559-594, 1998.

TRANSPARÊNCIA INTERNACIONAL. Human Rights and Corruption. *Working Paper*, Berlim, n. 05, 2008.

Informação bibliográfica deste texto, conforme a NBR 6023:2018 da Associação Brasileira de Normas Técnicas (ABNT):

CUNHA, Matheus Lourenço Rodrigues da. Lei Geral de Proteção de Dados e *"due diligence"* de integridade: aparente conflito ou efetiva aplicação? *In*: PIRONTI, Rodrigo (Coord.). *Lei Geral de Proteção de Dados*: estudos sobre um novo cenário de Governança Corporativa. Belo Horizonte: Fórum, 2020. p. 51-71. ISBN 978-65-5518-043-5.

PROGRAMA DE GOVERNANÇA EM PRIVACIDADE

ÉRYTA DALLETE FERNANDES KARL

A Lei nº 13.709/2018, conhecida como Lei Geral de Proteção de Dados Pessoais (LGPD), objetiva a proteção dos direitos e garantias fundamentais de liberdade, privacidade e livre desenvolvimento da pessoa natural no que tange ao tratamento de dados pessoais.[1]

Nesse sentido, a lei possibilita aos controladores e operadores, individualmente ou de maneira coletiva, o estabelecimento de regras de boas práticas e de governança aplicáveis no âmbito do tratamento de dados pessoais, considerando a natureza, escopo e finalidade do tratamento de dados, assim como a probabilidade e a gravidade dos riscos e os benefícios decorrentes do tratamento de dados pessoais.

Tais regras estabeleceriam procedimentos relacionados à proteção de dados pessoais, incluído o atendimento às reclamações e petições de titulares, padrões técnicos e normas de segurança, obrigações específicas para os envolvidos no tratamento de dados e mecanismos internos de supervisão e mitigação de riscos, as condições de organização e regime de funcionamento, bem como ações educativas e outros aspectos relacionados ao tema.

---

[1] O art. 1º da LGPD indica como fundamentos da proteção de dados pessoais: o respeito à privacidade, a autodeterminação informativa, a liberdade de expressão, de informação, de comunicação e de opinião, a inviolabilidade da intimidade, da honra e da imagem, o desenvolvimento econômico e tecnológico e a inovação, livre-iniciativa, a livre concorrência e a defesa do consumidor e os direitos humanos, o livre desenvolvimento da personalidade, a dignidade e o exercício da cidadania pelas pessoas naturais.

Uma das formas de estabelecimento dessas regras e políticas é a implantação do Programa de Governança em Privacidade,[2] que, em síntese, compreende a estruturação ou readequação dos processos e políticas internas visando à proteção dos dados pessoais sob responsabilidade da organização.

Em que pese a implantação de um programa de governança em privacidade não seja medida obrigatória, sua existência e efetividade serão levadas em consideração pela Autoridade Nacional de Proteção de Dados (ANPD) quando da aplicação de sanções decorrentes de violação à lei.[3]

Principalmente com a finalidade de atender aos princípios da transparência com os titulares de dados e prevenção de danos que possam ser causados em decorrência do tratamento dos dados pessoais, os requisitos mínimos para um programa de governança em privacidade são os seguintes.[4]

I Comprometimento do agente de tratamento de dados[5]

Entende-se por tratamento de dados toda e qualquer operação realizada com dados pessoais, ou seja, é a forma como o dado é utilizado. Como exemplos de tratamento de dados, temos a coleta, produção, classificação, acesso, processamento, armazenamento, eliminação, entre outros.[6] Sempre que o tratamento de dados for realizado no Brasil ou resultar na oferta ou fornecimento de bens e serviços no Brasil, aplica-se a LGPD.[7]

---

[2] Sugerido pela Lei no art. 50.
[3] O art. 52 traz rol de sanções administrativas que poderão ser aplicadas acaso haja infrações às normativas da lei, as quais podem ser: i) advertência, ii) multa simples (de até 2% do faturamento da empresa ou grupo econômico, limitada a R$ 50 milhões), iii) multa diária (limitada a R$ 50 milhões), iv) publicização da infração, v) bloqueio dos dados pessoais relativos à infração até regularização da situação e vi) eliminação dos dados pessoais relativos à infração. Dentre os parâmetros e critérios que serão observados pela ANPD, avaliar-se-á se o agente de tratamento de dados adota, de maneira reiterada e demonstrada, mecanismos e procedimentos internos capazes de minimizar o dano, voltados ao tratamento seguro e adequado de dados, além da adoção de políticas de boas práticas e governança, a exemplo do Programa de Governança em Privacidade.
[4] Os requisitos mínimos são elencados no art. 50, §2º, I.
[5] Previsão do art. 50, §2º, I, "a".
[6] Conforme definição do art. 5º da LGPD.
[7] A abrangência de aplicação da lei e as hipóteses de não incidência podem ser consultadas no art. 3º da LGPD.

Na seara de tratamento de dados, há duas figuras relevantes: o controlador e o operador, chamados também de agentes de tratamento de dados. Conforme o art. 5º da LGPD, será "controlador" a pessoa física ou jurídica a quem compete a decisão sobre o tratamento do dado, enquanto "operador" será aquele que realiza o tratamento do dado em nome do controlador.

Em que pese a tomada de decisão quanto ao tratamento de dados ocorra sob responsabilidade do controlador, o operador não se exime de tratá-los em estrita observância à boa-fé e aos princípios de proteção de dados relacionados no art. 6º da LGPD.

Ambos os agentes de tratamento de dados devem estar compromissados e comprometidos com a adoção de políticas, práticas, processos e procedimentos internos que assegurem o cumprimento da lei e, além disso, que resguardem os direitos do titular dos dados – pessoa natural a quem o dado se refere.[8]

Esse comprometimento vai além de criar um departamento ou nomear um Encarregado de Proteção de Dados (*Data Protection Officer*) em uma organização, mas compreende dotá-los com os recursos necessários – financeiros, humanos e tecnológicos – para o desempenho adequado de suas atribuições.

II Integração do programa à estrutura geral de governança[9]

A LGPD tem como um de seus princípios de tratamento de dados a transparência, a responsabilização e a prestação de contas,[10] os quais se relacionam diretamente aos princípios da governança corporativa, que, em síntese, é o conjunto de processos, práticas e políticas que visam a regular e aprimorar a gestão empresarial, baseando-se nos princípios da transparência, equidade, prestação de contas e responsabilidade corporativa.[11]

Não basta que a empresa estruture um programa de governança em privacidade sem que haja harmonia deste com sua estrutura geral de governança. Se assim for, a governança em privacidade de dados não

---

[8] Conforme definição do art. 5º da LGPD.
[9] Previsão do art. 50, §2º, I, "f".
[10] O rol de princípios que devem reger o tratamento de dados está elencado no art. 6º da LGPD.
[11] Disponível em: https://www.ibgc.org.br/conhecimento/governanca-corporativa. Acesso em: 27 nov. 2019.

fluirá adequadamente entre os órgãos da administração da empresa e potencialmente não irá atender aos interesses de todos os *stakeholders* da organização.

É importante que a governança em privacidade dialogue diretamente com a governança corporativa, assegurando-se a manutenção da identidade e dos valores organizacionais.

III Aplicabilidade do programa a todo o conjunto de dados pessoais sob controle da organização[12]

A LGPD conceitua dado pessoal como a informação relacionada à pessoa natural identificada ou identificável,[13] tal como nome, número de CPF/RG ou data de nascimento.

O dado pessoal será considerado sensível quando puder ensejar algum tipo de discriminação ao titular do dado, a exemplo de dados sobre origem racial ou étnica, convicção religiosa, opinião política, filiação a sindicato ou a organização de caráter religioso, filosófico ou político, dado referente à saúde ou à vida sexual, entre outros.[14]

Embora muito se relacione a proteção de dados pessoais à proteção dos dados de consumidores, todos os dados pessoais sob responsabilidade de uma organização devem ser protegidos,[15] como os dados dos empregados da organização e até mesmo dados referentes a acessos prediais, independentemente de como foi realizada a coleta do dado.

Logo, é fundamental que inicialmente seja realizado procedimento para mapeamento e registro de todas as operações de tratamento de dados na organização, identificando-se, por exemplo, quais dados pessoais são tratados, qual a finalidade e autorização legal para seu tratamento, além de indicar os fluxos internos relacionados aos dados tratados pela organização.

Esse panorama geral será capaz de orientar a empresa sobre como estruturar adequadamente seu programa de governança em privacidade.

---

[12] Previsão do art. 50, §2º, I, "b".
[13] Vide art. 5º da LGPD.
[14] Vide art. 5º da LGPD.
[15] O tratamento de dados pessoais sensíveis e dados pessoais de crianças e adolescentes possui regras próprias, as quais são apresentadas nas seções II e III, respectivamente, do Capítulo II da LGPD.

IV Adaptação do programa à estrutura, escala, volume e sensibilidade dos dados tratados[16]

Para que um programa de governança em privacidade seja efetivo na prática, é preciso que ele seja estruturado considerando o porte, o ramo de atuação da empresa e a sensibilidade dos dados tratados. Esses três fatores devem ser levados em consideração quando da implantação do programa, pois, do contrário, a governança em privacidade até poderá formalmente atender aos requisitos legais sem, contudo, ter aplicabilidade prática.

Por esse motivo, não há uma fórmula pronta de como construir um programa de governança em privacidade. Tantas e diferentes são as organizações afetadas pela lei, que cada uma delas deverá compreender como o tratamento de dados é realizado no dia a dia da organização, especialmente quem são os titulares dos dados tratados e qual a sensibilidade desses dados, além de identificar como a atividade exercida é regulamentada, para, somente então, desenhar um modelo de governança em privacidade adequado à realidade da empresa.

V Estruturação de políticas e salvaguardas adequadas[17]

Visando a atender as exigências da LGPD, é importante que a organização estruture políticas, procedimentos e processos internos relacionados ao tratamento de dados, sempre tendo em mente os princípios que devem nortear tanto o controlador quanto o operador e os direitos dos titulares de dados.

As operações de tratamento de dados somente podem ser realizadas com propósito legítimo e com fundamento legal,[18] específico, explícito e informado ao titular. O tratamento de dados deve ser compatível com a finalidade informada ao titular e limitado ao mínimo necessário para o atendimento da finalidade. Os dados tratados devem ser pertinentes, proporcionais e não excessivos em relação à finalidade do tratamento de dados.

A organização também deve dispor de medidas técnicas e administrativas aptas a proteger os dados pessoais de destruição, perda,

---

[16] Previsão do art. 50, §2º, I, "c".
[17] Previsão do art. 50, §2º, I, "d".
[18] O rol de hipóteses em que o tratamento de dados é autorizado pode ser consultado no art. 7º da LGPD.

alteração, comunicação ou difusão, de acessos não autorizados e de situações acidentais e capazes de prevenir a ocorrência de danos em virtude do tratamento de dados pessoais, sendo vedada a realização de tratamento de dados pessoais para fins discriminatórios ilícitos ou abusivos.

Os agentes de tratamento de dados devem ser capazes de demonstrar a adoção de medidas eficazes e capazes de comprovar a observância/cumprimento das normas de proteção de dados e comprovar a eficácia dessas medidas na prática.[19]

Além disso, conforme disposição legal, os titulares de dados têm a garantia de acesso a informações claras, precisas e facilmente acessíveis sobre a realização do tratamento, agentes de tratamento, forma, duração e integralidade de dados pessoais tratados. Os titulares também têm a garantia de exatidão, clareza, relevância e atualização dos dados, de acordo com a necessidade e para o cumprimento da finalidade do seu tratamento.

Nesse sentido, o titular de dados poderá peticionar diretamente à Autoridade Nacional de Proteção de Dados contra o controlador dos dados e, a qualquer momento, poderá requisitar à Administração Pública a confirmação da existência de tratamento, acesso aos dados e correção ou atualização destes e obter esclarecimentos sobre a possibilidade de não fornecer consentimento e sobre as consequências da negativa.

Além disso, o titular de dados poderá requerer à organização a anonimização, bloqueio ou eliminação de dados desnecessários, excessivos ou tratados em desconformidade com a LGPD e a portabilidade de dados a outro fornecedor. É direito do titular, ainda, requerer informações a respeito das entidades públicas e privadas com as quais o controlador compartilhou os dados.

Por fim, o titular poderá também revogar o consentimento, requerer a eliminação dos dados tratados com o consentimento do titular e opor-se ao tratamento dos dados.[20]

Ademais, a estrutura de políticas e salvaguardas deve ser realizada pela empresa levando em consideração a avaliação sistemática e periódica de impactos e riscos à privacidade, a seguir indicada.

---

[19] Para mais informações a respeito dos princípios que regem o tratamento de dados pessoais, vide art. 6º da LGPD.
[20] Os direitos dos titulares dos dados pessoais estão elencados no Capítulo III da LGPD.

VI Avaliação sistemática e periódica de impactos e riscos à privacidade[21]

A partir do mapeamento das operações de tratamento de dados, é importante que seja avaliado quais os impactos e riscos à privacidade relacionados a tais operações.

Nesse sentido, a LGPD apresenta o chamado Relatório de Impacto à Proteção de Dados, documento que irá descrever os processos de tratamento de dados pessoais realizados pela organização e que podem gerar riscos às liberdades civis e aos direitos fundamentais do titular dos dados pessoais.

Destaca-se, todavia, que tal avaliação de riscos não deve ser realizada apenas uma única vez, pois riscos não são estáticos, especialmente quando se fala na constante evolução tecnológica.

Periodicamente a organização deverá avaliar/reavaliar os impactos e riscos relacionados ao tratamento de dados e atualizar o respectivo Relatório, aprimorando seus controles internos e externos e atualizando seus mecanismos de mitigação de riscos.

VII Mecanismos de supervisão internos e externos[22]

Para garantir que as medidas e políticas relacionadas à privacidade e proteção de dados são aplicadas no dia a dia da organização, é importante que as organizações adotem mecanismos de supervisão internos e externos, a exemplo da realização de auditorias nos processos e procedimentos da empresa.

Tais auditorias darão visibilidade aos agentes de tratamentos quanto à efetividade prática de seu programa de governança em privacidade, bem como podem contribuir para reforçar aos colaboradores e à Alta Administração quanto à importância e necessidade da observância da LGPD e das políticas e procedimentos internos que visam à proteção de dados pessoais.

---

[21] Previsão do art. 50, §2º, I, "d".
[22] Previsão do art. 50, §2º, I, "f".

VIII Existência de planos de resposta a incidentes e planos de remediação[23]

A LGPD também apresenta como requisito do programa de governança em privacidade a existência de planos de resposta e remediação a incidentes de violação à proteção de dados. Entende-se por incidente qualquer situação que possa acarretar risco ou dano ao titular do dado pessoal, sendo dever do controlador comunicar à ANPD e ao titular do dado a ocorrência desses incidentes.[24]

Tais planos podem ser previstos no Relatório de Impacto à Proteção de Dados Pessoais, que é o documento que "contém a descrição dos processos de tratamento de dados pessoais que podem gerar riscos às liberdades civis e aos direitos fundamentais, bem como medidas, salvaguardas e mecanismos de mitigação de risco".[25] Esse Relatório não é de emissão obrigatória pelos agentes de tratamento, mas poderá ser exigido do controlador do dado sempre que o tratamento tiver como fundamento o interesse legítimo.

Apesar da relação entre o interesse legítimo com o Relatório de Impacto, importante destacar que em que pese um tratamento de dado pessoal ocorra por determinação legal ou por consentimento do titular, por exemplo, é possível que haja incidentes relacionados a esse tratamento – basta pensar no acesso não autorizado dos dados por terceiros.

Dessa maneira, é importante que as organizações tenham em mente que o risco de incidentes relacionados a dados pessoais existe, ainda que seu tratamento possua base legal, e que, dessa maneira, adote medidas capazes de mitigar o risco de violação aos direitos do titular e aos princípios do tratamento de dados, bem como estruture planos de resposta e remediação caso qualquer incidente ocorra.

IX Transparência com o titular dos dados[26]

Um dos direitos dos titulares de dados pessoais, a transparência deve ser levada em consideração pelos agentes de tratamento de dados quando da implantação do programa de governança em privacidade.

---

[23] Previsão do art. 50, §2º, I, "g".
[24] Vide art. 48 da LGPD.
[25] Conforme definição do art. 5º, XVII, da LGPD.
[26] Previsão do art. 50, §2º, I, "d".

Isso porque é direito do titular se informar a respeito da existência do tratamento de seus dados pessoais e, para tanto, o controlador deve fornecer ao titular mecanismos de comunicação com o encarregado de dados pessoais, prezando pelo estabelecimento de relação de confiança entre a organização e o titular dos dados.

Conforme dispõe a LGPD, o encarregado será o canal de comunicação entre a organização, o titular de dados e a ANPD. Dessa forma, sua identidade e informações de contato deverão ser divulgadas publicamente e, de preferência, no *website* da empresa.

Dentre as responsabilidades do encarregado, ele deverá principalmente aceitar reclamações e comunicações dos titulares de dados ou da ANPD, prestando esclarecimentos e adotando providências, deverá orientar os colaboradores da empresa a respeito das práticas a serem tomadas em relação à proteção de dados pessoais, entre outras atribuições que possam ser determinadas pelo controlador ou em normas complementares.[27]

X Monitoramento contínuo e atualização constante[28]

Como qualquer gestão de risco, deve-se continuamente monitorar o tratamento de dados pela organização, visando a confirmar se os mecanismos, políticas e procedimentos internos já existentes são suficientes para mitigar os riscos de incidentes existentes ou identificar se há medida adicional que deva ser adotada pela empresa.[29]

Para que o programa de governança em privacidade seja efetivo e capaz de assegurar a proteção aos dados pessoais tratados pelos agentes de tratamento, faz-se imprescindível que ele seja constantemente revisitado e aprimorado, levando-se sempre em consideração as avaliações sistêmicas e periódicas de risco, as mudanças no contexto da organização e no tratamento de dados e as boas práticas de mercado e de governança.

Importante destacar, por fim, que, se adotadas regras de boas práticas de governança pela empresa, estas deverão ser publicadas

---

[27] Para mais informações a respeito do encarregado de dados pessoais, vide arts. 5º e 41 da LGPD.
[28] Previsão do art. 50, §2º, I, "h".
[29] Conforme dispõe a ISO 31000:2018 de Gestão de Riscos, o monitoramento de riscos consiste na "verificação, supervisão, observação crítica ou identificação da situação, executadas de forma contínua, a fim de identificar mudanças no nível de desempenho requerido ou esperado".

e periodicamente atualizadas pela organização. Conforme art. 51 da LGPD, tais medidas poderão, inclusive, ser reconhecidas e divulgadas pela ANPD.

Informação bibliográfica deste texto, conforme a NBR 6023:2018 da Associação Brasileira de Normas Técnicas (ABNT):

KARL, Éryta Dallete Fernandes. Programa de governança em privacidade. *In*: PIRONTI, Rodrigo (Coord.). *Lei Geral de Proteção de Dados*: estudos sobre um novo cenário de Governança Corporativa. Belo Horizonte: Fórum, 2020. p. 73-82. ISBN 978-65-5518-043-5.

AUTORIDADE NACIONAL DE PROTEÇÃO DE DADOS (ANPD)

ANA MARIA SILVEIRA SASSO GOMES

Vivemos atualmente na chamada "Era dos Dados", um período que alterou definitivamente a maneira como os negócios são realizados ao redor do mundo. Como consequência, o que se conhecia como poder transformou-se e, se antigamente o ouro ou o petróleo possuíam papel fundamental nas transações comerciais, hoje o ativo das empresas são, sem sombra de dúvidas, os dados pessoais.

Considerando a quantidade de informações que são facilmente transmitidas por meio da internet e o potencial de transformá-las em valor monetário mediante sua análise e mineração, os dados se tornaram o combustível das novas tecnologias. Na tentativa de frear a comercialização não consentida e o uso indevido destes dados, o Brasil sancionou a Lei Geral de Proteção de Dados Pessoais (LGPD), Lei nº 13.709, de agosto 2018, com o objetivo de regulamentar o tema e criar diretrizes relacionadas à privacidade e proteção dos dados pessoais.

Assim como a legislação europeia (*General Data Protection Regulation* – GDPR), a LGPD previu em seu texto a criação de um órgão responsável por regulamentar e fiscalizar o cumprimento da lei, a chamada Autoridade Nacional de Proteção de Dados (ANPD):

> Art. 55-A. Fica criada, sem aumento de despesa, a Autoridade Nacional de Proteção de Dados (ANPD), órgão da administração pública federal, integrante da Presidência da República.[1]

---

[1] BRASIL. Congresso Nacional. Lei nº 13.709, de 14 de agosto de 2018. Disponível em: http://www.planalto.gov.br/ccivil_03/_ato2015-2018/2018/lei/L13709.htm. Acesso em: 02 dez. 2019.

Importante destacar que a criação do referido órgão teve um início conturbado, uma vez que o texto legal inicialmente sancionado pelo presidente Michel Temer em agosto de 2018, no qual se criava a ANPD, foi vetado por vício de iniciativa sob a justificativa de que a criação da autoridade havia sido proposta pelo Poder Legislativo e não pelo Poder Executivo. Somente em dezembro de 2018, por meio da Medida Provisória nº 869/2018, a ANPD foi recriada como um órgão da Administração Pública direta vinculada à Presidência da República, com apoio técnico e administrativo da Casa Civil.

Tal medida provisória foi convertida na Lei nº 13.853 de julho de 2019[2] para confirmar a criação da ANPD com natureza transitória. Desta forma, a ANPD poderá, no prazo de dois anos, ser reavaliada pelo Poder Executivo, contados da entrada em vigor da estrutural regimental da autoridade.[3] Caso seja transformada em entidade submetida ao regime autárquico especial, a ANPD passará a integrar as agências reguladoras, tais como a ANATEL, ANS, ANAC, dentre outras.

A Autoridade Nacional será composta por um Conselho Diretor e um Conselho Nacional de Proteção de Dados Pessoais e da Privacidade, além de contar com o apoio de uma Corregedoria, Ouvidoria, órgão de assessoramento jurídico próprio e unidades administrativas e especializadas para aplicação da lei.

Ao Conselho Diretor compete o papel de instância máxima da ANPD, sendo composto por cinco diretores nomeados diretamente pelo Presidente da República, os quais terão mandato de quatro anos. Os diretores são escolhidos dentre brasileiros, de reputação ilibada, com nível superior de educação e elevado conceito no campo de especialidade dos cargos para os quais serão nomeados, sendo necessária a realização de sabatina no Senado Federal, igualmente ao que se aplica aos demais integrantes das agências reguladoras brasileiras.

Para a função consultiva da ANPD, estabeleceu-se a criação do Conselho Nacional de Proteção de Dados Pessoais e da Privacidade composto por 23 (vinte e três) conselheiros com mandato de dois

---

[2] BRASIL. Congresso Nacional. Lei nº 13.853, de 08 de julho de 2019. Disponível em: http://www.planalto.gov.br/ccivil_03/_Ato2019-2022/2019/Lei/L13853.htm. Acesso em: 02 jan. 2020.

[3] "Art. 55-A. (...)
§1º A natureza jurídica da ANPD é transitória e poderá ser transformada pelo Poder Executivo em entidade da administração pública federal indireta, submetida a regime autárquico especial e vinculada à Presidência da República.
§2º A avaliação quanto à transformação de que dispõe o §1º deste artigo deverá ocorrer em até 2 (dois) anos da data da entrada em vigor da estrutura regimental da ANPD".

anos, os quais não recebem remuneração, visto que a participação no Conselho é considerada prestação de serviço público relevante. Conforme determina o artigo 58-A da LGPD, os membros do Conselho Nacional serão indicados pelos seguintes órgãos:

a) 5 (cinco) do Poder Executivo federal;
b) 1 (um) do Senado Federal;
c) 1 (um) da Câmara dos Deputados;
d) 1 (um) do Conselho Nacional de Justiça;
e) 1 (um) do Conselho Nacional do Ministério Público;
f) 1 (um) do Comitê Gestor da Internet no Brasil;
g) 3 (três) de entidades da sociedade civil com atuação relacionada à proteção de dados pessoais;
h) 3 (três) de instituições científicas, tecnológicas e de inovação;
i) 3 (três) de confederações sindicais representativas das categorias econômicas do setor produtivo;
j) 2 (dois) de entidades representativas do setor empresarial relacionado à área de tratamento de dados pessoais; e
k) 2 (dois) de entidades representativas do setor laboral.

Ao analisar os órgãos que terão representação no Conselho Nacional, nota-se que o setor empresarial, ainda que diretamente impactado pelas disposições da LGPD ante os altos custos envolvidos nas adequações exigidas pela lei e nas possíveis sanções a serem aplicadas, contará com apenas dois representantes, fato que dificultará consideravelmente a tarefa do Conselho Nacional em emitir orientações que efetivamente sejam aplicáveis à realidade das empresas brasileiras.

Além disso, é essencial que ao menos um dos representantes do setor empresarial obrigatoriamente esteja relacionado aos novos tipos de economia, como por exemplo os negócios digitais (*startups, marketplaces, fintechs, e-commerces* etc.), sob o risco da interação entre a Autoridade Nacional, as empresas e a sociedade ser prejudicada antes mesmo do diálogo entre eles ser iniciado. A ausência de orientações que atendam especificamente às necessidades deste segmento causará enormes prejuízos para o desenvolvimento econômico do país, pois este setor está em crescimento exponencial[4] e possui características específicas, diferentes das encontradas nas empresas tradicionais.

---

[4] Segundo estatísticas da Associação Brasileira de Startups – ABStartups, em parceria com a StartupBase, atualmente o Brasil possui mais de 12 mil startups em diversos mercados de atuação. Disponível em: https://abstartups.com.br/ e https://startupbase.com.br/home/stats. Acesso em: 07 fev. 2020.

Caberá especificamente ao Conselho Nacional propor diretrizes estratégicas para a elaboração da Política Nacional de Proteção de Dados Pessoais e da Privacidade, além de sugerir ações a serem realizadas pela ANPD, elaborar estudos, debates e audiências públicas sobre a proteção de dados pessoais e da privacidade, bem como disseminar entre a população brasileira conhecimento em relação à proteção de dados pessoais e à privacidade. Para atingir tais objetivos de maneira assertiva, é essencial que as orientações sejam elaboradas considerando os diversos tipos de empresas que compõem o cenário nacional, pois, a depender do enfoque dado, as orientações poderão não ter reflexos significativos por não serem condizentes com as dificuldades enfrentadas no dia a dia dos empreendedores.

Outro ponto importante para garantir a representatividade que se espera do Conselho Nacional é a indicação dos membros dos setores produtivo, empresarial e laboral por seus próprios pares. Neste aspecto, a falta de critérios no texto da LGPD em relação a tais indicações gera grande insegurança. Por este motivo, diversas organizações setoriais, empresas, instituições acadêmicas e entidades da sociedade civil apresentaram o "Manifesto pela Representatividade e Legitimidade do Conselho Nacional de Proteção de Dados Pessoais e da Privacidade",[5] no qual destacaram a construção coletiva e multissetorial presentes durante todo o processo de elaboração do texto da LGPD, devendo ser, portanto, estendida como um critério para a indicação dos membros do Conselho Nacional.

No âmbito de competências da ANPD, o artigo 55-J da LGPD estabelece que caberá ao órgão o papel de zelar pela proteção dos dados pessoais, aplicando sanções em caso de tratamento irregular dos dados pessoais, mediante processo administrativo que assegure o contraditório e a ampla defesa. Também será papel da Autoridade Nacional fixar parâmetros e regras claras para o mercado, preferencialmente por meio da participação ativa dos entes regulados. Tendo em vista que a proteção de dados pessoais é uma matéria relativamente recente em nosso ordenamento jurídico, é esperado que a ANPD busque posicionamento de autoridades reguladoras estrangeiras ao emitir

---

[5] MANIFESTO PELA REPRESENTATIVIDADE E LEGITIMIDADE DO CONSELHO NACIONAL DE PROTEÇÃO DE DADOS PESSOAIS E DA PRIVACIDADE, de outubro de 2019. Disponível em: http://www.telesintese.com.br/wp-content/uploads/2019/10/DOC-2019-060-Forma%C3%A7%C3%A3o-do-Conselho-consultivo-ANPD-v12.pdf. Acesso em: 02 jan. 2020.

orientações sobre o tema, especialmente as "autoridades de controle" europeias (*data protection authority*).

Em relação ao papel fiscalizador da ANPD, é essencial que o órgão brasileiro de proteção de dados estabeleça um canal direto de comunicação com os titulares, de modo que possam facilmente apresentar reclamações ou manifestar preocupações em relação ao tratamento destinado a seus dados pessoais nos casos em que as reclamações encaminhadas a(os) controlador(es) não tenham sido efetivamente solucionadas.[6] Espera-se que no primeiro ano de vigência da lei a Autoridade Nacional receba uma quantidade expressiva de reclamações dos titules, como ocorreu na Europa, onde constatou-se o recebimento de mais de 140 mil queixas direcionadas às autoridades de controle no primeiro ano da GDPR.[7] Tais reclamações apresentadas pelos titulares na Europa envolveram, majoritariamente, casos de acesso aos dados negado pelos controladores, direito de eliminação, tratamento ou divulgação inadequada, *marketing* indesejado e privacidade de colaboradores.

Além da possibilidade de os titulares encaminharem suas queixas diretamente à Autoridade Nacional quando se sentirem lesados, a ANPD também atuará por iniciativa própria na fiscalização das empresas, buscando assegurar o efetivo cumprimento da lei em relação à privacidade e proteção dos dados dos titulares. Neste contexto, alguns setores encontram-se mais expostos à aplicação das sanções em decorrência da quantidade de dados que usam em suas atividades, bem como em decorrência das características destas informações, como por exemplo o tratamento de grande quantidade de dados sensíveis.

Na primeira onda de fiscalizações, a ANPD deve demandar respostas de empresas do setor financeiro, incluídos os bancos digitais, da área de saúde (hospitais e farmácias) e de seguros, além dos grandes varejistas, especialmente aqueles que possuem atuação on-line. Sem sombra de dúvidas tais setores deverão adequar-se à lei o quanto antes visando dirimir o risco a que estão expostos. Além disso, devem estabelecer um Programa de Privacidade de Dados robusto e que permita o monitoramento contínuo, de modo a evitar sanções por negligência.

---

[6] "Art. 55-J. Compete à ANPD: (...)
V - apreciar petições de titular contra controlador após comprovada pelo titular a apresentação de reclamação ao controlador não solucionada no prazo estabelecido em regulamentação;".

[7] The International Association of Privacy Professionals (IAPP). GDPR One Year Anniversary – Infographic, 2019. Disponível em: https://iapp.org/resources/article/gdpr-one-year-anniversary-infographic/. Acesso em: 02 jan. 2020.

As empresas que não se adequarem, além dos efeitos imediatos de perda de contratos, abalos na imagem e reputação, bem como desvantagem competitiva, estarão sujeitas às duras penalidades administrativas e judiciais, uma vez que as multas não serão aplicadas apenas em decorrência de violações de segurança, mas principalmente por falhas de transparência e inobservância aos procedimentos necessários à proteção dos dados pessoais dos titulares.

Possivelmente as fiscalizações ocorrerão por meio de preenchimento de formulários pelas próprias empresas, nos moldes dos formulários de *due diligence* de fornecedores, a partir do recebimento de intimação da Autoridade Nacional e, ao assinalarem a existência de um Programa de Privacidade de Dados, as empresas atestarão a veracidade das informações fornecidas. Após analisar as informações cadastradas pelos fiscalizados, a ANPD eventualmente poderá solicitar o envio de documentação para fins de comprovação do conteúdo atestado e, ao identificar informações inverídicas em relação à realidade fática do fiscalizado, a ANPD certamente aplicará multa como medida educativa.

As empresas que já tiverem iniciado as adequações, mas que porventura ainda não tenham concluído integralmente a implantação das medidas necessárias para garantir a proteção dos dados pessoais, deverão, no momento da fiscalização, apresentar à Autoridade Nacional seu cronograma de adequação, justificando os prazos que se fizerem necessários. Caberá à ANPD avaliar a efetividade do planejamento apresentado para fins de concessão de dilação de prazo, que deverá ser devidamente formalizada entre controlador e ANPD, por meio de um documento que se assemelhe ao Termo de Ajustamento de Conduta (TAC) celebrado pelo Ministério Público. A finalidade do referido documento será impedir a continuidade de situação de ilegalidade por parte das empresas em relação à LGPD, reparar o dano ao direito coletivo de proteção dos dados, bem como evitar a instauração de processo administrativo para aplicação das sanções previstas no artigo 52 da LGPD após agosto de 2021.

A experiência trazida pela legislação europeia sobre a proteção de dados mostra a importância relacionada à existência de uma Autoridade Nacional específica para fiscalizar a aplicação da LGPD, de modo a garantir o respeito ao direito à privacidade e proteção de dados dos titulares, fomentando o desenvolvimento socioeconômico do país, inserindo o Brasil no rol de países que conferem segurança jurídica relacionada à proteção de dados pessoais e à segurança da informação.

Por fim, mais do que exercer a função de agência fiscalizadora, espera-se que a ANPD atue como facilitadora entre empresas, cidadãos e governo, promovendo medidas que difundam a cultura de proteção de dados no Brasil, tornando as previsões da LGPD mais claras, acessíveis e palatáveis, tanto para os titulares de dados quanto para os agentes de tratamento.

Informação bibliográfica deste texto, conforme a NBR 6023:2018 da Associação Brasileira de Normas Técnicas (ABNT):

GOMES, Ana Maria Silveira Sasso. Autoridade Nacional de Proteção de Dados (ANPD). In: PIRONTI, Rodrigo (Coord.). *Lei Geral de Proteção de Dados*: estudos sobre um novo cenário de Governança Corporativa. Belo Horizonte: Fórum, 2020. p. 83-89. ISBN 978-65-5518-043-5.

AUTORIDADE NACIONAL DE PROTEÇÃO DE DADOS, ASPECTOS PENDENTES DE REGULAÇÃO E CULTURA DE PROTEÇÃO DE DADOS

NATÁLIA BROTTO
PEDRO HENRIQUE DALGALLO CAMARGO

1 A Autoridade Nacional de Proteção de Dados

A Autoridade Nacional de Proteção de Dados – ANPD – foi prevista desde a primeira versão do texto da Lei nº 13.709/2018, muito embora tenha sido somente em meados de 2019 que a sua estruturação foi concretizada, notadamente pela Medida Provisória nº 869/2018, convertida na Lei nº 13.853/2019.

Nesse sentido, a própria Lei Geral de Proteção de Dados, em seu artigo 55-A, estabeleceu a natureza jurídica transitória da ANPD enquanto órgão da Administração Pública Federal, integrante da Presidência da República, submetida ao regime autárquico especial. Em que pese referida vinculação à Presidência da República seja, por si só, questionável, a independência administrativa e financeira da ANPD em relação ao Poder Público foi pontuada no artigo 55-B, com a garantia, pelo menos do ponto de vista formal, de uma direção e estrutura hierárquica próprias, a serem estabelecidas com base na sua organização interna, de acordo com os parâmetros e objetivos da lei.

Ainda de acordo com a última inovação legislativa em torno da organização da ANPD, a autoridade brasileira terá três funções basilares: consultiva, reguladora e sancionadora, as quais deverão ser exercidas, como já exposto, através de uma total autonomia técnica e decisória, isto é, em moldes semelhantes aos fixados pelo regulamento europeu – GDPR – para as autoridades nacionais daquele continente.

Entretanto, ao se comparar rapidamente o artigo 55-J da LGPD com os artigos 56 e 57 da GDPR, os quais tratam sobre competências e atribuições das autoridades de controle, vê-se que no caso brasileiro a função reguladora da ANPD possui maior proeminência no texto legal, uma vez que, ao que se lê dos incisos XIII, XVIII e XX do mencionado dispositivo legal pátrio, a edição de novas normas, regulamentações e procedimentos administrativos, assim como a interpretação daqueles já existentes, será vinculada em última instância à própria autoridade no que diz respeito à proteção de dados.

Este cenário, por assim dizer, representa uma consequência lógica da quarta geração de regulamentações de proteção de dados,[1] à qual a Lei Geral de Proteção de Dados e a *General Data Protection Regulamentation* pertencem. No mesmo norte também demonstra a preocupação do legislador em antever aspectos da nova lei que pendem de regulamentação própria, concedendo à ANPD a competência para deliberar e editar as 'normas faltantes' e complementar o ciclo de proteção de dados sempre que encontrado algum ponto de conflito de interpretações ou, mesmo, omissão.

Alguns aspectos a serem regulamentados pela ANPD são adiantados pelo próprio texto legal aprovado, no entanto, outras situações, apesar de não expressas, também podem ser previstas no sentido de propiciar que, com a entrada em vigor da LGPD, os seus institutos sejam brevemente incorporados pela sociedade brasileira. Oportunamente, salienta-se o papel da GDPR a fim de viabilizar essa discussão, uma vez que, por sua latente influência na norma brasileira, ao que diz Leonardi (2019, no prelo), é razoável esperar que os intérpretes da Lei nº 13.709/2018 sigam a GDPR como referência direta e com interpretação idêntica.

---

[1] Como ferramenta metodológica no estudo da legislação de proteção de dados, autores como Bruno Bioni, no Brasil (BIONI, 2019), no Brasil, e Emanuela Brugiotti (BRUGIOTTI, 2013), na Europa, dividem em quatro gerações as regulações sobre o tema, sendo a quarta geração precisamente caracterizada pelo protagonismo do consentimento enquanto base legal para o tratamento regular de dados pessoais, assim como pela existência de uma instituição independente com a competência de zelar e agir em busca da eficácia da legislação.

2 Aspectos pendentes de regulação pela ANPD e os princípios da LGPD

Como é de praxe do ordenamento jurídico pátrio, os principais cadernos legais brasileiros possuem princípios próprios e específicos que denotam, de maneira geral, os objetivos pretendidos pelo legislador com determinada nova lei.

Seguindo essa lógica, a Lei Geral de Proteção de Dados, além de mencionar o já consagrado princípio da boa-fé, discorre sobre outros 11 princípios, a saber: finalidade, adequação, necessidade, livre acesso, qualidade dos dados, transparência, segurança, prevenção, não discriminação, responsabilização e prestação de contas.

E com base nesse rol do artigo 6º da Lei nº 13.709/2018 é que terão início os processos regulatórios de iniciativa da própria Autoridade Nacional de Proteção de Dados, de quem se espera uma verdadeira proatividade para o alcance da eficácia esperada da nova lei, como diz Pfeiffer (2019).

Assim, denota-se a singularidade das regulações provenientes da ANPD no alcance dos referidos princípios e, porquanto, no desenvolvimento da cultura de proteção de dados na sociedade como um todo.

Veja-se, nesse sentido, que o texto da Lei nº 13.709/2018 apresenta pontos conferidos expressamente à posterior regulação da ANPD, os quais tratam, de uma forma ou de outra, da concretização dos princípios dispostos no artigo 6º.

Um primeiro exemplo disto é o artigo 9º da lei excêntrica, o qual dispõe sobre as características para a regularidade das informações prestadas pelos agentes sobre o tratamento de dados pessoais. Nesse ponto, a LGPD elenca alguns requisitos cruciais, mas deixa expressamente em aberto a possibilidade da ANPD vir a estabelecer novas condições para que os agentes de tratamento garantam aos titulares o respeito ao princípio do livre acesso aos seus próprios dados.

De um lado, essa disposição pode gerar alguma insegurança jurídica do ponto de vista que, a qualquer momento, a nova autoridade poderá aumentar as formalidades exigidas das organizações nas informações prestadas aos indivíduos acerca de seus dados pessoais.

De outro lado, a faculdade conferida à ANPD por meio do artigo 9º permite que a autoridade adapte a legislação neste ponto, ao passar dos anos, acomodando sua interpretação a partir da aplicação prática da lei, quando serão 'socialmente testados' seus institutos. Ainda, considerando o inevitável surgimento de novas tecnologias e evolução social dos temas afetos à lei, parece louvável e necessária a possibilidade de regulação de novas exigências como essas. Outra lacuna deixada pelo texto da Lei nº 13.709/2018 para que a Autoridade Nacional de Proteção de Dados preencha com regulamentações próprias consiste nas formas de publicidade das operações de tratamento, o que versa com os princípios da finalidade e transparência, especialmente.

Oportunamente, para esse efeito, a indicação feita no artigo 23, §1º, da LGPD visaria uma ocasional demanda por adaptar ou, ao menos, atualizar as características que devem ser atendidas pelos agentes de tratamento vinculados ao Poder Público na publicização do tratamento de dados realizado, haja vista que o inciso I do mesmo artigo apenas traça alguns parâmetros gerais, eximindo-se de maiores especificações.

Ainda no que condiz às futuras regulações a serem elaboradas pela Autoridade Nacional de Proteção de Dados em atuação direta com a aplicação de conteúdo principiológico, mencionam-se as técnicas e padrões mínimos de segurança da informação a serem seguidos por agentes de tratamento. Aspecto este que está evidentemente ligado aos princípios da segurança e da prevenção.

Diferentemente da GDPR, em que são exemplificadas medidas de segurança aos dados como boas práticas a serem tomadas pelas organizações na medida em que for adequado ao risco de violação dos dados em questão,[2] a LGPD, no *caput* do seu artigo 46, limita-se a expressar que os agentes de tratamento deverão adotar medidas de segurança aptas a proteger os dados pessoais de eventuais violações que possam sofrer, delegando à ANPD, no §1º do mesmo dispositivo, a possível elaboração de padrões técnicos mínimos para tornar aplicável a segurança informacional pretendida.

Nesta senda, considerando a grande procura das organizações por programas de adequação à LGPD, especialmente por ser a adoção de boas práticas uma condição atenuante em eventual sanção administrativa a ser imposta pela ANPD, resta lógica a conclusão de que a definição, pela Autoridade Nacional, de padrões técnicos objetivos de segurança

---

[2] De acordo com o artigo 32 do Regulamento Geral europeu, são elas:
  a) A pseudonimização e a cifragem dos dados pessoais;
  b) A capacidade de assegurar a confidencialidade, integridade, disponibilidade e resiliência permanentes dos sistemas e dos serviços de tratamento;
  c) A capacidade de restabelecer a disponibilidade e o acesso aos dados pessoais de forma atempada no caso de um incidente físico ou técnico;
  d) Um processo para testar, apreciar e avaliar regularmente a eficácia das medidas técnicas e organizativas para garantir a segurança do tratamento.

dos dados seria vista com bons olhos pelos agentes de tratamento, diminuindo riscos e inseguranças, bem como difundindo a cultura da proteção de dados.

Isto posto, os espaços pendentes de regulação já mencionados, assim como outros que se possam identificar atrelados ao arcabouço principiológico, revelam um cuidado do legislador em positivar o tema de maneira a possibilitar, nos moldes da evolução tecnológica, a sua adaptação em pontos cruciais de atendimento aos seus princípios norteadores por meio da própria instituição criada para zelar por ela, com menos burocracia, a fim de aprimorar a eficiência na proteção dos dados pessoais.

3 Aspectos pendentes e primeiros passos da ANPD

Ligeiramente distintos dos aspectos que o legislador deixou a serem regulados pela ANPD no tocante à garantia dos princípios da normativa, outros pontos da Lei Geral de Proteção de Dados foram expressamente definidos como obrigações a serem cumpridas pela autoridade tão logo seja possível, vez que, neste ponto, a aplicabilidade da própria lei estará em jogo.

O artigo 13 da Lei nº 13.709/2018 pode ser o primeiro exemplo. Nele é disposta a possibilidade do regular tratamento de dados pessoais sem o consentimento do titular para a realização de estudos em saúde pública, cabendo aos órgãos de pesquisa a garantia do controle e segurança da informação. Assim, tanto no *caput* do mencionado artigo quanto no seu §3º, a LGPD externa a necessária regulação por parte da Autoridade Nacional acerca das práticas de segurança a serem adotadas de acordo com os padrões éticos relacionados ao estudo e pesquisa.

Ao seguir a disposição mencionada, cumulada com o §2º do mesmo artigo, revela-se, inclusive, a possibilidade de se responsabilizar os órgãos de pesquisa em casos de violação aos dados pessoais cujo tratamento estava a seu encargo.

Outro ponto a se destacar é a regulação sobre a requisição conferida ao titular para que seus dados sejam transportados – ou portados nos termos da lei – entre fornecedores, de serviços ou produtos, diferentes. Em que pese o artigo 18, V, da Lei nº 13.709/2018 permita tal decisão por parte do indivíduo sobre os dados que lhe dizem respeito, faz-se a expressa ressalva sobre regulamentação a ser feita pela ANPD para fins de operacionalizar aquilo que, aos olhos da GDPR, é um direito amplamente conferido ao titular, conforme o item 2 do artigo 20 do Regulamento.

Na mesma esteira, conforme se verifica do §3º do artigo 19, deverá a ANPD regular a forma como será feita a disponibilização de cópia eletrônica dos dados pessoais do agente de tratamento para o respectivo titular, mediante a solicitação unicamente deste. No caso do item 1 do artigo 20 da GDPR, o método pelo qual são cumpridos esses pedidos já é previsto no próprio regulamento comunitário europeu, não cabendo à autoridade regular sobre. Assim, a referida disponibilização, nos termos da GDPR, deve ser feita através de um formato estruturado, de uso corrente e de leitura automática.

Ainda no que concerne às regulações a serem feitas pela Autoridade Nacional de Proteção de Dados para garantir a funcionalidade do sistema de normas em torno da proteção de dados no Brasil, deve-se mencionar o artigo 53 da Lei nº 13.709/2018, por meio do qual deverão ser definidas as sanções administrativas aos agentes de tratamento infratores de acordo com as possíveis práticas ilícitas.

De acordo com o texto legal que entrará em vigor em agosto de 2020, as sanções a serem definidas pela ANPD deverão ser objeto de consulta pública prévia, assim como as metodologias que orientarão o cálculo do valor-base das multas eventualmente aplicadas, tendo sempre como base as espécies de sanções administrativas previstas no artigo 52 da LGPD, especialmente aos limites da multa simples – inciso II – de até dois por cento do faturamento do agente infrator no seu último exercício, limitada, no total, a cinquenta milhões de reais, semelhantes parâmetros àqueles empregados no item 4 do artigo 83 da GDPR.

Assim, no caso da União Europeia, coube a cada país-membro definir as sanções administrativas, mormente as multas simples, com base na realidade socioeconômica que vive, como o fez Portugal ao definir multas monetárias de acordo com duas circunstâncias, a do impacto da violação e da natureza – física ou jurídica – ou, em caso de jurídica, o poderio financeiro do agente de tratamento a ser punido.

Diante disso, vê-se que da ANPD depende a elaboração também de regulações que tratem de questões procedimentais, a fim de que a eficácia da Lei nº 13.709/2018 na proteção dos dados pessoais seja vista, desde logo, com requisitos de controle de segurança e publicidade bem definidos, assim como as atribuições de encarregados e os parâmetros para aplicação de sanções administrativas, nos termos do que se verifica a seguir.

4 A ANPD e a figura do encarregado (*Data Protection Officer*)

Em relação à figura do encarregado – *Data Protection Officer*, DPO –, a Lei Geral de Proteção de Dados também deixa brechas relevantes para a regulação por parte da ANPD.

O encarregado, conforme prevê a legislação nacional em seu artigo 41, executará atividades semelhantes às que lhe são conferidas pelo artigo 39 da *General Protection Data Regulation*, dentre elas, atuar de modo geral para fazer com que a organização esteja sempre de acordo com as normas de proteção de dados, adequando-se continuamente, tanto na parte de aprimoramento técnico da segurança da informação quanto na questão da sensibilização de todos os colaboradores e demais envolvidos com as organizações tratadoras de dados, para que, a partir de cada um deles, as práticas de proteção sejam eficientes.

No entanto, no caso brasileiro, há uma função distinta que merece destaque, a de aceitar reclamações e comunicações dos titulares, prestar esclarecimentos e adotar providências – artigo 41, §2º, I, da LGPD.

No padrão europeu, essa função é diretamente exercida pela autoridade de proteção de dados, que, na medida em que entende necessário, entra em contato com o DPO de determinada organização que possa ser alvo de denúncias ou reclamações para solicitar esclarecimentos. Isto dá uma pincelada de como será a regulação da ANPD em torno das funções do DPO, isto é, mesmo havendo a previsão para a autoridade brasileira implementar mecanismos simplificados a fim de viabilizar essas reclamações diretamente a ela – artigo 55-J, XXIV –, a ANPD divide a função inicialmente sua com o DPO.

Para ilustrar a complexidade da questão, citam-se os dois últimos infográficos publicados pelo Conselho Europeu de Proteção de Dados, órgão vinculado à União Europeia. Estima-se que, entre os meses de novembro de 2018 e janeiro de 2019, houve mais de 35 mil reclamações de titulares sobre supostas violações de seus dados pessoais, sendo que, caso se aumente o período em análise para até o mês de maio de 2019, o número de reclamações dessa natureza alcança para mais de 144.300 (UE, 2019).

Da magnitude de referidos números sobressai a importância da regulamentação da matéria. No entanto, há outra circunstância que pende de definição pela ANPD tão ou mais importante que essa.

Veja-se que o artigo 41 da LGPD é claro ao indicar que o controlador de dados deverá indicar um encarregado pelo tratamento de dados pessoais.

A interpretação literal do artigo não deixa dúvidas: todo e qualquer controlador de dados deverá indicar um encarregado, independente da natureza ou porte da entidade, do volume de operações de tratamento de dados ou do potencial lesivo de sua atividade.

A nosso ver, essa é uma obrigação absolutamente desproporcional e em certa medida, desarrazoada. Ora, sabe-se que a Lei Geral de Proteção de Dados tem um alcance transversal, atingindo quase que a integralidade das empresas independentemente da sua atividade ou porte.

Com efeito, imputar a micro e pequenas empresas essa obrigação parece-nos não apenas um exagero, mas algo absolutamente inalcançável.

Verifica-se, no entanto, que o próprio legislador, justamente por antever essa incongruência, previu no §3º do artigo 41 a possibilidade de a ANPD dispor sobre hipóteses de dispensa da necessidade de indicação do encarregado.

Assim, a exemplo do que ocorre na GDPR, imagina-se que a ANPD venha a regulamentar a matéria indicando as hipóteses em que a indicação do encarregado é obrigatória.

Diante dessas circunstancias, já é possível antecipar que a definição e as atribuições do encarregado, bem como a indicação das circunstâncias de sua dispensa, podem ser os aspectos pendentes de regulação da ANPD mais aguardados, uma vez que a partir dessa definição haverá implicações e obrigações diretas à universalidade de controladores de dados sob a égide da lei.

5 A necessária delimitação do legítimo interesse pela ANPD

A existência do legítimo interesse como uma das bases legais autorizadoras do tratamento de dados pessoais na Lei nº 13.709/2018 deve ser creditada ao prolongado debate em torno da sua aplicabilidade ao longo do processo legislativo que envolveu a LGPD, tanto é que no seu anteprojeto sequer era mencionado. Em que pese seja visto historicamente como a hipótese de tratamento mais flexível dentre as outras aplicadas, a lei brasileira seguiu a lógica empregada pelo regulamento europeu, isto é, em cenários de intenso fluxo de dados, seria contraproducente recorrer reiteradamente ao consentimento do titular (BIONI, 2019).

Por outro lado, vê-se que a LGPD também dispõe no seu artigo 10 de requisitos objetivos para a aplicação do legítimo interesse, com o claro objetivo de contrabalancear a evidente tendência de este instituto ser a "muleta" de apoio universal da defesa das organizações que realizarem o tratamento de dados inadequado.

De acordo com o mencionado dispositivo da Lei nº 13.709/2018, o controlador – aquele agente de tratamento que dispõe da competência para decidir sobre o tratamento a ser efetuado – somente poderá se pautar pelo legítimo interesse para finalidades legítimas, as quais deverão ser analisadas conforme as situações concretas de apoio e promoção de suas atividades, ou de proteção dos direitos do titular e prestação de serviços que o beneficiem de acordo com a sua expectativa.

Ainda, o §1º do artigo 10 restringe os dados a serem tratados pautados no legítimo interesse àqueles estritamente necessários para o atendimento da finalidade pela qual foram consentidos anteriormente pelo próprio titular.

Ocorre que, dentre as hipóteses concretas que a lei oferece para a aplicação do legítimo interesse, há a expressa ressalva de que não se limitará a elas somente o que gera uma significativa insegurança quanto à aplicação concreta desta norma em específico.

Neste cenário, por mais que a LGPD não preveja expressamente a regulamentação pela ANPD de referida matéria, considerando suas funções já mencionadas, pode-se ter nela a alternativa mais apropriada para pacificar essa questão em torno do legítimo interesse, por meio de uma inevitável delimitação da sua aplicabilidade, mediante definições que ofereçam ao mercado padrões objetivos de conduta a serem seguidos, extirpando-se dessa maneira a insegurança jurídica da sua aplicação no caso concreto.

6 A ANPD e os bancos de dados "antigos"

Já nas disposições finais da Lei nº 13.709/2018, especificamente em seu artigo 63, a LGPD encarrega a Autoridade Nacional de Proteção de Dados de estabelecer normas sobre a adequação progressiva de bancos de dados constituídos até a sua entrada em vigor.

Importa frisar, neste ponto, que o tratamento em si dos dados não é afetado pelo artigo 63, uma vez que qualquer atividade com dados a partir de 14 de agosto de 2020 deverá atender aos requisitos da lei. O que se deixou à ANPD é a adequação dos bancos de dados preexistentes, isto é, dados que foram coletados e armazenados antes da vigência da LGPD.

Certamente o impacto da regulação da ANPD neste ponto será de grande magnitude ao mercado, uma vez que os dados que já se encontram na posse de agentes de tratamento deverão ser tutelados sem que haja medidas que onerem demasiadamente as operações das organizações que os detenham.

A esse teor, a própria lei prevê que seja considerada a complexidade das operações de tratamento e a natureza dos dados para a regulação do processo de adequação progressiva desses bancos de dados, o que leva a crer que as empresas, a depender do seu tamanho, terão prazos distintos e condições técnicas de segurança da informação diversas para regularizarem seus bancos de dados mantidos desde antes da vigência da LGPD.

De todo modo, a forma como a Lei nº 13.709/2018 dispõe do processo de adequação dos bancos de dados preexistentes certamente cria uma insegurança ao mercado – tanto para os titulares dos dados quanto para os agentes de tratamento – e, até por isso, impõe-se às empresas que se enquadram na realidade descrita pelo artigo 63 da LGPD que promovam medidas a fim de regularizar o mais breve possível eventual tratamento que pretendam realizar com os dados que já possuam ou, caso tenham bancos de dados nos quais mantenham informações para fins estritamente de arquivo, que busquem alternativas técnicas que garantam a sua segurança.

7 A ANPD e a cultura de proteção de dados

Todas as regulações a serem elaboradas pela Autoridade Nacional de Proteção de Dados representam, de alguma forma, um aprimoramento da legislação que entra em vigor em agosto de 2020. Entretanto, dos debates acadêmicos e profissionais com especialistas na área, surgem alguns pontos de atrito que, porventura, poderiam vir a ser alvo de uma normativa de iniciativa da própria ANPD no sentido de tornar seus dispositivos mais eficientes.

Nesse cenário, mais que subsumir uma nova lei aos fatos que vierem a ocorrer sob sua égide, a preocupação reside em desenvolver a chamada cultura de proteção de dados em toda a sociedade (CAMARGO, 2019, no prelo), envolvendo o maior número de pessoas possível.

Para esse fim, a Autoridade Nacional possui papel de destaque, conforme prevê o artigo 55-J, VI, da Lei nº 13.709/2018, ao estipular que a ela cabe "promover na população o conhecimento das normas e das políticas públicas sobre proteção de dados pessoais e das medidas de segurança" (BRASIL, 2018).

Portanto, não apenas a regulação de aspectos pendentes e práticos da lei, mas as suas demais funções, no intuito de difundir e desenvolver essa nova geração de normas, devem ser alvos de igual atenção, até porque o conceito de dados, a capacidade tecnológica, assim como a eficácia do consentimento enquanto base legal, dependem da aderência em massa da sociedade.

Nesta senda, a ANPD não apenas pode, mas deve fazer uso de seu poder regulador também para fomentar a cultura de proteção de dados, criando normativas que ofereçam benefícios a organizações que possuam iniciativas nesse mesmo sentido ou ainda para se utilizar delas para a promoção e sensibilização dos demais cidadãos brasileiros que possuem seus dados armazenados em centenas de locais diferentes sem sequer terem conhecimento.

Logo, a postura proativa que as autoridades europeias vêm demonstrando desde a criação e o desenvolvimento das primeiras normas de proteção de dados e privacidade é a mesma que se espera da ANPD, não se limitando a apenas elaborar as regulações conferidas pelo texto da Lei Geral de Proteção de Dados, mas que vá além, a fim de buscar a eficácia desta.

8 Conclusão

A Autoridade Nacional de Proteção de Dados, assim como o restante da Lei nº 13.709/2018, é uma imensa novidade no ordenamento jurídico brasileiro que vem provocando profundas alterações nas relações de consumo especialmente, mesmo antes da sua entrada em vigor.

Deste modo, tanto a estruturação institucional da ANPD quanto os seus primeiros passos regulatórios terão singular importância na aplicação da nova lei e da própria cultura de proteção de dados, a qual deve ser incorporada inevitavelmente, tendo em vista as características da sociedade da informação.

Contudo, passados mais de 12 meses da entrada em vigor das disposições da LGPD sobre a Autoridade Nacional de Proteção de Dados,[3] não se viu até o presente momento nenhum movimento concreto de estabelecimento de referida autoridade, quanto menos do efetivo cumprimento de seu múnus.

---

[3] Art. 65, I, da Lei nº 13.709/2018: "Art. 65. Esta Lei entra em vigor: I - dia 28 de dezembro de 2018, quanto aos arts. 55-A, 55-B, 55-C, 55-D, 55-E, 55-F, 55-G, 55-H, 55-I, 55-J, 55-K, 55-L, 58-A e 58-B".

A esse respeito, vale lembrar que, independentemente da atuação reguladora da ANPD, a lei será aplicada a partir de agosto de 2020 e o seu cumprimento, conforme deixa claro o texto da LGPD, poderá ser exigido em esferas diferentes, tais como órgãos de proteção ao consumidor, atuação específica do Ministério Público, bem como pelo próprio Poder Judiciário.

A judicialização do tema é evidentemente boa e necessária! A Lei nº 13.709/2018 precisa ser testada! No entanto, a mera interpretação da nova lei isoladamente pelo Poder Judiciário – com respostas descentralizadas e não uniformes – pode penalizar sobremaneira as partes envolvidas, até pela latente dificuldade de entendimento pelos representantes do Poder Judiciário acerca de questões técnicas e tecnológicas que estão diretamente envolvidas com a aplicação da nova norma.

De todo o exposto e considerando a função reguladora conferida à ANPD, as definições que a ela foram relegadas pela Lei Geral de Proteção de Dados devem ser tomadas como prioridade. A omissão ou demora no cumprimento dessa função privilegia uma enorme insegurança jurídica sobre o tema e tem o condão de colocar em risco a eficácia da própria legislação.

Referências

BIONI, Bruno Ricardo. *Proteção de dados pessoais*: a função e os limites do consentimento. Rio de Janeiro: Forense, 2019.

BRASIL. Lei nº 13.709/2018, Lei Geral de Proteção de Dados. Disponível em: http://www.planalto.gov.br/ccivil_03/_ato2015-2018/2018/lei/L13709.htm. Acesso em: 20 jun. 2020.

BRUGIOTTI, Emanuela. La privacy attraverso le "generazioni dei diritti". Università degli Studi di Cassino e del Lazio Meridionali, n. 2, 2013.

EBERLIN, Fernando B. von T. As alterações na LGPD e a criação da Autoridade Nacional de Proteção de Dados. *Consultor Jurídico*. Disponível em: https://www.conjur.com.br/2019-jan-05/fernando-eberlin-lgpd-criacao-entidade-protecao-dados. Acesso em: 07 jun. 2020.

GUIDI, Guilherme. Modelos regulatórios para proteção de dados pessoais. Disponível em: https://itsrio.org/wp-content/uploads/2017/03/Guilherme-Guidi-V-revisado.pdf. Acesso em: 07 jun. 2020.

CAMARGO, Pedro H. D. *O Consentimento na Lei nº 13.709/2018 e a Atividade Empresarial no Brasil*. Pontifícia Universidade Católica do Paraná. 2019, no prelo.

LEONARDI, Marcel. Principais bases legais de tratamento de dados pessoais no setor privado. *In*: LUCCA, Newton de; LIMA, Cintia Rosa (Org.). *Direito e Internet IV*. São Paulo: Quartier Latin, 2019, no prelo.

PFEIFFER, Roberto A. C. ANPD em busca de sua autonomia: é preciso aperfeiçoar a MP 869/2018. Disponível em: https://www.conjur.com.br/2019-mai-01/garantias-consumo-anpd-busca-autonomia-preciso-aperfeicoar-mp. Acesso em: 18 maio 2020.

POLIDO, Fabrício B. P.; ANJOS, L. C.; BRANDÃO, Luíza C. C.; MACHADO, Diego C. M.; OLIVEIRA, Davi T. N. *GDPR e suas repercussões no direito brasileiro*: Primeiras impressões de análise comparativa. Instituto de Referência em Internet e Sociedade. Disponível em: https://irisbh.com.br/wp-content/uploads/2018/06/GDPR-e-suas-repercuss%c3%b5es-no-direito-brasileiro-Primeiras-impress%c3%b5es-de-an%c3%a1lise-comparativa-PT.pdf. Acesso em: 07 jun. 2020.

PORTUGAL. Lei nº 59/2019. Disponível em: https://www.cnpd.pt/bin/legis/nacional/Lei_59_2019.pdf. Acesso em: 18 nov. 2019.

UNIÃO EUROPEIA. Regulamento (UE) 2016/679. Disponível em: https://eur-lex.europa.eu/legal-content/PT/TXT/PDF/?uri=CELEX:32016R0679&from=pt. Acesso em: 27 maio 2019.

UNIÃO EUROPEIA. GDPR in numbers – infographic 25 January 2019. 2019. Disponível em: https://ec.europa.eu/commission/sites/betapolitical/files/190125_gdpr_infographics_v4.pdf. Acesso em: 23 abr. 2020.

UNIÃO EUROPEIA. Infographic: GDPR in number 22 May 2019. 2019. Disponível em: https://ec.europa.eu/commission/sites/beta-political/files/infographicgdpr_in_numbers_1.pdf. Acesso em: 17 jun. 2020.

Informação bibliográfica deste texto, conforme a NBR 6023:2018 da Associação Brasileira de Normas Técnicas (ABNT):

BROTTO, Natália; CAMARGO, Pedro Henrique Dalgallo. Autoridade Nacional de Proteção de Dados, aspectos pendentes de regulação e cultura de proteção de dados. *In*: PIRONTI, Rodrigo (Coord.). *Lei Geral de Proteção de Dados*: estudos sobre um novo cenário de Governança Corporativa. Belo Horizonte: Fórum, 2020. p. 91-103. ISBN 978-65-5518-043-5.

RESPONSABILIDADES E SANÇÕES ADMINISTRATIVAS NA LGPD

FRANCISCO ZARDO

1 Objeto de análise

Em uma de suas mais conhecidas máximas, Oliver Wendell Holmes Jr. (1841-1935), Juiz da Suprema Corte norte-americana, afirmou que "A vida do direito não tem sido lógica: tem sido experiência".[1] Ainda é recente a edição da Lei Geral de Proteção de Dados (Lei nº 13.709/2018, alterada pela Lei nº 13.853/2019 e pela Lei nº 14.010/2020) e a criação da Autoridade Nacional de Proteção de Dados (ANPD), razão pela qual pouco se pode falar sobre a experiência de sua aplicação concreta.

Ainda assim, neste momento em que agentes públicos e privados estão se adaptando aos comandos da nova legislação, parece-nos importante a realização de um exercício reflexivo de interação entre as disposições da LGPD sobre responsabilidade (arts. 42 a 45) e sanções administrativas (arts. 52 a 54) com normas gerais de Direito Civil e Processual Civil, Direito do Consumidor e Direito Administrativo, procurando antecipar possíveis debates e soluções de natureza prática.

---

[1] HOLMES JR., Oliver Wendell. *The common law*. USA: Wilder Publications, 2014. p. 1.

2 A responsabilidade dos agentes de tratamento de dados

O art. 5º, IX, da LGPD define como "agentes de tratamento: o controlador e o operador". O controlador é a "pessoa natural ou jurídica, de direito público ou privado, a quem competem as decisões referentes ao tratamento de dados pessoais" (VI). O operador é a "pessoa natural ou jurídica, de direito público ou privado, que realiza o tratamento de dados pessoais em nome do controlador" (VII). A lei ainda prevê uma terceira figura, a do encarregado, que é "pessoa indicada pelo controlador e operador para atuar como canal de comunicação entre o controlador, os titulares dos dados e a Autoridade Nacional de Proteção de Dados (ANPD)" (VIII).

A responsabilidade civil dos agentes de tratamento é estabelecida no art. 42 da LGPD, segundo o qual "o controlador ou o operador que, em razão do exercício de atividade de tratamento de dados pessoais, causar a outrem dano patrimonial, moral, individual ou coletivo, em violação à legislação de proteção de dados pessoais, é obrigado a repará-lo".

2.1 Pressupostos: conduta, dano e nexo

O primeiro pressuposto da responsabilização civil é a conduta, isto é, a existência de uma ação ou omissão do controlador e do operador no tratamento de dados, contrária à LGPD. O dispositivo não menciona o encarregado, porque, como visto, a lei não o considera agente de tratamento. Tal ausência, contudo, não induz à sua irresponsabilidade civil. O §4º prevê o direito de regresso daquele que reparar o dano "contra os demais responsáveis, na medida de sua participação no evento danoso".

O segundo pressuposto da responsabilização é a ocorrência de dano, devidamente comprovado. O art. 42 assegura ao titular dos dados a reparação não apenas dos danos materiais (dano emergente e lucros cessantes), como também dos danos morais, sejam ambos individuais ou coletivos.

O terceiro pressuposto da responsabilização é o nexo de causalidade entre o dano causado ao titular dos dados e a conduta do agente de tratamento.

2.2 Responsabilidade subjetiva ou objetiva?

Como bem observa Marcos Gomes da Silva Bruno, a lei não esclarece se a responsabilidade dos agentes de tratamento é subjetiva (decorrente de dolo ou culpa) ou objetiva. Aplica-se, portanto, o art. 927 do Código Civil, do qual se extrai que a responsabilidade subjetiva é regra geral, sendo a responsabilidade independentemente de culpa a exceção.[2] Uma das exceções expressamente contempladas no art. 45 da LGPD são as relações de consumo, que "permanecem sujeitas às regras de responsabilidade previstas na legislação pertinente". A estas se aplicam os arts. 12 e 14 do Código de Defesa do Consumidor, que preveem a responsabilização "independentemente da existência de culpa".

2.3 Solidariedade

Ao contrário do Código de Defesa do Consumidor, que lançou mão da conjunção aditiva "e" para aludir à solidariedade entre os integrantes da cadeia de fornecimento[3] ("o fabricante, o produtor, o construtor, nacional ou estrangeiro, e o importador respondem (...)" – art. 12), a LGPD utilizou a conjunção alternativa "ou" ("o controlador ou o operador que (...)" – art. 42). Em razão disso, entende-se que a responsabilidade dos agentes de tratamento não será sempre e necessariamente solidária. Poderá ser, para assegurar a efetiva indenização ao titular de dados, nas hipóteses do §1º do art. 42.

De acordo com o inciso I, "o operador responde solidariamente pelos danos causados pelo tratamento quando descumprir as obrigações da legislação de proteção de dados ou quando não tiver seguido as instruções lícitas do controlador, hipótese em que o operador equipara-se ao controlador (...)". Em relação à primeira hipótese, não há maiores dúvidas. O operador responderá solidariamente pelos danos quando descumprir as obrigações da LGPD. No entanto, em razão da redação confusa, não há clareza se, na hipótese de o operador não seguir as instruções lícitas do controlador, ambos respondem ou apenas o operador, que será equiparado ao controlador. A princípio, não haveria motivo para responsabilizar o controlador se suas instruções foram lícitas e se, à luz do *caput* do art. 42, um dos pressupostos da responsabilização é a violação à legislação.[4]

---

[2] MALDONADO, Viviane Nóbrega; BLUM, Renato Opice. *LGPD – Lei Geral de Proteção de Dados Comentada*. São Paulo: Thomson Reuters Brasil, 2019.
[3] MIRAGEM, Bruno. *Curso de Direito do Consumidor*. 5. ed. São Paulo: Revista dos Tribunais, 2014. p. 570.
[4] Para Marcos Gomes da Silva Bruno, "Referido inciso equipara o operador ao controlador, quando este deixa de observar as instruções lícitas do controlador. Vale dizer, se a empresa contrata um terceiro para operar dados pessoais, e ele trata aqueles dados em desacordo

Quando houver mais de um controlador, o inciso II prevê que todos os que "estiverem diretamente envolvidos no tratamento do qual decorreram danos ao titular dos dados respondem solidariamente, salvo nos casos de exclusão previstos no art. 43 desta Lei".

2.4 Excludentes de responsabilidade

O *caput* do art. 43 da LGPD diz que "agentes de tratamento só não serão responsabilizados quando comprovarem" a ocorrência de três causas excludentes, previstas nos incisos que se seguem. Ao estabelecer o rol de excludentes ("só") e atribuir ao agente de tratamento o ônus de sua comprovação ("quando comprovarem"), o legislador parece ter estabelecido uma espécie de culpa presumida.

Consoante a lição de Sérgio Cavalieri Filho, "sem se abandonar, portanto, a teoria da culpa, consegue-se, por via de uma presunção, um efeito prático próximo ao da teoria objetiva. O causador do dano, até prova em contrário, presume-se culpado; mas, por se tratar de presunção relativa – *juris tantum* –, pode elidir essa presunção provando que não teve culpa. Autores e profissionais do Direito referem-se constantemente à culpa presumida como se se tratasse de responsabilidade objetiva. Convém, então, enfatizar este ponto: a culpa presumida não se afastou do sistema da responsabilidade subjetiva, pelo que admite discutir amplamente a culpa do causador do dano; cabe a este, todavia, elidir a presunção de culpa contra si existente e afastar o dever de indenizar".[5]

A primeira excludente de responsabilidade prevista no art. 43 é a não realização do tratamento de dados que é atribuído ao controlador ou ao operador. Ou seja, não há sequer conduta. O tratamento pode não ter sido realizado ou foi realizado por outro agente de tratamento que, então, será o responsável.

A segunda excludente é a realização do tratamento sem violação à legislação de proteção de dados. Há conduta, mas ela é lícita.

Por fim, o art. 43, III, exclui a responsabilidade do agente de tratamento caso o dano seja "decorrente de culpa exclusiva do titular

---

com a orientação do controlador, inicia uma nova atividade de controle do dado, estranha à atividade que lhe foi delegada. De acordo com as circunstâncias, essa pode ser hipótese de exclusão de responsabilidade do controlador, como, aliás, é expressamente previsto no art. 43 da Lei Geral de Proteção de Dados". (MALDONADO, Viviane Nóbrega; BLUM, Renato Opice. *LGPD* – Lei Geral de Proteção de Dados Comentada. São Paulo: Thomson Reuters Brasil, 2019).

[5] CAVALIERI FILHO, Sérgio. *Programa de Responsabilidade Civil*. 11. ed. São Paulo: Atlas, 2014. p. 56.

dos dados ou de terceiro". Entretanto, para que haja o rompimento do nexo de causalidade, é fundamental que o terceiro causador do dano não tenha relação com o agente de tratamento. Se, por exemplo, o dano for causado pelo encarregado indicado pelo controlador, este responderá perante o titular dos dados, sem prejuízo do direito de regresso.

É importante acrescentar que, mesmo nas situações em que a ação de terceiro deu causa a um dano, o agente de tratamento pode ser responsabilizado caso tenha se omitido quanto ao dever de "fornecer a segurança que o titular dele pode esperar" (art. 44).

Com efeito, o art. 46 dispõe que os agentes de tratamento devem adotar medidas de segurança para proteger os dados pessoais de acessos não autorizados e de situações acidentais ou ilícitas de destruição, perda, alteração, comunicação ou qualquer forma de tratamento inadequado. Sem prejuízo dos padrões técnicos mínimos que a ANPD poderá estabelecer, o art. 44 da LGPD dispõe que a conduta do agente de tratamento será avaliada com base: no modo de realização do tratamento; nos riscos razoavelmente esperados; nas técnicas disponíveis na época em que realizado. A esse respeito, Bruno Ricardo Bioni registra que "o legislador brasileiro procurou talhar uma norma neutra tecnológica. Ao contrário de apontar para uma tecnologia em específico, que poderia se tornar obsoleta ao longo do tempo, utilizou-se de um conceito indeterminado – razoabilidade – a ser significado e atualizado pelo próprio desenvolvimento científico".[6]

Assim, caso deixem de adotar medidas de segurança, o controlador ou o operador responderão pelos danos decorrentes da violação, nos termos do art. 46, parágrafo único, da LGPD.

2.5 Aspectos processuais e a prescrição

O art. 42, §2º, da LGPD preceitua que, no processo civil, o juiz poderá inverter o ônus da prova a favor do titular de dados desde que: a) seja verossímil a alegação; b) haja hipossuficiência para fins de produção de prova; ou c) a produção da prova pelo titular seja excessivamente onerosa a ele.

Para a reparação de danos coletivos, o §3º prevê que poderá ser utilizada a legislação que disciplina a tutela coletiva – Lei nº 7.347/85 (Lei de Ação Civil Pública), e na forma do seu art. 21, Título III, do Código de Defesa do Consumidor.

---

[6] BIONI, Bruno Ricardo. Compreendendo o conceito de anonimização e dado anonimizado. In: Revista do Advogado, n. 144, p. 24, nov. 2019.

A LGPD não estabeleceu um prazo prescricional para a reparação de danos prevista no art. 42, razão pela qual, a princípio, se entende ser aplicável às ações individuais o prazo de três anos previsto no art. 206, §3º, V, do Código Civil, relativo à pretensão de reparação civil. Caso o dano decorra de uma relação contratual de natureza civil, o prazo prescricional é de dez anos, pela aplicação do art. 205 do Código Civil.[7] Nas relações de consumo o prazo prescricional é de cinco anos, nos termos do art. 27 do CDC. Sendo o controlador ou o operador um ente público, o prazo prescricional também será de cinco anos, nos termos do Decreto nº 20.910/1932.

3 As sanções administrativas aplicáveis aos agentes de tratamento de dados

O art. 52 dispõe que os agentes de tratamento de dados, portanto, o controlador e operador, estão sujeitos a sanções administrativas aplicáveis pela Autoridade Nacional de Proteção de Dados, em caso de infrações à LGPD.

3.1 A incidência do regime jurídico de Direito Administrativo Sancionador

Antes de ingressarmos no exame das sanções administrativas em espécie, é necessário divisarmos o regime jurídico que balizará a interpretação e a aplicação destes dispositivos, na esteira do que já afirmamos em relação às sanções administrativas aplicáveis em licitações e contratos administrativos.[8]

O Direito Administrativo de hoje possui, na feliz síntese de Diogo Freitas do Amaral, a *dupla função* de "organizar a *autoridade* do poder e defender a *liberdade* dos cidadãos".[9] Um de seus ramos é o Direito Administrativo Sancionador, dedicado ao estudo dos princípios e regras

---

[7] STJ, Corte Especial, EREsp nº 1281594/SP, rel. Min. Benedito Gonçalves, rel. p/ Acórdão Min. Felix Fischer, DJe. 23.05.2019.

[8] ZARDO, Francisco. *Infrações e Sanções em Licitações e Contratos Administrativos*: com as alterações da Lei Anticorrupção (Lei 12.846/2013). São Paulo: Revista dos Tribunais, 2014.
ZARDO, Francisco. Infrações e Sanções Administrativas na Lei 13.303/16 (arts. 82 a 84). *In:* DAL POZZO, Augusto Neves; MARTINS, Ricardo Marcondes. *Estatuto Jurídico das Empresas Estatais.* São Paulo: Contracorrente, 2018.

[9] AMARAL, Diogo Freitas do. *Curso de Direito Administrativo*, vol. I. 3. ed. Coimbra: Almedina, 2010. p. 157.

incidentes sobre a infração, a sanção administrativa e o respectivo processo de apuração.

Tais princípios e regras emanam diretamente da Constituição Federal – em especial do art. 5º, dedicado aos direitos e deveres individuais e coletivos – e se espraiam por toda a legislação. O inciso II preceitua que ninguém será obrigado a fazer ou deixar de fazer alguma coisa senão em virtude de lei, consagrando o princípio da legalidade. O inciso XXXIX dispõe que não há crime sem lei anterior que o defina, nem pena sem previsão legal. O inciso XL prevê que a lei penal não retroagirá, salvo para beneficiar o réu, definindo o princípio da irretroatividade. O inciso XLV estabelece a pessoalidade da sanção ao determinar que nenhuma pena passará da pessoa do condenado. O inciso XLVI exige que a pena seja individualizada. O inciso LIII consagra o princípio do juiz natural dispondo que ninguém será processado nem sentenciado senão pela autoridade competente. Os incisos LIV e LV versam sobre o devido processo legal, o contraditório e a ampla defesa. E o inciso LVII diz que ninguém será considerado culpado até o trânsito em julgado da sentença penal condenatória, de onde deflui o princípio da presunção de inocência.

Como observa Rafael Munhoz de Mello, muitos desses dispositivos "fazem referência a expressões próprias do direito penal ('crime', 'pena', 'lei penal') – o que não significa que os princípios jurídicos neles veiculados não se apliquem também no campo do direito administrativo sancionador".[10] Para Carlos Ari Sundfeld, a utilização dessas expressões "denota sua inspiração na teoria do direito penal",[11] o que se explica pelo fato do Direito Penal consubstanciar-se em área do conhecimento jurídico muito mais antiga e evoluída do que o Direito Administrativo Sancionador.[12] Nesse sentido, a jurisprudência do Superior Tribunal de Justiça tem afirmado que:

> 1. As sanções disciplinares não se aplicam de forma discricionária nem automática, senão vinculadas às normas e sobretudo aos princípios que regem e norteiam a atividade punitiva no âmbito do Direito Administrativo Disciplinar ou Sancionador; (...).

---

[10] MELLO, Rafael Munhoz de. *Princípios Constitucionais de Direito Administrativo Sancionador*: As sanções administrativas à luz da Constituição Federal de 1988. São Paulo: Malheiros Editores, 2007. p. 104.
[11] SUNDFELD, Carlos Ari. *Direito Administrativo Ordenador*. São Paulo: Malheiros Editores, 2003. p. 80.
[12] NIETO, Alejandro. *Derecho Administrativo Sancionador*. 4. ed. Madrid: Tecnos, 2005. p. 86. Tradução nossa.

2. No exercício da atividade punitiva, a Administração pratica atos materialmente jurisdicionais, por isso que se submete à observância obrigatória de todas as garantias subjetivas consagradas no Processo Penal contemporâneo, onde não encontram abrigo as posturas autoritárias, arbitrárias ou desvinculadas dos valores da cultura.[13]

Embora tais garantias tenham sido plasmadas no campo do Direito Penal, elas não lhe são exclusivas. Como ensina Alejandro Nieto, "a potestade administrativa sancionadora, assim como a potestade penal dos juízes e tribunais, forma parte de um genérico *'ius puniendi'* do Estado, que é único ainda que logo se subdivida nestas duas manifestações".[14] Portanto, os princípios e regras ditos de Direito Penal e Processual Penal e que incidem sobre o Direito Administrativo Sancionador são, a rigor, normas comuns ao direito punitivo do Estado, que se manifesta sob essas duas formas.

Isso não significa que os princípios e regras de direito punitivo atuem de modo idêntico nas searas penal e administrativa. Alicerçados na jurisprudência do Tribunal Constitucional espanhol, Eduardo García de Enterría e Tomás-Ramón Fernández pontificam que os princípios gerais construídos pelo Direito Penal, e hoje incorporados ao direito punitivo, aplicam-se ao Direito Administrativo Sancionador "com matizes".[15] Por isso é que, por exemplo, o princípio da legalidade não possui o mesmo alcance nos dois âmbitos. O problema que se coloca, é a definição concreta desses matizes, cuja existência não compromete a unidade do *ius puniendi* estatal.

Com efeito, assim como não se deve asfixiar a realização da atividade sancionadora do Estado conferindo ênfase excessiva às garantias, não se pode igualmente amesquinhar tais garantias em prol de outros valores supostamente mais elevados.

3.2 A exigência de tipicidade, antijuridicidade e culpabilidade (ou reprovabilidade)

O pressuposto da sanção administrativa é a configuração de uma infração administrativa, conceituada por Daniel Ferreira como "o comportamento, típico, antijurídico e reprovável que enseja a

---

[13] STJ, 1. Seção, MS 21.645/DF, rel. Min. Napoleão Nunes Maia Filho, DJ. 30.09.2015.
[14] NIETO, Alejandro. *Derecho Administrativo Sancionador*. 4. ed. Madrid: Tecnos, 2005. p. 85. Tradução nossa.
[15] GARCÍA DE ENTERRÍA, Eduardo; FERNÁNDEZ, Tomás-Ramón. *Curso de Derecho Administrativo*, vol. 2. 9. ed. Madrid: Civitas, 2004. p. 168. Tradução nossa.

aplicação, no exercício de função administrativa, de uma sanção de mesma ordem".[16]

Assim, o primeiro requisito para a apuração da infração administrativa à LGPD é a identificação de um comportamento, isto é, a ação ou omissão praticada pelo agente de tratamento de dados.

Já o princípio da tipicidade exige que o comportamento considerado ilícito e a sanção correspondente estejam descritos com clareza na LGPD. A principal função do tipo é conferir ao agente de tratamento a possibilidade de escolher entre o certo e o errado, bem como informá-lo sobre as consequências de suas ações.

Verificada a tipicidade de determinado comportamento, o passo seguinte é avaliar sua contrariedade com o ordenamento jurídico como um todo. Isso porque, se tal comportamento for, por exemplo, autorizado pelo Código Civil ou pelo Marco Civil da Internet (Lei nº 12.965/2014), pode ser que não se configure a infração administrativa, a despeito da tipicidade da conduta. Como salienta Manuel Gómez Tomillo, "um comportamento é ou não é conforme o Direito, *tertium non datur*. O juízo de antijuridicidade se trata precisamente de esclarecer esse dado".[17]

Em regra, as ações típicas são antijurídicas. Daí dizer-se que a tipicidade é indiciária da antijuridicidade, o que, todavia, pode não se confirmar caso incida no caso concreto alguma das denominadas causas de exclusão da antijuridicidade, a saber: a legítima defesa, o estado de necessidade, o exercício regular de um direito, o estrito cumprimento do dever legal e o consentimento do ofendido.

A culpabilidade é o último dos elementos necessários para a configuração de uma infração administrativa. Uma ação típica e antijurídica é a ação em desconformidade com o ordenamento jurídico. Todavia, para que ela se consubstancie em uma infração administrativa, é necessário que seja também culpável.

De acordo com Gustavo Binenbojm, "o princípio da culpabilidade é um dos pilares do regime jurídico aplicável ao Direito

---

[16] FERREIRA, Daniel. *Teoria Geral da Infração Administrativa a partir da Constituição Federal de 1988*. Belo Horizonte: Fórum, 2009. p. 231.

[17] Como já decidiu o Supremo Tribunal Federal: "A fonte do princípio da proteção da confiança está, aí, na boa-fé do particular, como norma de conduta, e, em consequência, na *ratio iuris* da coibição do *venire contra factum proprium*, tudo o que implica vinculação jurídica da Administração Pública às suas próprias práticas, ainda quando ilegais na origem. O Estado de Direito é sobremodo Estado de confiança" (STF, Pleno, ACO nº 79/MT, rel. Min. Cezar Peluso, DJe. 25.05.2012).
GÓMEZ TOMILLO, Manuel; SANZ RUBIALES, Íñigo. *Derecho Administrativo Sancionador*. Parte General. Teoría General y Práctica Del Derecho Penal Administrativo. 2. ed. Navarra: Arazandi/Thomson Reuters, 2010. p. 445. Tradução nossa.

Administrativo sancionador. Segundo esse princípio, a aplicação da sanção administrativa – i.e., de um 'castigo' ou situação detrimentosa ao particular – depende da constatação de culpa em sentido lato. Ou seja, exige-se a prévia aferição de dolo (intenção de praticar ou assunção do risco do resultado) ou culpa em sentido estrito (negligência, imprudência ou imperícia) na conduta do administrado. Em outras palavras: exige-se a constatação de uma ação reprovável do ponto de vista subjetivo".[18]

Questão interessante é a verificação da presença do dolo ou da culpa quando a conduta é imputada a uma pessoa jurídica, que, como é elementar, não possui aparelho psíquico e, consequentemente, não possui vontade e consciência próprias, mas apenas das pessoas físicas que a representam.

Entendemos que, em regra, o dolo ou a culpa das pessoas físicas que atuam em nome da empresa configurará o dolo ou a culpa das pessoas jurídicas. Porém, nem sempre, ante a possível falta de poderes de representação ou de excesso de mandato. Por outro lado, mesmo não havendo poderes de representação, é possível que a infração desencadeada por alguma das pessoas físicas que integram a empresa configure a culpabilidade desta se ficar comprovada a existência de um defeito de organização, consistente na fragilidade dos sistemas de controle internos.

José Roberto Pimenta Oliveira afirma que é obrigatório o "reconhecimento da *inidoneidade da sanção administrativa* quando presentes as *causas de exclusão da culpabilidade* (designadas dirimentes)".[19] São causas excludentes de culpabilidade a inexigibilidade de conduta diversa, o erro (de tipo e de proibição), o caso fortuito e a força maior.

3.3 As sanções em espécie

A primeira sanção administrativa prevista no art. 52 da LGPD é a "advertência, com indicação de prazo para adoção das medidas corretivas". De acordo com Edmir Netto de Araújo, ela possui "natureza moral", "consistindo em uma 'reprimenda ou admoestação por escrito'".[20]

---

[18] BINENBOJM, Gustavo. O Direito Administrativo Sancionador e o Estatuto Constitucional do Poder Punitivo Estatal. *Revista de Direito Administrativo Contemporâneo*, vol. 11, p. 14, ago. 2014.

[19] OLIVEIRA, José Roberto Pimenta. *Os Princípios da Razoabilidade e de Proporcionalidade no Direito Administrativo Brasileiro*. São Paulo: Malheiros Editores, 2006. p. 490.

[20] ARAÚJO, Edmir Netto. *Curso de Direito Administrativo*. 5. ed. São Paulo: Saraiva, 2010. p. 962.

Por ser a sanção mais branda, ela deve ser reservada, dentro de um juízo de proporcionalidade, às infrações mais leves.

Para Joel de Menezes Niebuhr, "a advertência não deveria ser encartada no rol das sanções administrativas, porquanto, evidentemente, em sua essência, ela não é uma espécie de sanção".[21] Segundo ele, como a advertência deve ser precedida do contraditório, o tempo necessário para a conclusão do processo retira-lhe a eficácia,[22] de modo que esta penalidade só faria sentido se pudesse "ser produzida imediatamente, porque somente assim ela se presta a evitar danos maiores".[23]

Discorda-se desse raciocínio. Correta, a nosso ver, é a posição de Marçal Justen Filho, para o qual a advertência presta-se a dois efeitos peculiares. O primeiro é a "submissão do particular a uma fiscalização mais atenta",[24] em virtude do descumprimento anterior das obrigações legais. O segundo é o alerta de que em caso de reincidência a sanção será agravada. É o que ocorrerá, nos termos da LGPD, caso as medidas corretivas especificadas no ato de advertência não sejam adotadas no prazo indicado pela ANPD.

O art. 52, II, prevê multa simples de 2% do faturamento da pessoa jurídica, limitada a cinquenta milhões de reais por infração. O inciso III prevê multa diária, observado o mesmo limite total. Tais incisos constituem norma de eficácia limitada, dependente de regulamentação.[25] De acordo com o art. 53 da LGPD, a autoridade nacional definirá, após consulta pública e por meio de regulamento, a metodologia que orientará, segundo critérios objetivos, o cálculo do valor-base das sanções de multa.

Previsão salutar é a de que o produto da arrecadação das multas aplicadas pela ANPD será destinado ao Fundo de Defesa de Direitos Difusos (art. 52, §5º). A destinação deste valor ao orçamento da própria ANPD poderia estimular o agravamento das sanções pecuniárias, comprometendo a garantia de imparcialidade da autoridade julgadora.

---

[21] NIEBUHR, Joel de Menezes. *Licitação Pública e Contrato Administrativo*. 2. ed. Belo Horizonte: Fórum, 2012. p. 974.
[22] *Ibid.*, p. 975.
[23] *Ibid.*, p. 974.
[24] JUSTEN FILHO, Marçal. *Comentários à Lei de Licitações e Contratos Administrativos*. 11. ed. São Paulo: Dialética, 2005. p. 622.
[25] "As leis que trazem a recomendação de serem regulamentadas não são exequíveis antes da expedição do decreto regulamentar, porque esse ato é *conditio juris* da atuação normativa da lei. Em tal caso, o regulamento opera como condição suspensiva da execução da norma legal, deixando seus efeitos pendentes até a expedição do ato do Executivo" (MEIRELLES, Hely Lopes. *Direito Administrativo Brasileiro*. 30. ed. São Paulo: Malheiros, 2005).

A sanção de publicização da infração é análoga à publicação extraordinária da decisão condenatória, prevista no art. 6º, II, da Lei Anticorrupção (Lei nº 12. 846/2013), no art. 78, II, do CDC e no art. 38, I, da Lei de Defesa da Concorrência (Lei nº 12.529/2011). Não se trata de mera publicação do ato sancionador em diário oficial decorrente do princípio da publicidade (CF, art. 37). Trata-se de ampla divulgação da infração nos meios de comunicação a fim de atingir a imagem do agente de tratamento perante o público.

As sanções que se seguem, do inciso V ao inciso XII, alcançam os dados objeto da infração e a própria atividade de tratamento de dados. O inciso V prevê o bloqueio dos dados pessoais a que se refere a infração até sua regularização. Suponha-se que um órgão de pesquisas relacionadas à saúde esteja realizando um estudo utilizando-se de dados de pacientes, sem, no entanto, realizar a anonimização dos dados pessoais garantida no art. 7º, IV, da LGPD. Uma vez aplicada a sanção, os dados pessoais do paciente ficarão bloqueados e não poderão ser utilizados na pesquisa enquanto for possível a sua identificação. Mais grave é a sanção seguinte, que prevê a eliminação dos dados pessoais a que se refere a infração.

O inciso X prevê a "suspensão parcial do funcionamento do banco de dados a que se refere a infração pelo período máximo de 6 (seis) meses, prorrogável por igual período, até a regularização da atividade de tratamento pelo controlador". A expressão parcial é redundante, pois ínsita ao fato de que a suspensão atinge apenas o banco de dados a que se refere a infração. Ademais, há contradição na fixação de um prazo máximo de suspensão se esta perdurará até a regularização da atividade. Por isso, entende-se que a suspensão perdurará até a regularização, ainda que isso ocorra antes do prazo máximo de seis meses. Persistindo a irregularidade, a suspensão deverá ser mantida, pois não é razoável permitir que um banco de dados irregular volte a funcionar pelo mero decurso do prazo máximo de suspensão.

O inciso XI prevê a suspensão não apenas do banco de dados irregular, mas do próprio "exercício da atividade de tratamento dos dados pessoais a que se refere a infração pelo período máximo de 6 (seis) meses, prorrogável por igual período".

Por fim, o inciso XII traz a sanção administrativa mais grave da LGPD, que é a "proibição parcial ou total do exercício de atividades relacionadas a tratamento de dados". A norma não previu o prazo de duração da proibição. Por outro lado, o art. 5º, XLVII, "b", da Constituição dispõe que não haverá penas de caráter perpétuo. Com base neste dispositivo, tanto o Superior Tribunal de Justiça[26] quanto o Supremo Tribunal Federal[27] reconheceram a inadmissibilidade da pena de inabilitação permanente para o exercício de cargos em instituição financeira. Assim, ao aplicar a pena de proibição, caberá à ANPD estabelecer, motivadamente, o prazo de duração.

De acordo com o art. 52, §3º, da LGPD, com exceção das multas, as sanções administrativas poderão ser aplicadas a entidades e órgãos públicos sem prejuízo da responsabilização administrativa e judicial dos servidores responsáveis. O dispositivo não esclarece se as entidades e órgãos públicos nele referidos são apenas os federais ou se estão abrangidos os entes estaduais e municipais. Nesta última hipótese, a aplicação de suspensões e proibições por autoridade federal a entes estaduais ou municipais poderá suscitar questionamentos quanto à observância do princípio federativo (CF, art. 1º e 18).

3.4 O processo administrativo e a dosimetria das sanções

O §1º do art. 52 prevê que as sanções serão aplicadas após procedimento que assegure a ampla defesa. Ainda que a lei não o preveja, o Supremo Tribunal Federal assentou que a garantia do devido processo legal abrange não apenas o direito de manifestação, mas também o direito à produção de provas (testemunhal, pericial, documental etc.) no curso do processo administrativo.[28]

A autoridade competente para aplicar as sanções administrativa da LGPD é, exclusivamente, a Autoridade Nacional de Proteção de Dados (art. 55-K). Por isso, merecem elogios as previsões de que os membros do seu Conselho Diretor devem possuir reputação ilibada, nível superior de educação e elevado conceito no campo de especialidade dos seus cargos e de que o mandato será pelo prazo fixo de quatro anos (art. 55-D, §2º e §3º), o que atenua o risco de interferências externas e de quebra da imparcialidade no julgamento dos processos administrativos.

As sanções devem ser aplicadas de forma gradativa, isolada ou cumulativamente, observando, motivadamente, os seguintes critérios: I – gravidade e natureza das infrações e dos direitos pessoais afetados; II – boa-fé do infrator; III – a vantagem auferida; IV – a condição econômica do infrator; V – a reincidência; VI – o grau do dano; VII – a

---

[26] STJ, 1ª Seção, MS 1.119/DF, rel. Min. Francisco Peçanha Martins, DJ 16.03.1992.
[27] STF, 1ª Turma, RE 154134, rel. Min. Sydney Sanches, DJ. 29.10.1999.
[28] STJ, 2ª Turma, RMS nº 28517/AgR, rel. Min. Celso de Mello, DJe. 30.04.2014.

cooperação do infrator; VIII – a adoção de medidas para reverter ou mitigar o dano causado; IX – a adoção de política de boas práticas e governança; X – a pronta adoção de medidas corretivas; XI – a proporcionalidade entre a falta e a sanção. Como se nota, alguns dos critérios legais são redundantes.

De acordo com o §6º do art. 52, as sanções de suspensão e proibição somente poderão ser aplicadas após a imposição de ao menos uma das demais sanções para o mesmo caso concreto.

Na esteira da consensualidade que gradativamente tem sido admitida nas relações com o Poder Público, inclusive em matéria sancionatória,[29] o §7º do art. 52 da LGPD prevê que os vazamentos individuais ou acessos não autorizados poderão ser objeto de conciliação direta entre controlador e titular, estando o controlador sujeito a penalidades somente se não houver acordo.

3.5 Vedação ao *bis in idem*

O §2º do art. 52 dispõe que as sanções administrativas previstas na LGPD não substituem "a aplicação de sanções administrativas, civis ou penais definidas na Lei nº 8.078, de 11 de setembro de 1990, e em legislação específica". Há consenso de que as esferas administrativas, civis e penais são independentes. No entanto, não se pode admitir dupla punição administrativa pelo mesmo fato, especialmente se estiver em causa o mesmo bem jurídico.

Suponha-se que um provedor de aplicações de internet deixe de proteger dados pessoais em uma operação de tratamento. Em tese, esta conduta viola o art. 11 da Lei nº 12.965/2014[30] (Marco Civil da Internet), sujeitando o infrator às sanções administrativas do art. 12 da mesma lei, a saber: advertência; multa de até 10% do faturamento; suspensão temporária ou proibição de atividades. A competência para sua aplicação seria da Anatel e da Secretaria Nacional do Consumidor, segundo os arts. 17 e 18 do Decreto nº 8.771/2016.

Ocorre que, pelo mesmo fato e pela violação do mesmo bem jurídico, o agente estará sujeito às sanções da LGPD, que, aliás, são de

---

[29] PALMA, Juliana Bonacorsi de. *Sanção e acordo na Administração Pública*. São Paulo: Malheiros, 2015.

[30] "Art. 11. Em qualquer operação de coleta, armazenamento, guarda e tratamento de registros, de dados pessoais ou de comunicações por provedores de conexão e de aplicações de internet em que pelo menos um desses atos ocorra em território nacional, deverão ser obrigatoriamente respeitados a legislação brasileira e os direitos à privacidade, à proteção dos dados pessoais e ao sigilo das comunicações privadas e dos registros".

mesma natureza, variando apenas em relação ao percentual máximo da multa (2%).

Indaga-se: pela conduta descrita, o infrator poderia sofrer duas punições, uma com base no Marco Civil da Internet e outra com base na LGPD? Entende-se que a resposta é negativa, em atenção ao princípio do *ne bis in idem*. Nesta hipótese, deve ser aplicada apenas a LGPD, por ser posterior e específica, nos termos do art. 2º, §1º, da Lei de Introdução às Normas do Direito Brasileiro. A competência punitiva será da ANPD, sem prejuízo de uma saudável articulação com os demais órgãos. Corrobora esta conclusão a parte final do art. 55-K da LGPD, ao estabelecer que as competências da ANPD "prevalecerão, no que se refere à proteção de dados pessoais, sobre as competências correlatas de outras entidades ou órgãos da administração pública".

3.6 Prescrição

Aplica-se às sanções administrativas da LGPD a Lei nº 9.873/99, que "estabelece prazo de prescrição para o exercício de ação punitiva pela Administração Pública Federal, direta e indireta". Em regra, o prazo prescricional será de cinco anos, salvo se o fato constituir crime, hipótese em que a prescrição será regida pelo prazo previsto na lei penal.

Referências

AMARAL, Diogo Freitas do. *Curso de Direito Administrativo*, vol. I. 3. ed. Coimbra: Almedina, 2010.

ARAÚJO, Edmir Netto. *Curso de Direito Administrativo*. 5. ed. São Paulo: Saraiva, 2010.

BINENBOJM, Gustavo. O Direito Administrativo Sancionador e o Estatuto Constitucional do Poder Punitivo Estatal. *Revista de Direito Administrativo Contemporâneo*, vol. 11, p. 14, ago. 2014.

BIONI, Bruno Ricardo. Compreendendo o conceito de anonimização e dado anonimizado. *Revista do Advogado*, n. 144, nov. 2019.

CAVALIERI FILHO, Sérgio. *Programa de Responsabilidade Civil*. 11. ed. São Paulo: Atlas, 2014.

FERREIRA, Daniel. Teoria Geral da Infração Administrativa a partir da Constituição Federal de 1988. Belo Horizonte: Fórum, 2009.

GARCÍA DE ENTERRÍA, Eduardo; FERNÁNDEZ, Tomás-Ramón. *Curso de Derecho Administrativo*, vol. 2. 9. ed. Madrid: Civitas, 2004.

GÓMEZ TOMILLO, Manuel; SANZ RUBIALES, Íñigo. *Derecho Administrativo Sancionador*. Parte General. Teoría General y Práctica del Derecho Penal Administrativo. 2. ed. Navarra: Arazandi/Thomson Reuters, 2010.

HOLMES JR., Oliver Wendell. *The common law*. USA: Wilder Publications, 2014.

JUSTEN FILHO, Marçal. *Comentários à Lei de Licitações e Contratos Administrativos*. 11. ed. São Paulo: Dialética, 2005.

MALDONADO, Viviane Nóbrega; BLUM, Renato Opice. *LGPD – Lei Geral de Proteção de Dados Comentada*. São Paulo: Thomson Reuters Brasil, 2019.

MEIRELLES, Hely Lopes. *Direito Administrativo Brasileiro*. 30. ed. São Paulo: Malheiros, 2005.

MELLO, Rafael Munhoz de. *Princípios Constitucionais de Direito Administrativo Sancionador*: As sanções administrativas à luz da Constituição Federal de 1988. São Paulo: Malheiros Editores, 2007.

MIRAGEM, Bruno. *Curso de Direito do Consumidor*. 5. ed. São Paulo: Revista dos Tribunais, 2014.

NIEBUHR, Joel de Menezes. *Licitação Pública e Contrato Administrativo*. 2. ed. Belo Horizonte: Fórum, 2012.

NIETO, Alejandro. *Derecho Administrativo Sancionador*. 4. ed. Madrid: Tecnos, 2005.

OLIVEIRA, José Roberto Pimenta. *Os Princípios da Razoabilidade e de Proporcionalidade no Direito Administrativo Brasileiro*. São Paulo: Malheiros Editores, 2006.

PALMA, Juliana Bonacorsi de. *Sanção e acordo na Administração Pública*. São Paulo: Malheiros, 2015.

SUNDFELD, Carlos Ari. *Direito Administrativo Ordenador*. São Paulo: Malheiros Editores, 2003.

ZARDO, Francisco. *Infrações e Sanções em Licitações e Contratos Administrativos*: com as alterações da Lei Anticorrupção (Lei 12.846/2013). São Paulo: Revista dos Tribunais, 2014.

ZARDO, Francisco. Infrações e Sanções Administrativas na Lei 13.303/16 (arts. 82 a 84). In: DAL POZZO, Augusto Neves; MARTINS, Ricardo Marcondes. *Estatuto Jurídico das Empresas Estatais*. São Paulo: Contracorrente, 2018.

Informação bibliográfica deste texto, conforme a NBR 6023:2018 da Associação Brasileira de Normas Técnicas (ABNT):

ZARDO, Francisco. Responsabilidades e sanções administrativas na LGPD. In: PIRONTI, Rodrigo (Coord.). *Lei Geral de Proteção de Dados*: estudos sobre um novo cenário de Governança Corporativa. Belo Horizonte: Fórum, 2020. p. 105-120. ISBN 978-65-5518-043-5.

SISTEMA DE GESTÃO DE SEGURANÇA DA INFORMAÇÃO E *DATA SCIENCE*: COMO UTILIZAR NA IMPLANTAÇÃO DA LGPD

FELIPE GUIMARÃES

É certo que a conformidade com a LGPD depende de toda empresa. É preciso implementar uma cultura de privacidade e proteção de dados; e, para que isso aconteça, todos ou a maioria dos colaboradores da organização precisam estar alinhados. Eles precisam entender o que são dados e o valor que eles têm para a empresa. Assim, vão compreender também a motivação da lei e a necessidade de cumpri-la. Além disso, para que seja algo natural, essa cultura deve vir do mais alto escalão da empresa. De cima para baixo.

Os desafios que envolvem a propagação desse aspecto cultural costumam ser uma atribuição, principalmente, dos departamentos de RH, comunicação e *marketing*. São estas áreas que geralmente mais trabalham o aspecto da conscientização, para que os colaboradores estejam sempre engajados e alinhados com a cultura de privacidade e proteção de dados da empresa. Mas há outros aspectos que são tão importantes quanto a conscientização.

Como se trata de uma legislação minuciosa, a LGPD afeta toda a empresa. Isto quer dizer que diferentes áreas da organização acabam tendo diferentes papéis. Ou seja, cada setor contribui de uma maneira específica para que a lei seja cumprida. Agora estou falando de outros aspectos que vão além da conscientização, como, por exemplo, criação, implantação, execução e supervisão.

Por se tratar de uma lei, obviamente, o departamento jurídico é um dos principais envolvidos. O head da área ou o CLO (*Chief Legal Officer*) será um dos colaboradores mais acionados dentro da empresa, participando de muitos processos e fases. Porém não podemos esquecer que a LGPD demanda uma responsabilidade enorme também do departamento de TI. Inclusive, o head de TI ou o CIO (*Chief Information Officer*) é outro profissional que deve ser incluído em diferentes processos e fases que envolvem o cumprimento da lei.

Neste capítulo, vou abordar justamente essa outra vertical da empresa: a contribuição da TI. Sem a participação dessa área, a empresa dificilmente estará em conformidade com a LGPD.

O objetivo aqui é entender as responsabilidades e preocupações dessa área, mergulhando a fundo na gestão da segurança da informação e entendendo os seus modelos. Aliás, a questão da privacidade e da proteção de dados não é algo novo. É um dos princípios básicos da segurança da informação.

Falarei também sobre conceitos importantes, como, por exemplo, dado e informação, e avançarei sobre ferramentas e metodologias da ciência de dados (ou *Data Science*) que podem auxiliar empresas e gestores de TI a terem maior controle e visibilidade sobre dados e informações. Desta maneira, será mais fácil entender e, principalmente, atender aos requisitos exigidos pela LGPD.

Sistema de informação × tecnologia da informação

Para começarmos a entender a importância do time ou do gestor de TI na implantação e na aplicação da LGPD, vamos falar sobre os conceitos de "sistema de informação" e "tecnologia da informação". Muitas vezes eles são utilizados quase como sinônimos, quando, na verdade, devem ser pensados de maneira distinta. Só assim teremos uma ideia clara da profundidade do trabalho da TI.

Sistema de informação é um termo amplo usado para descrever o processo de coleta, transmissão e armazenamento de informações. Geralmente, ele envolve pessoas, máquinas e tecnologias.

Podemos dizer, por exemplo, que o envio de cartas é um sistema de informação. Ou seja, alguém escreve uma carta utilizando caneta e papel, depois a entrega a outra pessoa, no caso, o carteiro, que, então, encontra o destinatário.

Já o termo tecnologia da informação, de maneira geral, diz respeito a ferramentas que auxiliam na gestão de informações e dados. Ele envolve dispositivos, equipamentos e produtos que ajudam no trato de dados e informações, melhorando a produtividade, a segurança e a qualidade de processos e informações.

Em outras palavras, as empresas utilizam a tecnologia da informação para colocar ordem e ter controle sobre os sistemas de informação. Sendo assim, o *head* de TI é uma peça importante e essencial que auxilia no controle do fluxo de informações e dados da empresa. E quando falamos em leis de proteção de dados, como a LGPD, falamos justamente sobre isso, sobre o controle do fluxo de dados.

Então, é por isso que eu digo que o *head* de TI é indispensável para que as empresas estejam em conformidade com a lei. E dentro desses conceitos de sistema de informação e de tecnologia da informação há o princípio da segurança da informação, que é o tema do nosso próximo tópico e a matéria-prima da LGPD e de tantas outras regulamentações, como a GDPR na Europa e a CCPA na Califórnia.

Segurança da informação

A segurança da informação possui três pilares básicos, que também são conhecidos como propriedades ou tríade da segurança da informação. São eles: confidencialidade, integridade e disponibilidade.

Esta figura a seguir nos ajuda a entender melhor esse conceito.

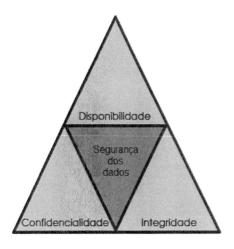

1 Disponibilidade

A disponibilidade é a propriedade de garantir que as informações relevantes estejam sempre disponíveis para o uso da empresa e de seus colaboradores. Na prática, ela envolve medidas e salvaguardas para catástrofes, desastres e períodos de *downtime* ou manutenção. Ou seja, a empresa precisa ter ferramentas e processos que garantam a continuidade do negócio em períodos de falência. Eu estou falando, basicamente, sobre medidas de redundância e resiliência.

2 Integridade

A integridade é a propriedade da segurança da informação que estabelece procedimentos e mecanismos para que dados e informações não sejam adulterados e forjados. Por exemplo, os bancos possuem diversas medidas que garantem que ninguém possa alterar o saldo de contas bancárias sem que seja por meio de uma transação autorizada e já estabelecida dentro de uma série de procedimentos e processos.

3 Confidencialidade

Por fim, a confidencialidade é a propriedade que tem relação com a privacidade de dados e informações. Certamente, essa é a característica da segurança da informação que mais tem conexão com a LGPD. Em síntese, a confidencialidade assegura que somente pessoas autorizadas tenham acesso a determinados tipos de dados. Exemplo: a sua empresa mantém dados de cartão de crédito de clientes. Quem são as pessoas de dentro ou de fora da sua organização que têm acesso a esses dados? Onde os dados estão armazenados? Como são manejados?

Os conceitos de dado e informação

Falamos um pouco sobre os pilares da segurança da informação. Mas o que é informação mesmo? O que é dado? É importante entender a diferença sutil entre dado e informação para ter uma compreensão mais ampla da LGPD e de outras regulamentações.

O dado, por si só, não tem significado. É algo isolado e descontextualizado. Mas, quando ele é processado pela tecnologia da informação e ganha contexto e significado, se torna informação. Então, podemos dizer que a informação é uma estrutura composta por uma relação entre dados que tem um significado específico.

Para facilitar, vamos pensar em um exemplo. Se eu apresentar a sequência 68133780 e não dizer mais nada, temos um dado. Você pode supor que este número seja uma senha. Mas então eu apresento outro dado: RG, e digo que aquela sequência de números tem relação com o RG.

Pronto, agora temos uma informação, ou seja, o cruzamento de diferentes dados que têm contexto e significado. A partir disso, se desejar, você pode identificar quem é a pessoa proprietária desse RG e descobrir inúmeras coisas sobre ela.

Vamos um pouco mais fundo. Além do dado e da informação, temos outro conceito essencial. É o de conhecimento. O conhecimento é a informação processada e transformada em experiência pelo indivíduo. Ou seja, o meu conhecimento me diz que 68133780 pode ser uma senha ou um RG, por exemplo.

A figura a seguir nos proporciona uma compreensão melhor do que estou dizendo.

Agora fica mais fácil de entender porque as leis de proteção de dados, não apenas a LGPD, versam sobre dados. Porque um dado pode sim se transformar em informação por meio do conhecimento de alguém.

Na prática, uma pessoa mal-intencionada pode usar uma fórmula matemática simples para descobrir que 68133780 é um RG, e não uma senha. Depois, utilizando a internet e outros mecanismos, como engenharia social, pode pesquisar e evoluir até o ponto de identificar e se passar pela pessoa que é a titular do registro.

Neste sentido, a LGPD é bem pontual. O art. 1º da lei diz: "Esta Lei dispõe sobre o tratamento de dados pessoais". Reforçando: dados pessoais. Mais à frente, no art. 5º, encontramos as definições de dado pessoal e de dado pessoal sensível.

I - dado pessoal: informação relacionada a pessoa natural identificada ou identificável; II - dado pessoal sensível: dado pessoal sobre origem racial ou étnica, convicção religiosa, opinião política, filiação a sindicato ou a organização de caráter religioso, filosófico ou político, dado referente à saúde ou à vida sexual, dado genético ou biométrico, quando vinculado a uma pessoa natural.

Ou seja, se a empresa lida com qualquer tipo de dado pessoal, precisa se adequar. E para se adequar, precisa ter uma ideia clara e objetiva dos tipos de dados que maneja, do fluxo que eles percorrem dentro da organização e, é claro, dos conceitos de segurança da informação.

Segurança e sigilo dos dados

Como todos nós já esperávamos, a LGPD é enfática em relação à necessidade e obrigação das empresas investirem em proteção e confidencialidade, ou privacidade dos dados. É no capítulo VII da lei, que versa sobre segurança e boas práticas, que encontramos mais detalhes sobre o assunto.

Diz o art. 46 que os "agentes de tratamento devem adotar medidas de segurança, técnicas e administrativas aptas a proteger os dados pessoais de acessos não autorizados e de situações acidentais ou ilícitas de destruição, perda, alteração, comunicação ou qualquer forma de tratamento inadequado ou ilícito".

O mesmo artigo, em um parágrafo seguinte, afirma que as medidas de segurança e proteção "deverão ser observadas desde a fase de concepção do produto ou do serviço até a sua execução".

A lei diz ainda, em outro trecho, que as empresas precisam criar um Relatório de Impacto à Proteção de Dados Pessoais, que pode ser solicitado pela agência nacional responsável pela aplicação da lei, no caso a ANPD (Autoridade Nacional de Proteção de Dados).

Traduzindo para algo prático, para começar, as empresas precisam criar uma política consistente de segurança da informação. Quando digo política de segurança da informação, estou falando sobre um documento descritivo que aborde o fluxo e o processamento dos dados, incluindo tecnologias, processos e medidas de segurança, de privacidade e de prevenção e resposta a incidentes.

Isto quer dizer, inclusive, que as empresas precisam investir em soluções, sistemas e plataformas seguras, que tenham em sua base conceitos como *privacy by design e security by design*.

Resumidamente, em engenharia de *software*, o *security by design* significa que, desde a elaboração, a solução é projetada para ser segura, minimizando vulnerabilidades. Já o *privacy by design* significa que a solução deve ter como premissa básica a privacidade ou a confidencialidade de dados e informações.

Além de adotar soluções seguras, as empresas devem também estar prontas para incidentes. A LGPD é bem clara em relação a incidentes de segurança e vazamentos de dados, determinando que, nestes casos, a autoridade nacional e os titulares dos dados sejam notificados com agilidade razoável.

Diante deste item, é muito importante que o Sistema de Gestão de Segurança da Informação corporativo tenha definido uma gestão de incidentes, com protocolo bem definido da criação do Relatório de Incidente (*Incident Report*) a ser enviado para a agência e os titulares.

Diz o art. 48 que no "juízo de gravidade do incidente, será avaliada eventual comprovação de que foram adotadas medidas técnicas adequadas que tornem os dados pessoais afetados ininteligíveis, no âmbito e nos limites técnicos de seus serviços, para terceiros não autorizados a acessá-los".

É por isso que a política de segurança da informação da empresa é tão importante, abrangendo até os procedimentos de gestão a incidentes.

Exploração, descoberta e mapeamento de dados

Como já comentei, a lei cita, de forma explícita, a necessidade das empresas adotarem uma política de segurança com foco em confidencialidade, privacidade e no absoluto controle dos processos que envolvem dados pessoais. A pergunta a ser feita agora então é: mas como ter visibilidade e controle?

A resposta pode estar nos conceitos de *data discovery*, *data mapping* e *data exploration*. Os três termos são oriundos da *Data Science*. Para explicá-los melhor, vou usar um exemplo criado por John Morrell, no artigo *Data Exploration vs. Data Discovery*.

No texto, Morrell usa a ideia de navegação para explicar os conceitos de *discovery* e *exploration*. Eu aproveitei a deixa e adicionei um terceiro exemplo para explicar o conceito de *mapping*.

Para explicar o conceito de *discovery*, ele diz que "Christopher Columbus estava em uma viagem de descoberta. Ele sabia exatamente qual pergunta ele queria responder – eu quero chegar às Índias Orientais – e sabia em que direção ou área olhar – navegando diretamente para o oeste. Porém, ele encontrou uma resposta diferente, descobrindo as Américas, mas a sua missão era de descoberta".

Já para explicar o conceito de *exploration*, ele diz: "O capitão James Cook partiu em uma missão diferente – explorar o Pacífico. Ele estava tentando explorar novas áreas para encontrar respostas para várias perguntas. Enquanto explorava, ele identificava áreas específicas que se mostravam promissoras. Em seguida, ele passaria para o modo de descoberta para responder a perguntas específicas relevantes para essa área".

Para explicar o conceito de *mapping*, eu acrescento: o famoso mapa Waldseemüller, desenhado pelo humanista alemão no século XVI, foi de fato um divisor de águas na história da humanidade, já que pela primeira vez o mundo foi dividido em quatro partes: América, Europa, Ásia e África, permitindo assim que os navegadores se localizassem de modo mais seguro e rápido.

Dentro de uma empresa são esses conceitos de *discovery* (descoberta), *exploration* (exploração) e *mapping* (mapeamento) que vão permitir maior visibilidade e controle sobre a informação, ou seja, sobre a maneira como dados são coletados, utilizados e armazenados. Se os exemplos de navegação não fizeram muito sentido, vamos partir para outro cenário.

Por exemplo, a minha empresa possui servidores do tipo *file servers*, que armazenam diversos arquivos de forma segura. Porém, muitos departamentos utilizam esses servidores para criar, armazenar e compartilhar documentos.

Do ponto de vista do time de segurança da empresa, não é possível prever de maneira simples quais dados os documentos possuem e uma análise nos processos não detectou de início a criação ou manipulação de um documento com dados pessoais. Mas uma missão de descoberta, ou de *data discovery*, vai ajudar a solucionar a questão.

Com as ferramentas e os mecanismos certos, é possível identificar documentos com dados pessoais salvos no servidor. É possível também descobrir quem é o proprietário do documento nos metadados do arquivo, e através dele entender o processo ou a necessidade. Dessa forma a missão de descoberta estava bem definida, sabendo aonde se queria chegar: descobrir dados pessoais, e sabendo exatamente para onde estava olhando: servidores de arquivos.

No caso do *data exploration*, com soluções e procedimentos corretos, como ferramentas de monitoramento de rede e DLP (*Data Loss Prevention*), é possível receber alertas sempre que dados pessoais forem detectados trafegando pelos sistemas da empresa.

Desta forma, diferentes áreas da organização são exploradas ou monitoradas com o objetivo de encontrar respostas para diferentes perguntas. Por exemplo: há dados pessoais trafegando pelos sistemas? Quais tipos de dados? Quais sistemas? Há vazamentos de dados? A partir dessas respostas, é possível iniciar um processo de descoberta, ou de *discovery*.

Por fim, há o *data mapping* ou mapeamento de dados. Imagine que a minha empresa já possui uma lista enorme de processos e procedimentos que envolvem dados pessoais, mas preciso mapeá-los, para ter maior visibilidade e controle, do ponto de origem ao ponto de destino. Ou seja, preciso saber como o dado entra na minha empresa, como é utilizado, como é armazenado e por quanto tempo.

Uma boa prática de mapeamento de dados é separar as partes envolvidas em ativos, fornecedores, prestadores de serviços e atividades de tratamento.

Um ativo, por exemplo, pode ser um *software* de CRM, que gerencia as vendas. Ao utilizar esse ativo, é necessário se perguntar: como ele funciona? Como é implantado? Quem gerencia? Quem tem acesso? Dentre outras questões.

O fornecedor é o fabricante do CRM. Neste caso, as perguntas seriam: qual é a política de segurança da informação e privacidade dele? São realizados testes de vulnerabilidade? Há criptografia? Já há conformidade com a LGPD?

No caso do prestador de serviços, poderia ser uma empresa terceirizada que trabalha com a geração de *leads* ou que presta serviços de suporte para o CRM. As questões seriam similares àquelas feitas ao fornecedor.

Há ainda as atividades de tratamento, que é basicamente uma lista, um passo a passo das atividades que envolvem o uso de dados pessoais e os ativos. Um vendedor cadastrar um possível cliente no CRM é uma atividade que precisa ser detalhada, apontando, por exemplo, quais dados foram coletados e em qual circunstância.

Por fim, é preciso que sejam criadas relações entre as partes. Ou seja, usando o nosso exemplo, o ativo CRM está relacionado ao fornecedor (que é o fabricante da ferramenta), ao prestador de serviço (que oferece suporte para a ferramenta), e à atividade de cadastramento do cliente.

Pronto, criamos um mapeamento básico de uma das frentes de atuação do departamento de vendas. É claro que ainda há muito a ser feito. Os processos não são tão simples assim. É preciso enriquecer o mapeamento com detalhes, incluindo até informações importantes, como a finalidade da coleta do dado, a base legal, o tempo que ele será armazenado, e as medidas e salvaguardas de segurança.

Conclusão

De fato, tanto a LGPD quanto a segurança da informação são assuntos complexos que exigiriam mais linhas, aprofundamento e discussão. Sem dúvidas, é necessário investir tempo e energia na adequação à lei. O processo de entender e mapear todo o ciclo da informação dentro de uma empresa é difícil, para não dizer confuso e cansativo. Mas, depois de realizado, também traz tranquilidade e confiança. A questão é que o mundo todo tem mudado em direção a leis e regulamentações mais rígidas de proteção de dados. E agora chegou a nossa vez.

Informação bibliográfica deste texto, conforme a NBR 6023:2018 da Associação Brasileira de Normas Técnicas (ABNT):

GUIMARÃES, Felipe. Sistema de Gestão de Segurança da Informação e *Data Science*: como utilizar na implantação da LGPD. *In*: PIRONTI, Rodrigo (Coord.). *Lei Geral de Proteção de Dados*: estudos sobre um novo cenário de Governança Corporativa. Belo Horizonte: Fórum, 2020. p. 121-130. ISBN 978-65-5518-043-5.

OS PRINCIPAIS DESAFIOS DAS EQUIPES DE TI PARA SE ADEQUAREM À LGPD

CHRISTIAN BACHMANN

1 Introdução

A Lei Geral de Proteção de Dados Pessoais (LGPD) trata de todas as operações realizadas com dados pessoais, como as que se referem à coleta, produção, recepção, classificação, utilização, acesso, reprodução, transmissão, distribuição, processamento, arquivamento, armazenamento, eliminação, avaliação ou controle da informação, modificação, comunicação, transferência, difusão ou extração de dados pessoais.

Dado pessoal é definido como toda informação relacionada à pessoa natural identificada ou identificável.

A lei tem como objetivo garantir a transparência e a proteção dos dados pessoais de pessoas físicas, como, por exemplo, os clientes, colaboradores e fornecedores das organizações.

> Art. 1º Esta Lei dispõe sobre o tratamento de dados pessoais, inclusive nos meios digitais, por pessoa natural ou por pessoa jurídica de direito público ou privado, com o objetivo de proteger os direitos fundamentais de liberdade e de privacidade e o livre desenvolvimento da personalidade da pessoa natural.

Uma pesquisa realizada em março de 2020 por uma consultoria externa, com a participação de 192 empresas ao longo de seis meses, mostra que 84% estão despreparadas quanto à adequação à LGPD e, dividindo por quesito, percebemos que poucas empresas, 13,5%, possuem mapeamento dos riscos de segurança da informação, proteção de dados e um plano para mitigar os riscos (ICTS PROTIVITI).

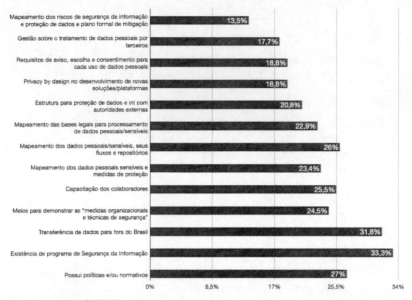

Fonte: (ICTS PROTIVITI)

Analisando essa pesquisa, percebemos as dificuldades de as empresas se adequarem à LGPD, quanto ao mapeamento e análise da segurança da informação.

2 Bases legais

Com base nos artigos 7º ao 10 da LGPD, que comentam os requisitos para o tratamento dos dados pessoais, podemos classificar os dados pessoais coletados e/ou tratados em 10 bases legais:

a) *Consentimento:* O titular do dado permite o uso de seus dados para uma ou mais finalidades que devem estar claras para o dono da informação. Lembrando que no artigo 5º temos a seguinte definição para consentimento: "manifestação livre, informada e inequívoca pela qual o titular concorda com o tratamento de seus dados pessoais para uma finalidade determinada" e a seguinte para titular: "pessoa natural a quem se referem os dados pessoais que são objeto de tratamento".

b) *Cumprimento de obrigação legal:* Para o cumprimento de obrigação legal ou regulatória; isso evita conflito com outras legislações vigentes no país.

c) *Execução de políticas públicas:* Tratamento de dados feito pela Administração Pública exclusivamente para fins de segurança pública, defesa nacional, segurança do Estado ou atividades de investigação ou de repressão às infrações penais.

d) *Estudos por órgão de pesquisa:* Para a realização de estudos por órgãos de pesquisa, garantida, sempre que possível, a anonimização dos dados pessoais. No artigo 5º temos a seguinte definição para anonimização: "utilização de meios técnicos razoáveis e disponíveis no momento do tratamento, por meio dos quais um dado perde a possibilidade de associação, direta ou indireta, a um indivíduo".

e) *Execução de contrato / diligências pré-contratuais:* Tratamento de dados para garantir a execução de um contrato ou de seus procedimentos preliminares. O titular dos dados não poderá revogar o seu fornecimento a qualquer momento, uma vez que a outra parte estará resguardada pela LGPD para poder manter os dados fornecidos pelo titular durante a vigência do contrato.

f) *Exercício regular de direitos:* Tratamento de dados pessoais para o exercício regular de direitos em processos judiciais, administrativos ou arbitrais.

g) *Proteção à vida:* Tratamento de dados feito com o intuito de proteger a vida ou a incolumidade física do titular dos dados ou de terceiros.

h) *Tutela da saúde:* Tratamento de dados para a tutela da saúde, desde que realizado por profissionais de saúde, serviços de saúde ou autoridades sanitárias.

i) *Interesses legítimos do controlador/terceiro:* Para atender aos interesses legítimos do controlador ou de terceiro, exceto no caso de prevalecerem direitos e liberdades fundamentais do titular que exijam a proteção dos dados pessoais. No artigo 5º temos a seguinte definição para controlador: "pessoa natural ou jurídica, de direito público ou privado, a quem competem as decisões referentes ao tratamento de dados pessoais".

j) *Proteção ao crédito:* Evitar que titulares de dados pessoais se utilizem de uma brecha legislativa para criar mecanismos para escapar de cobranças por dívidas contraídas.

3   Ciclo de vida dos dados pessoais

Para um bom processo de diagnóstico e implementação da LGPD, é recomendado que a empresa considere todo o ciclo de vida dos dados pessoais. Esta ferramenta faz com que a organização conheça todas as etapas, desde o início do processo até o seu final.

A empresa deverá criar um mecanismo para mapear todos os processos que envolvam dados digitais, classificando quem são os titulares, quais são os dados coletados, a ordem de grandeza dos titulares de dados, como recebem essas informações, pelo titular ou terceiro, qual a finalidade da coleta dessa informação, quais sistemas passam/tratam/armazenam os dados pessoais, quem tem acesso, como funciona a política de descarte, se é automatizada, manual ou se não possui.

3.1   Titular do dado

A primeira etapa do ciclo de vida é mapear quem são os titulares, os donos dos dados pessoais.

Nesta etapa ainda, deveremos adicionar algumas análises, tais como:

- *Finalidade:* Qual o objetivo para a coleta destes dados pessoais?
- *Qual a ordem de grandeza:* A ordem de grandeza dos dados coletados é um fator importante para analisar o risco que a empresa pode ter em cada processo. Caso haja um incidente de segurança, a empresa precisará fornecer à Agência Nacional de Proteção de Dados (ANPD) uma estimativa dos dados que sofreram algum incidente.

3.2   Coleta de dados

Deve ser mapeada a forma com que é realizada a coleta dos dados, que pode ser tanto digital como em formato físico.

Devemos também mapear quais os dados pessoais coletados, o que inclui fazer uma classificação desses dados respondendo a mais três questões:

- Este dado coletado é de fato necessário para a finalidade especificada?
- Este dado coletado pertence a uma criança ou adolescente? No artigo 14, que fala sobre o tratamento de dados de crianças e de adolescentes, temos:

§1º O tratamento de dados pessoais de crianças deverá ser realizado com o consentimento específico e em destaque dado por pelo menos um dos pais ou pelo responsável legal.

- Este dado coletado é um dado sensível? Lembrando que a LGPD, no artigo 5º, oferece a seguinte definição.

II - dado pessoal sensível: dado pessoal sobre origem racial ou étnica, convicção religiosa, opinião política, filiação a sindicato ou a organização de caráter religioso, filosófico ou político, dado referente à saúde ou à vida sexual, dado genético ou biométrico, quando vinculado a uma pessoa natural;

O artigo 38 informa que, a qualquer momento, a ANPD poderá solicitar a descrição dos dados coletados.

Art. 38. A autoridade nacional poderá determinar ao controlador que elabore relatório de impacto à proteção de dados pessoais, inclusive de dados sensíveis, referente a suas operações de tratamento de dados, nos termos de regulamento, observados os segredos comercial e industrial. Parágrafo único. Observado o disposto no *caput* deste artigo, o relatório deverá conter, no mínimo, a descrição dos tipos de dados coletados, a metodologia utilizada para a coleta e para a garantia da segurança das informações e a análise do controlador com relação às medidas, salvaguardas e mecanismos de mitigação de risco adotados.

É importante também identificar nesta etapa a segurança da informação referente à coleta dos dados. Se for em papel, estes dados são entregues onde? Possui um envelope/lacre que dificulte o acesso aos dados por pessoas não autorizadas? Se for via um formulário de Internet, será que o tráfego de dados é criptografado? Ou a informação percorre a rede em forma de texto? Qual a política de senhas? É possível usar uma senha simples que pode ser facilmente quebrada por um usuário mal intencionado?

3.3 Processamento/armazenamento

Em que sistemas são processados e/ou armazenados os dados pessoais? De que forma é processada a informação?

A empresa deve mapear todos os sistemas que são usados para inserir os dados pessoais e também registrar em quais servidores são guardadas essas informações. Por exemplo, a informação pode ser coletada através de um sistema ERP, porém este programa é uma interface que guarda os dados no servidor de banco de dados, ou seja, a informação poderia ser acessada tanto pelo sistema como pelo programador do banco de dados.

Nesta etapa é importante mapear as pessoas, empresas e cargos envolvidos, não só no tratamento dos dados de forma direta como os de forma indireta, como os programadores e desenvolvedores de TI, tanto do sistema ERP como do banco de dados.

3.4 Descarte

Mapear como e quando é realizado o descarte dos dados após o processo de tratamento realizado; informar se existe algum sistema de descarte automático ou manual e um fluxograma de trabalho para atender aos direitos dos usuários quanto à eliminação dos dados.

O descarte trata de dados físicos e lógicos, então temos que ter em mente que os HDs/SSDs dos *notebooks*, ao serem eliminados ou doados, precisam ter os devidos cuidados para triturar, e não apenas apagar, os dados, antes de serem descartados.

4 Mapeamento dos ativos de TI

Durante o ciclo de vida dos dados pessoais percebemos que devemos mapear também os ativos de TI (programas, aplicações e servidores), para podermos entender o funcionamento do ciclo, bem como ajudar a identificar os riscos associados existentes.

Algumas informações sobre o mapeamento destes riscos se fazem necessárias, outras são recomendadas para que a empresa tenha a informação de forma fácil caso seja questionada futuramente pela ANPD.

- *Nome do ativo:* Qual o nome do sistema.
- *Tipo de dados:* Se tem dado pessoal, dado de criança, adolescente ou sensível.
- *Localização física:* Em que país fica localizado o servidor que trata ou armazena os dados pessoais? O artigo 33 da LGPD cita algumas análises adicionais que devem ser feitas caso haja transferência internacional de dados, como segue.

  Art. 33. A transferência internacional de dados pessoais somente é permitida nos seguintes casos:
  I - para países ou organismos internacionais que proporcionem grau de proteção de dados pessoais adequado ao previsto nesta Lei;

II - quando o controlador oferecer e comprovar garantias de cumprimento dos princípios, dos direitos do titular e do regime de proteção de dados previstos nesta Lei, na forma de:
a) cláusulas contratuais específicas para determinada transferência;
b) cláusulas-padrão contratuais;
c) normas corporativas globais;
d) selos, certificados e códigos de conduta regularmente emitidos;

- *Responsabilidade:* Quem é responsável pelo controle do sistema? Ele é interno ou de terceiros? Caso seja um terceiro, este deve ser avaliado a fim de garantir que também está adequado à LGPD, inclusive mostrando de forma satisfatória que a sua segurança da informação e seu gerenciamento de riscos estão mapeados e obedecendo aos planos de ações para mitigar as possíveis fragilidades.
- *Autenticação:* Como é realizada a autenticação? A autenticação é no próprio sistema? Há um sistema de gerenciamento de senhas, como, por exemplo, um servidor de domínio?
- *Tráfego de dados:* Como é realizado o tráfego de dados para acesso ao sistema? Ele é criptografado, usa protocolo HTTPs, por exemplo, ou o tráfego ocorre em modo texto?
- *Responsável:* Quem é responsável pelo sistema? Quem tem as informações sobre os dados coletados, como são realizados o tratamento e a finalidade do processo?
- *Quantidade:* Ordem de grandeza da quantidade de dados pessoais utilizada no sistema.
- *Observação/descrição:* Informações adicionais para novas análises e descrição sobre o que é e para que serve o sistema, a fim de facilitar o controle do ativo pelo encarregado, definido no artigo 5º como:

VIII - encarregado: pessoa indicada pelo controlador e operador para atuar como canal de comunicação entre o controlador, os titulares dos dados e a Autoridade Nacional de Proteção de Dados (ANPD);

5 Análise de riscos de TI

Tendo mapeado os ativos de TI, deve ser realizada uma análise nestes ativos quanto a sua segurança da informação. Note que a segurança da informação não é apenas segurança lógica, mas se refere à segurança completa dos dados, seja contra ataques lógicos, como físicos, ou em pessoas.

Uma metodologia de segurança da informação reconhecida, e que pode ser usada para usar como base na avaliação do risco de TI, é a ISO 27.001, que aborda todas as questões mencionadas.

Ao analisar um servidor físico interno, é importante mapear os possíveis riscos contra erros humanos, desastres naturais, erro de sistema/fornecedor, etc. Também devem ser analisadas possíveis vulnerabilidades dos sistemas, sejam do sistema operacional, do servidor ou da aplicação.

Devem ser consideradas algumas análises adicionais, como:

- *Validar as políticas de senha nestes sistemas:* A política de senhas deve ser robusta, exigindo caracteres minúsculos, maiúsculos, dígitos e caracteres especiais. Deve ainda ter um tempo de vida compatível com o tamanho da complexidade e, inclusive, tempo de vida mínimo e registro do histórico de senhas.

- *Implementar soluções de criptografia, tanto do tráfego de dados quanto de armazenamento:* Utilizar um protocolo de criptografia para o tráfego de dados, como o HTTPS, e quando possível utilizar criptografia também no armazenamento, com o uso de um banco de dados criptografado, por exemplo.

- *Realizar testes periódicos de vulnerabilidade e de intrusão:* Uma maneira de identificar as possíveis fragilidades dos sistemas é o trabalho de análise de vulnerabilidades, que analisa as CVEs (*Common Vulnerabilities and Exposures* – Vulnerabilidades e Exposições Comuns), que é um repositório compartilhado de falhas de segurança conhecidas, e que é atualizado constantemente, e a realização de testes de invasão.

Mapeados os riscos, devemos classificá-los por categorias, identificar as causas e gerar um plano de ação para mitigá-los.

Com as informações dos riscos e do ciclo de vida dos dados pessoais, podemos então avaliar qual a probabilidade e o impacto de o risco ocorrer e, assim, quantificar o risco inerente.

Como análise geral da empresa, devemos ver se os sistemas de segurança e auditoria estão configurados corretamente e se estão sendo monitorados e testados, incluindo:

- Sistemas de detecção/proteção de intrusão;
- Sistema de DLP (*data loss prevention* – prevenção de perda de dados);
- Análise de registros de rastreabilidade/auditoria dos dados.

Art. 6º As atividades de tratamento de dados pessoais deverão observar a boa-fé e os seguintes princípios:
VII - segurança: utilização de medidas técnicas e administrativas aptas a proteger os dados pessoais de acessos não autorizados e de situações acidentais ou ilícitas de destruição, perda, alteração, comunicação ou difusão;

Outro mapeamento importante é o do risco de fornecedores. Para isso deve-se adotar um questionário de fornecedor com questões relativas à segurança do sistema e da empresa, focado na LGPD, não se esquecendo de pedir evidências das respostas apontadas, como, por exemplo: A política de senha atende aos requisitos de segurança? Se sim, anexar o *print* da política de senha do sistema mostrando a configuração.

Caso a empresa esteja em outro país, que não possui regras/leis claras sobre o tratamento de dados, a empresa deve exigir um cuidado maior, inclusive em seu contrato, como cobra o artigo 33 da lei.

6 Privacy by design

Novos sistemas também devem ser criados já pensando no tratamento dos dados desde a sua concepção, o que é conhecido como *Privace by Design*. Os principais pontos a serem avaliados são:

- A segurança do dado pessoal, fazendo com que a configuração padrão já tenha como foco a sua privacidade.

> Art. 46. Os agentes de tratamento devem adotar medidas de segurança, técnicas e administrativas aptas a proteger os dados pessoais de acessos não autorizados e de situações acidentais ou ilícitas de destruição, perda, alteração, comunicação ou qualquer forma de tratamento inadequado ou ilícito.
> §1º A autoridade nacional poderá dispor sobre padrões técnicos mínimos para tornar aplicável o disposto no *caput* deste artigo, considerados a natureza das informações tratadas, as características específicas do tratamento e o estado atual da tecnologia, especialmente no caso de dados pessoais sensíveis, assim como os princípios previstos no *caput* do art. 6º desta Lei.
> §2º As medidas de que trata o *caput* deste artigo deverão ser observadas desde a fase de concepção do produto ou do serviço até a sua execução.
> Art. 49. Os sistemas utilizados para o tratamento de dados pessoais devem ser estruturados de forma a atender aos requisitos de segurança, aos padrões de boas práticas e de governança e aos princípios gerais previstos nesta Lei e às demais normas regulamentares.

- A necessidade de demonstrar ao titular do dado a finalidade para a qual suas informações foram coletadas. E, naturalmente, é necessário um sistema de auditoria.

Art. 40. A autoridade nacional poderá dispor sobre padrões de interoperabilidade para fins de portabilidade, livre acesso aos dados e segurança, assim como sobre o tempo de guarda dos registros, tendo em vista especialmente a necessidade e a transparência.

7 Consentimento

Para utilizar a base legal de consentimento, este termo precisa apresentar de forma clara a sua finalidade, duração, identificação do controlador e os direitos dos titulares (artigo 9º).

Quando a base legal é dada pelo consentimento e foi adquirida para uma finalidade, ela só poderá ser alterada após novo consentimento do titular.

Como com o passar do tempo a empresa costuma criar novas versões/atualizações de seus termos de consentimento, é importante ela gerar uma forma de documentar e mostrar a versão do termo de consentimento que o usuário concedeu. Afinal, caberá a empresa mostrar à Agência Nacional de Proteção de Dados (ANPD) a evidência de que o titular do dado deu, de maneira livre, o consentimento para o tratamento de dados para o tratamento específico.

Art. 8º O consentimento previsto no inciso I do art. 7º desta Lei deverá ser fornecido por escrito ou por outro meio que demonstre a manifestação de vontade do titular.
§1º Caso o consentimento seja fornecido por escrito, esse deverá constar de cláusula destacada das demais cláusulas contratuais.
§2º Cabe ao controlador o ônus da prova de que o consentimento foi obtido em conformidade com o disposto nesta Lei.
§3º É vedado o tratamento de dados pessoais mediante vício de consentimento.
§4º O consentimento deverá referir-se a finalidades determinadas, e as autorizações genéricas para o tratamento de dados pessoais serão nulas.

A empresa deverá ainda criar um canal facilitado para que o usuário possa rescindir o termo de consentimento a qualquer momento, o que pode ser realizado através de um sistema junto ao *site* institucional, criando uma maneira simples de conferência do titular do dado.

§5º O consentimento pode ser revogado a qualquer momento mediante manifestação expressa do titular, por procedimento gratuito e facilitado, ratificados os tratamentos realizados sob amparo do consentimento anteriormente manifestado enquanto não houver requerimento de eliminação, nos termos do inciso VI do *caput* do art. 18 desta Lei.

§6º Em caso de alteração de informação referida nos incisos I, II, III ou V do art. 9º desta Lei, o controlador deverá informar ao titular, com destaque de forma específica do teor das alterações, podendo o titular, nos casos em que o seu consentimento é exigido, revogá-lo caso discorde da alteração.

O consentimento é muito utilizado pelas empresas para fazer *e-mail marketing*, porém vemos, principalmente em *sites* de *e-commerce*, o uso de *cookies* para coleta e tratamento de informações pessoais dos usuários.

Os *cookies* são arquivos de textos armazenados pelos navegadores e associados a uma solicitação HTTP. Um *cookie* consiste em um ou mais pares nome-valor contendo bits de informações e é definido por um servidor da *web*. Existem dois tipos de *cookies*: sessão e persistentes. Os de sessão são *cookies* temporários que geralmente são usados para armazenar as preferências do usuário. Eles são definidos por um serviço quando um usuário efetua *login* e são apagados quando o usuário efetua *logout*. *Cookies* persistentes são frequentemente usados como *tokens* de autenticação para manter uma sessão autenticada com um servidor. Esses arquivos permanecem no navegador do usuário até serem excluídos explicitamente ou expirarem. Eles são devolvidos inalterados pelo navegador toda vez que acessam o *site* e, portanto, podem ser usados por *sites* para rastrear os usuários nas visitas. Os *cookies* persistentes levantam sérias preocupações de privacidade (CASTELLUCCIA, 2012).

Com essa preocupação com a privacidade do usuário, faz-se necessário o uso de consentimento de *cookie*. Para isso é necessário fazer uma análise no *site* da empresa e avaliar quais *cookies* são utilizados, não só na página principal como nas secundárias. Um fator que dificulta a análise do *site* secundário é quando a página *web* é acessada apenas com um *login*/senha, como a página de um cliente na hora de analisar um pedido realizado. O trabalho de *scan* deverá analisar inclusive essas páginas, classificando então os *cookies* de acordo com a sua utilização.

Cookies estritamente necessários, como aqueles de sessão, que fazem com que o usuário consiga navegar e fazer suas compras, por exemplo, são *cookies* que o usuário nem deverá ter opção de remover, porém aqueles focados numa melhor experiência, como verificar quais os tipos de produtos que o usuário visita, ou de terceiros, devem estar como opcional, podendo o titular do dado consentir ou não no seu uso.

8 Direito dos usuários

Conforme descrito no artigo 18 temos:

Art. 18. O titular dos dados pessoais tem direito a obter do controlador, em relação aos dados do titular por ele tratados, a qualquer momento e mediante requisição:
I - confirmação da existência de tratamento;
II - acesso aos dados;
III - correção de dados incompletos, inexatos ou desatualizados;
IV - anonimização, bloqueio ou eliminação de dados desnecessários, excessivos ou tratados em desconformidade com o disposto nesta Lei;
V - portabilidade dos dados a outro fornecedor de serviço ou produto, mediante requisição expressa, de acordo com a regulamentação da autoridade nacional, observados os segredos comercial e industrial;
VI - eliminação dos dados pessoais tratados com o consentimento do titular, exceto nas hipóteses previstas no art. 16 desta Lei;
VII - informação das entidades públicas e privadas com as quais o controlador realizou uso compartilhado de dados;
VIII - informação sobre a possibilidade de não fornecer consentimento e sobre as consequências da negativa;
IX - revogação do consentimento, nos termos do §5º do art. 8º desta Lei.

Os sistemas da informação da empresa devem estar de acordo com estas regras, mantendo o uso do dado pessoal apenas para seu propósito e com o tempo de vida específico. Sempre que possível, os dados devem ser anonimizados (retirar do tratamento qualquer informação que identifique ou possa identificar uma pessoa específica).

Com o gerenciamento dos direitos dos titulares dos dados é possível criar um formulário no *site* da empresa fornecendo as opções como, por exemplo:

- Titular do dado:
- Funcionário/colaborador/estagiário.
- Candidato a vaga de emprego.
- Fornecedor/terceiro.
- Cliente.
- Solicitação do direito:
- Atualização dos dados.
- Solicitação de informações.
- Eliminação de dados.
- Revisão de decisão automatizada.
- Portabilidade dos dados, restringir tratamento.

- Permitir/retirar consentimento.
- Algum campo de identificação do usuário como:
- E-mail.
- CPF.
- Autenticação no sistema da empresa.
- Forma de fornecimento da informação (art. 19, §2º):
- Por meio eletrônico.
- Por meio impresso.
- Detalhes do pedido, no qual o usuário deverá informar detalhes sobre o desejado.

Esta solicitação deverá ser cumprida no prazo de 15 dias; sendo assim, a empresa deverá criar um fluxo de trabalho para agilizar as atividades a fim de conseguir, em um curto período de tempo, atender aos pedidos do titular.

> Art. 19. A confirmação de existência ou o acesso a dados pessoais serão providenciados, mediante requisição do titular:
> I - em formato simplificado, imediatamente; ou
> II - por meio de declaração clara e completa, que indique a origem dos dados, a inexistência de registro, os critérios utilizados e a finalidade do tratamento, observados os segredos comercial e industrial, fornecida no prazo de até 15 (quinze) dias, contado da data do requerimento do titular.

Quanto à eliminação dos dados, os agentes de tratamento (controlador e operador) deverão atender à solicitação do usuário a menos que a comunicação seja comprovadamente impossível ou implique esforço desproporcional.

> Art. 18: §6º O responsável deverá informar, de maneira imediata, aos agentes de tratamento com os quais tenha realizado uso compartilhado de dados a correção, a eliminação, a anonimização ou o bloqueio dos dados, para que repitam idêntico procedimento, exceto nos casos em que esta comunicação seja comprovadamente impossível ou implique esforço desproporcional.

9 Incidente de segurança

Outro ponto a ser levado em conta são os incidentes de segurança. Para isso a empresa deverá estabelecer regras bem definidas para que o encarregado (DPO) tenha as diretrizes para a comunicação de eventuais incidentes de segurança que possam ocorrer, como um formulário para envio do incidente à agência reguladora contendo os itens que a lei solicita e, principalmente, para que a empresa já possa realizar medidas para reverter ou mitigar os danos ocorridos. Assim a empresa já mostrará boa-fé junto à agência, mostrando que as ações necessárias já foram tomadas, e evitará punição mais drástica, conforme podemos ver nos parágrafos 2º e 3º do artigo 48.

Art. 48. O controlador deverá comunicar à autoridade nacional e ao titular a ocorrência de incidente de segurança que possa acarretar risco ou dano relevante aos titulares.

§1º A comunicação será feita em prazo razoável, conforme definido pela autoridade nacional, e deverá mencionar, no mínimo:
I - a descrição da natureza dos dados pessoais afetados;
II - as informações sobre os titulares envolvidos;
III - a indicação das medidas técnicas e de segurança utilizadas para a proteção dos dados, observados os segredos comercial e industrial;
IV - os riscos relacionados ao incidente;
V - os motivos da demora, no caso de a comunicação não ter sido imediata; e
VI - as medidas que foram ou que serão adotadas para reverter ou mitigar os efeitos do prejuízo.

§2º A autoridade nacional verificará a gravidade do incidente e poderá, caso necessário para a salvaguarda dos direitos dos titulares, determinar ao controlador a adoção de providências, tais como:
I - ampla divulgação do fato em meios de comunicação; e
II - medidas para reverter ou mitigar os efeitos do incidente.

§3º No juízo de gravidade do incidente, será avaliada eventual comprovação de que foram adotadas medidas técnicas adequadas que tornem os dados pessoais afetados ininteligíveis, no âmbito e nos limites técnicos de seus serviços, para terceiros não autorizados a acessá-los.

Uma boa prática para a empresa seria a criação de um fluxo de trabalho para casos de incidentes de segurança, como um portal no qual alguém pode informar o incidente e a empresa poder anexar os documentos de comprovação, as ações tomadas para mitigar os riscos e o formulário para o envio das informações para a ANPD.

Para clarear a ideia do fluxo, usaremos como exemplo um furto de celular empresarial. O usuário, ao sofrer este incidente, deve acionar a empresa sobre o fato. A organização então já tomará a medida de mitigação, como o uso do sistema de triturar dados do celular quando este se conectar à Internet. Depois de realizado o Boletim de Ocorrência, poderá anexá-lo ao sistema. A empresa também deverá identificar os tipos de titulares e a ordem de grandeza da quantidade e os tipos de dados pessoais dos titulares que estavam contidos no celular e, preenchendo as informações, poderá encaminhar os dados à ANPD, mostrando que conhece o ambiente (quais e quantos dados pessoais continha), identificando as medidas prévias de segurança (uso de senha para acessar o celular, atualização do sistema, etc.) e as medidas para mitigar os danos (sistema de formatação do aparelho e boletim de ocorrência).

10 Exceção

Quanto à coleta e tratamento de dados para uso em investigação interna à empresa, muito comum na área de *compliance* e nas análises dos relatos do canal de denúncia, no artigo 4º, item 3d, está assim escrito:

> Art. 4º Esta Lei não se aplica ao tratamento de dados pessoais:
> III - realizado para fins exclusivos de:
> d) atividades de investigação e repressão de infrações penais;

Ou seja, é possível a empresa realizar suas atividades de investigação de relatos utilizando os dados pessoais para assegurar a sua segurança contra fraudes, vazamentos e outros.

Referências

BRASIL. Lei nº 13.709, de 14 de agosto de 2018. Lei Geral de Proteção de Dados Pessoais (LGPD). Disponível em: http://www.planalto.gov.br/ccivil_03/_ato2015-2018/2018/lei/L13709.htm. Acesso em: 25 maio 2020.

CASTELLUCCIA, Claude. Behavioural Tracking on the Internet: A Technical Perspective. ISBN: 978-94-007-29025. Disponível em: https://www.springer.com/cda/content/document/cda_downloaddocument/9789400729025-c1.pdf?SGWID=0-0-45-1302338-p174266596.

ICTS PROTIVITI. Resultado da Avaliação de Adequação à LGPD, Março de 2020. Disponível em: https://www.protiviti.com/sites/default/files/brazil/solutionsindustries/infografico_-_resultados_da_avaliacao_de_adequacao_a_lgpd_-_marco_2020.pdf. Acesso em: 26 maio 2020.

Informação bibliográfica deste texto, conforme a NBR 6023:2018 da Associação Brasileira de Normas Técnicas (ABNT):

BACHMANN, Christian. Os principais desafios das equipes de TI para se adequarem à LGPD. In: PIRONTI, Rodrigo (Coord.). *Lei Geral de Proteção de Dados*: estudos sobre um novo cenário de Governança Corporativa. Belo Horizonte: Fórum, 2020. p. 131-145. ISBN 978-65-5518-043-5.

PRIVACY BY DESIGN E PRIVACY BY DEFAULT

SANDRO TOMAZELE DE OLIVEIRA LIMA

A GDPR (*General Data Protection Regulation*) – equivalente europeia à nossa LGPD (Lei Geral de Proteção de Dados Pessoais) – discorre em seu artigo 25 sobre *Privacy by design* e *Privacy by default* (privacidade por projeto e privacidade por padrão). Simplificando, pode-se entender estes conceitos como sendo a privacidade observada ao longo do processo de engenharia de um aplicativo, de uma página na internet ou de documentos físicos, por exemplo.

O modelo de *Privacy by Design* foi criado pela Dra. Ann Cavoukian – ex-comissária de informação e privacidade da província canadense de Ontário. Este modelo busca incorporar a privacidade de forma proativa às especificações de projeto das tecnologias da informação, infraestrutura de rede e práticas de negócios, visando à proteção mais forte possível. Assim, nenhum projeto de produto ou serviço pode ser desenvolvido sem que a proteção da privacidade seja observada.

A ideia de *Privacy by design* pode ser mais bem compreendida observando-se os sete pilares que a compõem. Tais pilares fazem parte do modelo desenvolvido pela Dra. Ann Cavoukian e são analisados a seguir.

1 Proativo não reativo; preventiva não corretiva: busca antecipar problemas relacionados à privacidade e entregar soluções que impeçam que eles ocorram. O foco da *Privacy by design* não é após a ocorrência de eventos que violem a privacidade, por isto deverá ser realizada a prevenção destes incidentes pelo adequado gerenciamento dos riscos à violação de privacidade, com a respectiva entrega de novas funcionalidades que mitiguem tais riscos. A agilidade nas evoluções tecnológicas não pode impactar negativamente na entrega de novas funcionalidades.

2 *Privacidade como configuração padrão (Privacy by default)*: as configurações da solução entregue relacionadas à privacidade devem prever a proteção e a segurança de dados pessoais como regra geral, devendo qualquer processamento ser tratado como exceção e condicionado à autorização expressa do titular dos dados.

3 *Privacidade incorporada ao design*: as configurações de privacidade devem fazer parte do *design* e da arquitetura dos sistemas de tecnologia da informação e práticas de negócios, permitindo ao usuário o controle para alterar as configurações padrão e escolher fornecer ou não seus dados pessoais, sem prejuízo à utilização do produto ou serviço. Outro ganho desta ideia é minimizar os esforços e o uso de recursos direcionados ao cumprimento futuro das regras de proteção, tendo em vista que já estão embarcadas ferramentas de privacidade no aplicativo desde o *design*.

4 *Funcionalidade total – soma positiva, não soma zero*: o produto ou serviço deve ser completamente utilizável, independendo das configurações de privacidade realizadas pelo usuário. Não deverá disponibilizar funcionalidade adicional ou vantagem decorrente de alteração por parte do usuário das configurações de privacidade. O uso de dados pessoais deve estar em conformidade com os objetivos da organização que disponibiliza o produto ou serviço, sendo que tais objetivos devem ser legítimos.

5 *Segurança de ponta a ponta – proteção total do ciclo de vida*: diz respeito à proteção total de todo o ciclo de vida do dado, desde sua captura até sua eliminação ou compartilhamento. Durante todo o ciclo, os agentes de tratamento são responsáveis pela proteção dos dados pessoais.

6 *Visibilidade e transparência – manter aberto*: as organizações devem permitir a visão clara de como o produto ou serviço trata dados pessoais. Isso deve ocorrer em todas as fases do processo de tratamento de dados pessoais, desde o início da relação, quando o usuário visualiza os termos e condições de uso e de privacidade.

7 *Respeito pela privacidade do usuário – manter centrado no usuário*: a privacidade do usuário deve ser a regra fundamental no *design* e no uso das soluções e produtos ofertados. As diretrizes de segurança da informação da organização devem garantir a segurança dos dados do usuário, assegurando a confidencialidade, integridade e disponibilidade dos dados e informações durante todo seu ciclo de vida. As medidas

para prevenir, garantir e comunicar ao titular todas as possibilidades e riscos no tratamento devem estar claras.

Por outro lado, a *Privacy by default* é um princípio que deriva diretamente da *Privacy by design*. Seu objetivo é garantir que apenas os dados estritamente necessários para cada finalidade específica do processamento sejam tratados por padrão. Para isso, o produto ou serviço deve ter as configurações de privacidade definidas no modo mais restrito possível, sendo que o usuário só permitirá o acesso à coleta de dados pessoais caso julgue necessário.

Embora estes dois conceitos estejam explicitamente caracterizados na GDPR, no Brasil a LGPD não os adota de forma expressa. Prescreve, contudo, requisitos legais similares a serem observados pelas organizações para a efetiva proteção dos dados pessoais.

Entre os requisitos da LGPD que visam garantias assemelhadas às dos conceitos de *Privacy by design* e *Privacy by default* da GDPR, destacam-se aqueles relacionados à governança de dados, à segurança da informação, à transparência e às medidas de proteção a serem adotadas. A seguir, os principais termos da lei brasileira de proteção de dados relacionados a alguns dos pilares da privacidade.

Requisitos da LGPD relacionados ao pilar "privacidade incorporada ao *design*":

CAPÍTULO II
DO TRATAMENTO DE DADOS PESSOAIS
Art. 12. Os dados anonimizados não serão considerados dados pessoais para os fins desta Lei, salvo quando o processo de anonimização ao qual foram submetidos for revertido, utilizando exclusivamente meios próprios, ou quando, com esforços razoáveis, puder ser revertido.
[...]
Requisitos da LGPD relacionados ao pilar "segurança de ponta a ponta – proteção total do ciclo de vida":
CAPÍTULO II
DO TRATAMENTO DE DADOS PESSOAIS
Art. 15. O término do tratamento de dados pessoais ocorrerá nas seguintes hipóteses:
I - verificação de que a finalidade foi alcançada ou de que os dados deixaram de ser necessários ou pertinentes ao alcance da finalidade específica almejada;
II - fim do período de tratamento;
III - comunicação do titular, inclusive no exercício de seu direito de revogação do consentimento conforme disposto no §5º do art. 8º desta Lei, resguardado o interesse público; ou

IV - determinação da autoridade nacional, quando houver violação ao disposto nesta Lei.

Art. 16. Os dados pessoais serão eliminados após o término de seu tratamento, no âmbito e nos limites técnicos das atividades, autorizada a conservação para as seguintes finalidades:

I - cumprimento de obrigação legal ou regulatória pelo controlador;

II - estudo por órgão de pesquisa, garantida, sempre que possível, a anonimização dos dados pessoais;

III - transferência a terceiro, desde que respeitados os requisitos de tratamento de dados dispostos nesta Lei; ou

IV - uso exclusivo do controlador, vedado seu acesso por terceiro, e desde que anonimizados os dados.

CAPÍTULO VI
DOS AGENTES DE TRATAMENTO DE DADOS PESSOAIS

Art. 44. O tratamento de dados pessoais será irregular quando deixar de observar a legislação ou quando não fornecer a segurança que o titular dele pode esperar, consideradas as circunstâncias relevantes, entre as quais:

I - o modo pelo qual é realizado;

II - o resultado e os riscos que razoavelmente dele se esperam;

III - as técnicas de tratamento de dados pessoais disponíveis à época em que foi realizado.

Parágrafo único. Responde pelos danos decorrentes da violação da segurança dos dados o controlador ou o operador que, ao deixar de adotar as medidas de segurança previstas no art. 46 desta Lei, der causa ao dano.

[...]

CAPÍTULO VII
DA SEGURANÇA E DAS BOAS PRÁTICAS

Art. 46. Os agentes de tratamento devem adotar medidas de segurança, técnicas e administrativas aptas a proteger os dados pessoais de acessos não autorizados e de situações acidentais ou ilícitas de destruição, perda, alteração, comunicação ou qualquer forma de tratamento inadequado ou ilícito.

[...]

§2º As medidas de que trata o caput deste artigo deverão ser observadas desde a fase de concepção do produto ou do serviço até a sua execução.

Art. 47. Os agentes de tratamento ou qualquer outra pessoa que intervenha em uma das fases do tratamento obriga-se a garantir a segurança da informação prevista nesta Lei em relação aos dados pessoais, mesmo após o seu término.

Art. 48. O controlador deverá comunicar à autoridade nacional e ao titular a ocorrência de incidente de segurança que possa acarretar risco ou dano relevante aos titulares.

[...]
Art. 49. Os sistemas utilizados para o tratamento de dados pessoais devem ser estruturados de forma a atender aos requisitos de segurança, aos padrões de boas práticas e de governança e aos princípios gerais previstos nesta Lei e às demais normas regulamentares.
Art. 50. Os controladores e operadores, no âmbito de suas competências, pelo tratamento de dados pessoais, individualmente ou por meio de associações, poderão formular regras de boas práticas e de governança que estabeleçam as condições de organização, o regime de funcionamento, os procedimentos, incluindo reclamações e petições de titulares, as normas de segurança, os padrões técnicos, as obrigações específicas para os diversos envolvidos no tratamento, as ações educativas, os mecanismos internos de supervisão e de mitigação de riscos e outros aspectos relacionados ao tratamento de dados pessoais.
§1º Ao estabelecer regras de boas práticas, o controlador e o operador levarão em consideração, em relação ao tratamento e aos dados, a natureza, o escopo, a finalidade e a probabilidade e a gravidade dos riscos e dos benefícios decorrentes de tratamento de dados do titular.
§2º Na aplicação dos princípios indicados nos incisos VII e VIII do caput do art. 6º desta Lei, o controlador, observados a estrutura, a escala e o volume de suas operações, bem como a sensibilidade dos dados tratados e a probabilidade e a gravidade dos danos para os titulares dos dados, poderá:
I - implementar programa de governança em privacidade [...]

Requisitos da LGPD relacionados ao pilar "visibilidade e transparência – manter aberto":

CAPÍTULO II
DO TRATAMENTO DE DADOS PESSOAIS
Art. 7º O tratamento de dados pessoais somente poderá ser realizado nas seguintes hipóteses:
[...]
II - para o cumprimento de obrigação legal ou regulatória pelo controlador;
[...]
IX - quando necessário para atender aos interesses legítimos do controlador ou de terceiro, exceto no caso de prevalecerem direitos e liberdades fundamentais do titular que exijam a proteção dos dados pessoais;
[...]
§3º O tratamento de dados pessoais cujo acesso é público deve considerar a finalidade, a boa-fé e o interesse público que justificaram sua disponibilização.
[...]

§6º A eventual dispensa da exigência do consentimento não desobriga os agentes de tratamento das demais obrigações previstas nesta Lei, especialmente da observância dos princípios gerais e da garantia dos direitos do titular.

[...]

§7º O tratamento posterior dos dados pessoais a que se referem os §§3º e 4º deste artigo poderá ser realizado para novas finalidades, desde que observados os propósitos legítimos e específicos para o novo tratamento e a preservação dos direitos do titular, assim como os fundamentos e os princípios previstos nesta Lei.

Art. 8º O consentimento previsto no inciso I do art. 7º desta Lei deverá ser fornecido por escrito ou por outro meio que demonstre a manifestação de vontade do titular.

§4º O consentimento deverá referir-se a finalidades determinadas, e as autorizações genéricas para o tratamento de dados pessoais serão nulas.

[...]

Art. 9º O titular tem direito ao acesso facilitado às informações sobre o tratamento de seus dados, que deverão ser disponibilizadas de forma clara, adequada e ostensiva acerca de, entre outras características previstas em regulamentação para o atendimento do princípio do livre acesso:

I - finalidade específica do tratamento;
II - forma e duração do tratamento, observados os segredos comercial e industrial;
III - identificação do controlador;
IV - informações de contato do controlador;
V - informações acerca do uso compartilhado de dados pelo controlador e a finalidade;
VI - responsabilidades dos agentes que realizarão o tratamento; e
VII - direitos do titular, com menção explícita aos direitos contidos no art. 18 desta Lei.

§1º Na hipótese em que o consentimento é requerido, esse será considerado nulo caso as informações fornecidas ao titular tenham conteúdo enganoso ou abusivo ou não tenham sido apresentadas previamente com transparência, de forma clara e inequívoca.

§2º Na hipótese em que o consentimento é requerido, se houver mudanças da finalidade para o tratamento de dados pessoais não compatíveis com o consentimento original, o controlador deverá informar previamente o titular sobre as mudanças de finalidade, podendo o titular revogar o consentimento, caso discorde das alterações.

Art. 10. O legítimo interesse do controlador somente poderá fundamentar tratamento de dados pessoais para finalidades legítimas, consideradas a partir de situações concretas, que incluem, mas não se limitam a:

I - apoio e promoção de atividades do controlador; e

II - proteção, em relação ao titular, do exercício regular de seus direitos ou prestação de serviços que o beneficiem, respeitadas as legítimas expectativas dele e os direitos e liberdades fundamentais, nos termos desta Lei.

§1º Quando o tratamento for baseado no legítimo interesse do controlador, somente os dados pessoais estritamente necessários para a finalidade pretendida poderão ser tratados.

§2º O controlador deverá adotar medidas para garantir a transparência do tratamento de dados baseado em seu legítimo interesse.

[...]

§3º Quando o tratamento de dados pessoais for condição para o fornecimento de produto ou de serviço ou para o exercício de direito, o titular será informado com destaque sobre esse fato e sobre os meios pelos quais poderá exercer os direitos do titular elencados no art. 18 desta Lei.

Art. 10. O legítimo interesse do controlador somente poderá fundamentar tratamento de dados pessoais para finalidades legítimas, consideradas a partir de situações concretas, que incluem, mas não se limitam a:

[...]

§2º O controlador deverá adotar medidas para garantir a transparência do tratamento de dados baseado em seu legítimo interesse.

Requisitos da LGPD relacionados ao pilar "respeito pela privacidade do usuário – manter centrado no usuário":

CAPÍTULO III
DOS DIREITOS DO TITULAR
Art. 17. Toda pessoa natural tem assegurada a titularidade de seus dados pessoais e garantidos os direitos fundamentais de liberdade, de intimidade e de privacidade, nos termos desta Lei.
Art. 18. O titular dos dados pessoais tem direito a obter do controlador, em relação aos dados do titular por ele tratados, a qualquer momento e mediante requisição:
I - confirmação da existência de tratamento;
II - acesso aos dados;
III - correção de dados incompletos, inexatos ou desatualizados;
IV - anonimização, bloqueio ou eliminação de dados desnecessários, excessivos ou tratados em desconformidade com o disposto nesta Lei;
[...]
VI - eliminação dos dados pessoais tratados com o consentimento do titular, exceto nas hipóteses previstas no art. 16 desta Lei;
VII - informação das entidades públicas e privadas com as quais o controlador realizou uso compartilhado de dados;
VIII - informação sobre a possibilidade de não fornecer consentimento e sobre as consequências da negativa;

Considerando a transformação digital que vem acontecendo nos mais diversos setores da sociedade, a privacidade de dados nunca se fez tão importante. Inúmeros aplicativos estão coletando informações pessoais, desde jogos para *smartphones* até *apps* para acesso à ouvidoria de algumas organizações, por exemplo. Alguns coletando de maneira contida, outros nem tanto. Em geral, o usuário não tem noção do que será feito com suas informações pessoais, com qual intenção, onde ficará armazenado, quem terá acesso...

O resultado da manipulação de dados pessoais sem os devidos cuidados com sua segurança vem sendo cada vez mais notório: diversos casos de vazamento ou mal uso de informações pessoais são noticiados nos meios de comunicação. Como exemplo de tais casos, citam-se: "Dados de 70 milhões de motoristas são vazados pelo Detran";[1] "Apps estão compartilhando dados íntimos de mulheres com o Facebook";[2] "Dados de 92 milhões de brasileiros podem estar à venda na internet";[3] "Google é multado em US$ 170 mi por coletar dados de menores no Youtube";[4] "540 milhões de dados de usuários do Facebook ficam expostos em servidores da Amazon";[5] "Falha de cartórios expõe dados de ao menos 1 milhão de pais, mães e filhos";[6] "Falha de segurança expõe dados de 24 milhões de usuários da Vivo".[7]

Os exemplos anteriores dão uma noção sobre o tamanho do problema. Especialmente sobre a preocupação (ou sobre a falta dela) que as organizações, de um modo geral, têm com a segurança da informação. É exatamente neste ponto que o conceito de *Privacy by design* assume papel fundamental.

Há duas grandes vantagens iniciais em embarcar *Privacy by design* (incluindo-se aí o conceito de *Privacy by default*) na construção dos

---

[1] Todos os acessos foram realizados em: 30 nov. 2019:
Disponível em: https://www.infomoney.com.br/minhas-financas/falha-no-sistema-do-detran-rn-causa-vazamento-de-dados-de-70-milhoes-de-brasileiros/.

[2] Disponível em: https://canaltech.com.br/seguranca/apps-estao-compartilhando-dados-intimos-de-mulheres-com-o-facebook-149363/.

[3] Disponível em: https://exame.abril.com.br/tecnologia/dados-de-92-milhoes-de-brasileiros-podem-estar-a-venda-na-internet/.

[4] Disponível em: https://veja.abril.com.br/economia/google-e-multado-em-us-170-mi-por-coletar-dados-de-menores-no-youtube/.

[5] Disponível em: https://g1.globo.com/economia/tecnologia/noticia/2019/04/04/dados-de-540-milhoes-de-usuarios-do-facebook-ficam-expostos-em-servidor.ghtml.

[6] Disponível em: https://noticias.uol.com.br/cotidiano/ultimas-noticias/2019/10/29/falha-de-cartorios-expoe-dados-de-ao-menos-1-milhao-de-pais-maes-e-filhos.htm.

[7] Disponível em: https://olhardigital.com.br/fique_seguro/noticia/-exclusivo-falha-de-seguranca-expoe-dados-de-24-milhoes-de-usuarios-da-vivo/92620.

aplicativos de uma organização: redução dos custos com a implantação dos requisitos da LGPD e diferencial competitivo.

Quando um aplicativo é concebido já com o conceito de *Privacy by design* embarcado, boa parte das questões relacionadas à segurança da informação que poderiam levar a vazamento ou má utilização de dados pessoais é resolvida na origem. Para isto, algumas práticas devem ser adotadas como, por exemplo: anonimização de dados pessoais, desenvolvimento seguro de aplicativos, controle de acesso, gestão dos riscos de segurança da informação e do impacto à proteção de dados, inclusão da proteção de dados na metodologia de desenvolvimento de aplicativos, utilização de *frameworks* de desenvolvimento que tenham a segurança embarcada.

A utilização destas práticas reduz o custo de implantação da segurança da informação e da *Privacy by design*, por atuarem antes dos eventos de vazamento e por apresentarem relativo baixo custo de implantação, protegendo pontualmente os dados pessoais em cada aplicativo.

Por outro lado, se tais medidas não forem adotadas desde a concepção do aplicativo, o custo em descobrir, mapear e proteger os dados pessoais cresce à medida que os aplicativos se tornam mais complexos e com mais dados pessoais armazenados, necessitando de soluções igualmente complexas e com custo proporcional a esta complexidade.

Ainda existe a redução de custos advinda da captura mínima de dados pessoais, dependendo do tamanho e da abrangência da organização é possível economizar bastante com espaço de armazenamento em banco de dados, em disco, em cópias de segurança ou na nuvem, de acordo com a arquitetura adotada pela organização.

No que se refere ao diferencial competitivo, este ganho é possível devido principalmente a duas frentes. A primeira é a economia gerada pelas ações preventivas advindas da adoção do *Privacy by design*. A segunda é a imagem da organização reforçada pelo respeito à privacidade de seus clientes.

Há que se ressaltar que o diferencial competitivo trazido pela implantação da proteção à privacidade encontra-se dentro de uma janela restrita de tempo, tendo em vista que as organizações como um todo passarão a adotar a proteção à privacidade em função da obrigação legal trazida pela LGPD.

Enquanto essa obrigação não é de fato seguida pelo mercado, as organizações que já a implantaram geram um valor para o cliente que as outras ainda não conseguem entregar.

Por fim, é importante ressaltar que a importância da privacidade de dados pessoais só vem crescendo ao longo do tempo, a ponto de haver a tramitação, no parlamento brasileiro, de Proposta de Emenda à Constituição objetivando alçar a proteção de dados pessoais ao rol de direitos fundamentais. Trata-se da PEC nº 17/2019, que propõe a inclusão do inciso XII-A ao artigo 5º da Constituição Federal: "é assegurado, nos termos da lei, o direito à proteção de dados pessoais, inclusive nos meios digitais". Além disto, propõe a inclusão do inciso XXX ao artigo 22 da Constituição Federal, fixando a competência privativa da União para legislar sobre a "proteção e tratamento de dados pessoais".

Informação bibliográfica deste texto, conforme a NBR 6023:2018 da Associação Brasileira de Normas Técnicas (ABNT):

LIMA, Sandro Tomazele de Oliveira. *Privacy by design* e *Privacy by default*. In: PIRONTI, Rodrigo (Coord.). *Lei Geral de Proteção de Dados*: estudos sobre um novo cenário de Governança Corporativa. Belo Horizonte: Fórum, 2020. p. 147-156. ISBN 978-65-5518-043-5.

IMPLANTAÇÃO DA LGPD NO SETOR PÚBLICO: GERENCIANDO RISCOS IMINENTES

WALTER CUNHA
BRUNO AFFONSO
JULIANA LEGENTIL

1 Introdução

O advento da Lei Geral de Proteção de Dados Pessoais (LGPD), enquanto ato normativo, naturalmente inova no ordenamento jurídico, enquanto mandamento de natureza abstrata que inaugura novos direitos e obrigações para pessoas naturais e jurídicas.

O evento traz à tona uma discussão que está na pauta do gestor público: quais capacidades institucionais devem ser recrutadas para atender à demanda legalmente imposta em ambientes de baixa maturidade e experiência no manejo da novel legislação?

Adotando uma abordagem consequencialista – ou seja, determinando o método em função do objetivo que se pretende atingir – com fundamento na Lei de Introdução às Normas do Direito Brasileiro (LINDB),[1] é possível divisar, na agenda decisória da administração pública para adesão à LGPD duas linhas principais de atuação, adiante apresentadas.

A primeira diz respeito ao esforço institucional dirigido para o estabelecimento e adaptação de estruturas e processos de trabalho

---

[1] Art. 20. Nas esferas administrativa, controladora e judicial, não se decidirá com base em valores jurídicos abstratos sem que sejam consideradas as consequências práticas da decisão.

destinados a lidar com o manejo e o tratamento de dados pessoais tutelados pela legislação. No mínimo, essas providências envolvem a regulamentação de procedimentos burocráticos no que se refere aos papéis e instâncias administrativas por meio das quais a temática de proteção de dados pessoais tramitará.

A segunda, sobre o qual recairá a ênfase deste ensaio, relaciona-se com a produção de efeitos concretos da LGPD sobre as organizações públicas, fundamentada na cogência normativa, sujeitando, administrativa ou judicialmente, os órgãos e entidades da administração pública de todas as esferas e Poderes independentemente da existência das estruturas mencionadas no anteriormente.

Além da presente introdução, a estrutura do artigo apresenta uma seção para apresentar brevemente a LGPD, focalizando nos aspectos em que se comunica com vulnerabilidades potenciais características do setor público, explorando, assim, a temática do artigo. A segunda seção, de caráter prescritivo, correlaciona a fonte geradora de eventos de risco e vulnerabilidade, suas causas, consequências e possíveis medidas de controle, com uma breve nota metodológica e, por fim, as considerações finais.

2 Lei Geral de Proteção de Dados Pessoais: impactos no setor público

O advento da LGPD impõe uma agenda às organizações públicas por tratar-se de uma norma que traz expressivo conteúdo principiológico, simétrico a direitos e garantias fundamentais previstos na Constituição da República Federativa do Brasil, comportando, por exemplo, a proteção a direitos e garantias fundamentais relacionados à inviolabilidade da intimidade, da honra e da imagem das pessoas físicas.[2]

Pelo mesmo motivo, comporta amplo espaço para interpretação, com reflexo, em sede judicial ou administrativa, em uma gama de causas de pedir em ações e procedimentos que tenham por objeto a proteção de dados pessoais, de forma que essas organizações devem estar preparadas para o impacto da LGPD, sob pena, no limite, de serem sancionadas.

Com isso, dada a proximidade dos efeitos da LGPD, argumenta-se pelo sopesamento da conveniência e a oportunidade de tratar a sua internalização como um projeto programático de estruturação de uma governança *versus* a de estruturação de construtos *ad hoc* orientados à

---

[2] *Ex vi* o art. 5º, X, da Carta Constitucional.

mitigação de riscos diante de ameaças iminentes que se impõem às organizações públicas custodiantes de informações pessoais.

Isso porque as instituições que compõem o aparelho de Estado, na qualidade de prestadoras de bens e serviços públicos, são acumuladoras de dados pessoais por natureza, atraindo, por essa custódia intrínseca e pela sua heterogeneidade, uma vulnerabilidade potencial acentuada de desconformidade, em maior ou menor grau, no tocante às prescrições da LGPD.

No caso do setor público, a principal finalidade do tratamento está relacionada à execução de políticas públicas, devidamente previstas em lei, regulamentos ou respaldadas em contratos, convênios ou instrumentos congêneres. O tratamento para cumprimento de obrigação legal ou regulatória pelo controlador também é uma hipótese corriqueira no serviço público. Nessas duas situações, o consentimento do titular de dados é dispensado. (Guia LGPD)

É dizer, são muitos dados, de muitas pessoas, em diversas instâncias, custodiados por organizações assimétricas em termos de capacidades institucionais: o aparelho do Estado é composto por órgãos e entidades díspares em capacidade e estrutura.

Tomando-se por referência o paradigma de Sêmola (2013), ilustrado na Figura 1, seria recomendável percorrer o caminho a partir do diagnóstico no enfrentamento ao impacto das ameaças sobre o negócio e os ativos das organizações públicas. Porém, diante de uma ameaça iminente, pode ser recomendável percorrer o caminho da esquerda para a direita, mantendo o sentimento de urgência.

Figura 1: Barreiras de segurança

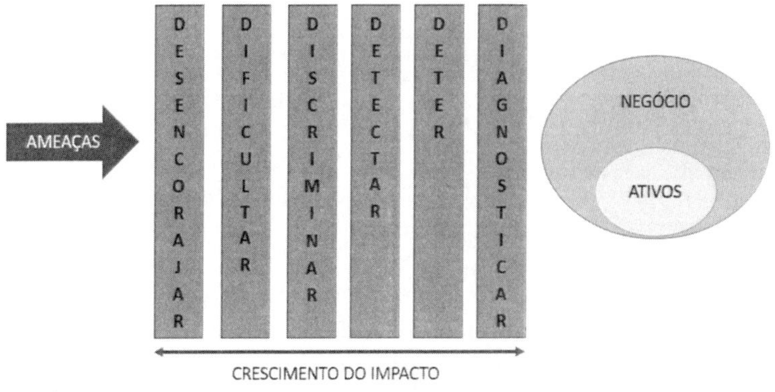

Fonte: SÊMOLA, M. (2013), p. 51.

É necessário preocupar-se, agora, com potenciais passivos reputacionais judiciais que podem vir a se materializar se os dados dos cidadãos continuarem a ser expostos. Essa é a ameaça real, pois a exposição pode trazer vários danos ao cidadão: discriminação, fraudes com bases nesses dados, etc., o que pode acarretar direito de reparação. Traduzindo, não é mais hora de saber por que a porta está aberta, é hora de fechar a porta.

No plano do esforço de implementação normativa recente, colaciona-se o caso da Lei de Acesso à Informação, que à época, de maneira circunstancialmente análoga à LGPD, ofereceu, na leitura de Sousa (2014), o diagnóstico de que a "implementação constitui etapa complexa e permeada de processos decisórios".

Destaca-se que a implantação da LGPD não deve ter como motor o receio de atuação por parte de uma Autoridade Nacional de Proteção de Dados (ANPD), cujo colegiado ainda nem começou a ser formado e que levará muito tempo até possuir a estrutura e a expertise para começar uma regulação efetiva.

Neste universo, acredita-se que um dos grandes problemas mapeados são as bases abertas, as quais, se tiverem sido populadas sem o devido cuidado, podem estar comportando hoje inúmeros registros de dados pessoais, cuja exposição é vedada pela LGPD. Partindo dessas premissas, propõe-se uma abordagem direcionada a riscos que dialogará, em paralelo, de maneira integrada e comunicante, com a institucionalização estrutural e processual da LGPD nas organizações públicas.

> Direito à segurança dos dados, ao qual se contrapõe o dever, por parte dos agentes de tratamento, de utilização de medidas técnicas e administrativas aptas a proteger os dados pessoais de acessos não autorizados e de situações acidentais ou ilícitas de destruição, perda, alteração, comunicação ou difusão (princípio da segurança, art. 6º, VII, LGPD).

3 Gerenciamento de riscos relacionados à LGPD no setor público

Com o objetivo de fortalecer a atuação preventiva que oferece um custo de transação minorado ao lidar com controles estabelecidos previamente à ocorrência dos eventos de risco, referencia-se a Instrução Normativa Conjunta MP/CGU nº 1, de 10 de maio de 2016, que, ao estabelecer uma tipologia de riscos, comporta, pelo menos, quatro categorias de eventos, não mutuamente excludentes, expostas no Quadro 1:

Quadro 1: Categorização de riscos de acordo com a tipologia da normativa

Tipo de risco	Descritor	Exemplo
Legal	Eventos derivados de alterações legislativas ou normativas que podem comprometer as atividades do órgão ou entidade.	Procedimento executado em desacordo com a prescrição normativa.
Financeiro	Eventos que podem comprometer a capacidade do órgão ou entidade de contar com os recursos orçamentários e financeiros necessários à realização de suas atividades, ou eventos que possam comprometer a própria execução orçamentária.	Condenação pecuniária em processo judicial; frustração de arrecadação.
Operacional	Eventos que podem comprometer as atividades do órgão ou entidade, normalmente associados a falhas, deficiência ou inadequação de processos internos, pessoas, infraestrutura e sistemas.	Falhas em processos de trabalho.
Reputacional	Eventos que podem comprometer a confiança da sociedade (ou de parceiros, de clientes ou de fornecedores) em relação à capacidade do órgão ou da entidade em cumprir sua missão institucional.	Exposição do órgão ou entidade e/ou de seus agentes de forma negativa na mídia; conceito negativo expressado pelo cidadão-usuário relativamente ao órgão ou entidade.

Fonte: Instrução Normativa Conjunta MP/CGU nº 1, de 10 de maio de 2016, adaptado pelos autores.

Nesse contexto, a disciplina de riscos surge para o gestor público como uma ferramenta para qualificar o seu processo decisório. Por meio da gestão de riscos é possível prospectar bases com maior potencial de desconformidade no manejo e tratamento de dados pessoais sensíveis, tais como declarações para acesso a ações afirmativas, informações socioeconômicas coletadas para fins de prestação de assistência social ou, ainda, prontuários médicos constantes dos serviços públicos de saúde, apenas para citar aqueles que têm amplos pontos de contato com a sociedade.

A sistemática de gerenciamento de riscos prevista na legislação de regência[3] presume, em apertadíssima síntese, um *iter* que se inicia com a definição do ambiente de controle, a fixação dos objetivos, a identificação de eventos de risco, seguida de sua avaliação e da definição de resposta adequada a cada um desses eventos, para que então sejam definidas as atividades de controle adequadas e suficientes, bem como as medidas de informação, comunicação e monitoramento que suportarão o processo.

Alinhada com os *standarts* de gerenciamento de riscos corporativos,[4] o percurso é estruturante e seu desenho traz garantia razoável de atingimento de seus objetivos, preservando e gerando valor para a organização. Contudo, paralelamente à estruturação desse importante processo de governança, ao gestor público pode ser primordial estabelecer com dinamismo uma disciplina de riscos específica para lidar com a implantação da LGPD.

No contexto do gerenciamento de projetos, destaca-se, como recurso útil em cenários de alta complexidade, riscos expressivos e recursos limitados, a figura do *fast tracking*. De acordo com o PMBOK, *fast tracking* é a "técnica de compressão do cronograma de um projeto específico que altera a lógica de rede para sobrepor fases que normalmente seriam realizadas em sequência, como a fase de projeto e a fase de construção, ou para realizar atividades do cronograma em paralelo".

Para lidar de imediato com a exposição da organização pública à força normativa da LGPD, enquanto as estruturas permanentes de governança que sediarão as atividades de proteção de dados pessoais estão em construção, o gestor público pode – e deve – se perguntar:

1 Quais informações pessoais há na organização pública (dados pessoais de servidores e cidadãos, extratos de declaração de imposto de renda, informações sobre dependentes, etc.)?

A circularização dessas informações, bem como a disponibilização de um questionário a ser respondido pelos titulares das subunidades organizacionais, construirá um inventário de dados pessoais fundamental para o processo decisório. Na experiência dos autores, essa etapa frequentemente leva os dirigentes a um processo de descoberta

---

[3] Consoante o art. 16 e seguintes da Instrução Normativa Conjunta MP/CGU nº 1, de 10 de maio de 2016.
[4] Alude-se, especificamente, às estruturas de trabalho previstas na norma ISO IEC 31000:2018 e COSO ERM 2017.

de dados pessoais armazenados que até então seguiam custodiados sem o conhecimento dos níveis hierárquicos superiores.

2 Quais informações pessoais sensíveis são mais sensíveis?

É necessário estabelecer uma hierarquia entre a criticidade de exposição de diferentes dados pessoais. A identificação criminal, resultados de avaliação psicométrica, prontuários médicos, diligências de investigação social, dados socioeconômicos, por exemplo, são informações mais críticas do que, por exemplo, uma relação de nomes. Essa matriz de análise de riscos de informações tuteladas pela LGPD prefigura as ocorrências de alto impacto para a organização em caso de tratamento inadequado.

Como atividades de controle que despontam como possibilidades estão a designação de comissão *ad hoc* com delegação e a autoridade para tomar medidas necessárias e suficientes para o tratamento dos riscos críticos, ou daqueles posicionados como além do apetite a riscos da organização, caso estejam definidos. Dessa forma, as entidades públicas devem inventariar desde já, sobretudo, suas bases de dados abertas e checar sua aderência à LGPD.

Os artefatos construídos no esforço paralelo de *fast track*, como *checklists*, roteiros, entre outros, devem ser repassados às áreas de mapeamento de processos e de TIC, de modo que sejam internalizados no dia a dia da organização e para que novos processos e sistemas já nasçam atendendo à LGPD.

Importante ressaltar que, mesmo reduzindo o escopo inicial de abordagem às bases abertas, estas ainda podem ser inúmeras. Sendo assim, provavelmente ainda precisaremos priorizá-las segundo o potencial ofensivo à LGPD. Às vezes, por conta do efeito dominó, nem percebemos que, ao final do encadeamento de inúmeras fases de tratamento, dados, aparentemente protegidos, podem acabar desembocando em algum repositório aberto.

Contudo, como a efetividade máxima é improvável, recomenda-se o estabelecimento de um canal prioritário para que o próprio cidadão possa apontar, de boa-fé, as infrações à LGPD. Tais apontamentos devem ser avaliados o quanto antes: se julgada pertinente, proceder à correção; e, se não, mesmo assim dar uma resposta ao cidadão com o embasamento legal, como forma de reconhecimento e satisfação.

A ouvidoria pública por meio de sua estrutura é a candidata natural ao canal de interação sobre a LGPD. Contudo, sugere-se que, por conta do volume esperado, a LGPD seja uma categoria de destaque.

Possivelmente, os riscos de desconformidade legal e de impacto negativo reputacional ultrapassam os riscos de inexistência dessa estrutura.

Considerações finais

A iminência da produção de efeitos jurídicos da LGPD sobre as atividades das organizações públicas exige o acionamento de dois conjuntos de atividades não concorrentes, uma vez que podem ser conduzidas simultaneamente:

Enquanto a primeira envolve a condução de diagnósticos, distribuição de papéis e responsabilidades e edificação de estruturas de caráter permanente para lidar com o tratamento de dados pessoais, a segunda dirige as atividades organizacionais de curto prazo, estritamente necessárias para mitigar os riscos legais e reputacionais decorrentes do advento da LGPD, impedindo que o tempo e os recursos alocados nas atividades estruturantes deixem a organização exposta durante o processo.

É importante destacar que o presente ensaio, por suas próprias limitações, não se propõe a descrever uma implantação ampla da LGPD, mas tão somente propõe uma abordagem emergente, orientada a riscos, de modo a mitigar as ameaças mais iminentes, que podem trazer riscos reputacionais e jurídicos no curto prazo.

Como achado adicional, desponta a possibilidade de aproveitamento e estímulo das estruturas de ouvidoria pública já estabelecidas e disciplinadas pelo Decreto nº 9.492, de 5 de setembro de 2018, como uma forma de assegurar ao cidadão um meio já consolidado e reconhecidamente eficaz de acionamento do Poder Público enquanto custodiante de informações pessoais, assim como para fortalecer o controle social sobre esta importante política pública, materializadora de direitos e garantias individuais.

Referências

BIONI, B. R. Proteção de dados pessoais: a função e os limites do consentimento. Rio de Janeiro: Forense, 2019. Disponível em: https://www.amazon.com.br/Proteção-Dados-Pessoais-Limites-Consentimento/dp/8530988620/ref=sr_1_5?__mk_pt_BR=ÅMÅŽÕÑ&dchild=1&keywords=LGPD&qid=1593739789&sr=8-5.

BRASIL. Constituição da República Federativa do Brasil. Diário Oficial da União, Brasília, 1988. Recuperado em 6 de julho de 2020. Disponível em: http://www.planalto.gov.br/ccivil_03/Constituicao/DOUconstituicao88.pdf.

BRASIL. Instrução Normativa Conjunta MP/CGU nº 1, de 10 de maio de 2016. Dispõe sobre controles internos, gestão de riscos e governança no âmbito do Poder Executivo federal. Diário Oficial da União, Brasília. Recuperado em 6 de julho de 2020. Disponível em: https://repositorio.cgu.gov.br/bitstream/1/33947/5/Instrucao%20Normativa%20 Conjunta%20MP-CGU%2001-2016.pdf.

BRASIL. Decreto nº 9.492, de 5 de setembro de 2018. Regulamenta a Lei nº 13.460, de 26 de junho de 2017, que dispõe sobre participação, proteção e defesa dos direitos do usuário dos serviços públicos da administração pública federal, institui o Sistema de Ouvidoria do Poder Executivo federal, e altera o Decreto nº 8.910, de 22 de novembro de 2016, que aprova a Estrutura Regimental e o Quadro Demonstrativo dos Cargos em Comissão e das Funções de Confiança do Ministério da Transparência, Fiscalização e Controladoria-Geral da União. Diário Oficial da União, Brasília. Recuperado em 6 de julho de 2020. Disponível em: https://www.planalto.gov.br/ccivil_03/_ato2015-2018/2018/decreto/d9492.htm.

CRAVO, V.; BRANDÃO FILHO, M. C. de M.; CERQUEIRA, N. L. *et al. Guia de Boas Práticas LGPD para Implementação na Administração Pública Federal.* Brasília, 2020. Recuperado em 6 de julho de 2020. Disponível em: https://www.gov.br/governodigital/pt-br/governanca-de-dados/guia-de-boas-praticas-lei-geral-de-protecao-de-dados-lgpd

PINHEIRO, P. P. Proteção de Dados Pessoais: Comentários à Lei n. 13.709/2018-LGPD. 2. ed. São Paulo: Saraiva Educação, 2020. Disponível em: https://www.amazon.com.br/Proteção-Dados-Pessoais-Comentários-13-709/dp/8553617483/ref=pd_lpo_14_t_0/131-9414934-2365144.

PIRONTI, R.; MOURA, E.; GOMES, A. M. de S. O passo a passo da primeira fase: Como estruturar um efetivo *risk assessment* e diagnóstico em LGPG. Curitiba - PR. Recuperado em 6 de julho de 2020. Disponível em: https://www.pirontiadvogados.com/content/lgpd---passo-a-passo-do-diagnostico/90.

QUEIROZ, H. *Lei Geral de Proteção de Dados Pessoais (LGPD)* – Esquematizada. Recuperado em 6 de julho de 2020. Disponível em: https://gestgov.discourse.group/t/lei-geral-de-protecao-de-dados-pessoais-lgpd-esquematizada/6453 .

SÊMOLA, M. *Gestão da segurança da informação*: uma visão executiva. Rio de Janeiro: Elsevier, 2013. Disponível em: https://www.amazon.com.br/Gestão-Segurança-Informação-Visão-Executiva/dp/8535271783/ref=sr_1_1.

SOUSA, P. L. *A implementação da Lei de Acesso à Informação no Ministério do Planejamento*: a atuação do serviço de informações ao cidadão, 2014. Recuperado em 6 de julho de 2020. Disponível em: https://repositorio.enap.gov.br/bitstream/1/1869/1/Patricia_TCC_EGP9.pdf.

Informação bibliográfica deste texto, conforme a NBR 6023:2018 da Associação Brasileira de Normas Técnicas (ABNT):

CUNHA, Walter; AFFONSO, Bruno; LEGENTIL, Juliana. Implantação da LGPD no setor público: gerenciando riscos iminentes. *In*: PIRONTI, Rodrigo (Coord.). *Lei Geral de Proteção de Dados*: estudos sobre um novo cenário de Governança Corporativa. Belo Horizonte: Fórum, 2020. p. 157-165. ISBN 978-65-5518-043-5.

A ADMINISTRAÇÃO PÚBLICA NA LEI GERAL DE PROTEÇÃO DE DADOS

LUCIANO ELIAS REIS
RAFAEL KNORR LIPPMANN

1 Introdução

Restando poucos meses para a entrada em vigor da Lei Geral de Proteção de Dados – LGPD brasileira,[1] já se constata uma elevada atenção da sociedade a seu respeito. Cursos e debates têm sido propostos, ao tempo em que a academia, como é seu papel, vem apresentando ampla produção literária a respeito dos mais diversos aspectos relacionados à LGPD.

Entretanto, pouco tem se tratado a respeito da Administração Pública neste cenário, constatação que soa até mesmo paradoxal, tendo em vista que, mundialmente, foi ela, a Administração Pública, a grande

---

[1] A Lei nº 13.709, de 14 de agosto de 2018, que nos termos de sua ementa estabelece a "Lei Geral de Proteção de Dados Pessoais", foi publicada no Diário Oficial da União de 15 de agosto de 2018, prevendo na redação originária o seu art. 65, II, que entraria em vigor "24 (vinte e quatro) meses após a data de sua publicação", à exceção de seus arts. 55-A, 55-B, 55-C, 55-D, 55-E, 55-F, 55-G, 55-H, 55-I, 55-J, 55-K, 55-L, 58-A e 58-B, que, nos termos de seu art. 65, I, vigem desde 28 de dezembro de 2018. Contudo, em 2020, houve, por meio da Lei nº 14.010, a inclusão do artigo 65, I-A, para determinar o início da vigência a partir do dia 1º de agosto de 2021 quanto aos artigos 52, 53 e 54, assim como a Medida Provisória nº 959, que prescreveu o termo inicial de vigor para 3 de maio de 2021 aos demais artigos, ou seja, substituindo aquela intenção inicial de vinte e quatro meses.

mola propulsora das primeiras discussões e propostas legislativas para regulação do tratamento de dados pessoais.[2]

O objetivo deste ensaio é, sem a pretensão de exaurir o debate, traçar os contornos do tratamento dado à Administração Pública na LGPD e apresentar uma reflexão crítica a seu respeito, destacando avanços, apontando possíveis lacunas e apresentando sugestões voltadas ao equacionamento adequado da relação entre proteção de dados e Administração Pública à luz do Estado Democrático de Direito.

2 Dados pessoais e a Administração Pública

A preocupação com o tratamento de dados pessoais por terceiros não é novidade. Há décadas e em diversos países o tema vem recebendo grande atenção social e legislativa. Tome-se o exemplo de Espanha[3] e Portugal,[4] países que tipificaram em suas Constituições e, bem assim, como verdadeira garantia fundamental o direito à proteção dos dados pessoais, inclusive aqueles tratados com o emprego da informática.

No Brasil, embora o assunto não seja propriamente uma novidade, a roupagem a ele atribuída pela LGPD é, efetivamente, *nova*. Isso porque, até o advento da Lei nº 13.709/2018, o direito à proteção de dados pessoais era visto como uma espécie de decorrência, de desdobramento do direito à intimidade e da inviolabilidade de correspondência,

---

[2] Como relata Simson Garfinkel, em 1965, o *Bureau of Budget* norte-americano propôs a criação do *National Data Center*, um gigantesco banco de dados que unificaria perante a Administração Pública as informações dos cidadãos constantes dos bancos do fisco, previdência social, polícia, etc. (GARFINKEL, Simson. *Database Nation*. Sebastopol: O'Rilley. 2001). Apesar de nunca ter sido levado a efeito, a proposição do *National Data Center* é apontada como o despertar da sociedade à forma como instituições, tanto públicas como privadas, obtêm, armazenam, divulgam, transmitem e eliminam dados pessoais, tendo sido rejeitada, dentre outros motivos e como aponta Danilo Doneda, pelo temor das consequências que a centralização, nas mãos do Estado, das informações de todos os cidadãos daquele país, poderiam trazer (DONEDA, Danilo. *Da privacidade à proteção de dados pessoais*. Rio de Janeiro: Renovar. 2006, p. 189).

[3] No inciso 4 de seu artigo 18, disciplinador do "derecho a la intimidad" e da "inviolabilidad del domicilio", a Constituição da Espanha dispõe que "La Ley limitará el uso de la informática para garantizar el honor y la intimidad personal y familiar de los ciudadanos y el pleno ejercicio de sus derechos".

[4] O art. 35, da Constituição portuguesa, entabula em seus incisos as premissas básicas ao tratamento de dados com o amparo da informática, estabelecendo em seu inciso 1 que "todos os cidadãos têm o direito de acesso aos dados informatizados que lhes digam respeito, podendo exigir a sua rectificação e actualização, e o direito de conhecer a finalidade a que se destinam, nos termos da lei".

telefônica e fiscal, dentre outros pilares extraídos do rol de garantias fundamentais constitucionais.[5] Se, por um lado, essa perspectiva já concebia o direito à proteção de dados pessoais, de outro deixava-o desguarnecido de tratamento adequado, dando margem a lacunas e distorções.

É nessa medida que a LGPD brasileira, que surge na denominada quarta onda do direito à proteção de dados, dá nova conformação ao direito à proteção de dados, garantindo não só a tão aclamada autodeterminação informativa[6] àquele cujos dados serão entregues aos cuidados de terceiros como – e especialmente – estabelecendo uma verdadeira *cadeia de responsabilidades* àqueles que terão sob sua posse os dados atinentes à personalidade dos cidadãos.[7]

Diante desse panorama, é quase que imediata a constatação de que a Administração Pública assume relevante posição na temática dos dados pessoais. Se, como dito, desde seu nascedouro a preocupação mundial com o tratamento de dados esteve relacionada ao Estado, hoje ela é ainda mais marcante.

Desde o nascimento de uma pessoa, a partir do registro civil no Cartório de Pessoas Naturais ou Jurídicas, passando pelo cadastro nos órgãos de saúde, do trabalho, fiscais, previdenciários, etc., a Administração Pública é responsável pela coleta, armazenamento, tratamento, transmissão e arquivamento de dados de toda a população.

---

[5] "A proteção de dados pessoais no ordenamento brasileiro, até recentemente, não se estruturava em um complexo normativo unitário. A Constituição brasileira contempla o problema da informação inicialmente através das garantias à liberdade de expressão e do direito à informação, que deverão eventualmente ser confrontados com a proteção da personalidade e, em especial, com o direito à privacidade. Além disso, a Constituição considera invioláveis a vida privada e a intimidade (art. 5º, X), veja-se especificamente a interceptação de comunicações telefônicas, telegráficas ou de dados (artigo 5º, XII), bem como instituiu a ação de *habeas data* (art. 5º, LXXII), que basicamente estabelece uma modalidade de direito de acesso e retificação de dados pessoais" (DONEDA, Danilo. A autonomia do direito fundamental de proteção de dados. *In:* SOUZA, Carlos Affonso; MAGRANI, Eduardo; SILVA, Priscilla (Coord.). *Lei Geral de Proteção de Dados*. São Paulo: RT, 2019, p. 27).

[6] Expressão que ganhou notoriedade a partir de julgamento levado efeito pelo Tribunal Constitucional alemão em 1983, no qual a Corte reconheceu a existência de um direito fundamental de envolvimento do indivíduo em todo o processo de tratamento de seus dados por terceiros, não apenas na "etapa inicial" consistente na anuência de fornecê-los ou não. Sobre o tema: MENDES, Laura Schertel. *Habeas data* e autodeterminação informativa. *Revista brasileira de direitos fundamentais & justiça*, v. 12, n. 39, p. 185-216, jul./dez. 2018.

[7] "(...) a efetividade da proteção de dados não reside mais apenas em ampliar o controle do indivíduo mas também em atribuir responsabilidade a toda a cadeia de agentes de tratamento de dados pelos riscos do processamento de informações" (MENDES, Laura Schertel. A lei geral de proteção de dados pessoais: um modelo de aplicação em três níveis. *In:* SOUZA, Carlos Affonso; MAGRANI, Eduardo; SILVA, Priscilla (Coord.). *Lei Geral de Proteção de Dados*. São Paulo: RT, 2019, p. 42).

Some-se a isso o fato de que, ao contrário do que ocorre com instituições privadas, perante as quais a pessoa, ao menos em tese, tem a opção de fornecer ou não os seus dados, ante a Administração Pública o fornecimento de informações é *compulsório*, implicando a omissão na configuração de um ilícito.[8]

Portanto, não é exagerado afirmar que o Estado tem seus olhos postos sobre todos os aspectos da vida de cada um dos cidadãos que o conformam. Nascimento, grau educacional, bens, movimentações financeiras, laborativas, infrações cometidas, enfim, toda a gama de informações relacionadas à vida e a personalidade, várias delas qualificadas como *sensíveis*.[9]

Sendo o detentor de tamanho volume de informação sobre a população, não é necessário muito refletir para constatar o elevado cuidado necessário ao adequado manuseio dos dados e as catastróficas consequências de sua não observância.

O exemplo trazido por Caitlin Mulholland e Isabella Frajhof é emblemático.[10] Narram as autoras que, no ano de 2016, uma falha no sistema de segurança resultou na ampla divulgação dos dados relacionados a mais de 500.000 pessoas que doaram sangue entre os anos de 2010 e 2016 na Austrália. Dentre as informações descuidadamente abertas, estavam aquelas relacionadas ao comportamento sexual do doador de sangue, dados estes inerentes à intimidade humana e que, bem assim, jamais poderiam ter sido abertamente divulgados.

3 A Administração Pública na LGPD

Passar de olhos por sobre o texto da LGPD revela, de início, que seu Capítulo IV (arts. 23 a 30) volta-se precipuamente a disciplinar o "tratamento de dados pessoais pelo Poder Público". Grosso modo, esses dispositivos disciplinam critérios de legitimidade (art. 23), abrangência

---

[8] Vide, por exemplo, o art. 1º, inciso I, da Lei nº 8.137/90, que tipifica como crime contra a ordem tributária a omissão de informação à autoridade fazendária.

[9] Nos termos definidos pelo art. 5º, II, da LGPD, considera-se sensível todo "dado pessoal dado pessoal sobre origem racial ou étnica, convicção religiosa, opinião política, filiação a sindicato ou a organização de caráter religioso, filosófico ou político, dado referente à saúde ou à vida sexual, dado genético ou biométrico, quando vinculado a uma pessoa natural".

[10] MULHOLLAND, Caitlin; FRAJHOF, Isabella Z. Dados pessoais sensíveis e a tutela de direitos fundamentais: uma análise à luz da lei geral de proteção de dados (Lei 13.709/18). *Revista de Direitos e Garantias Fundamentais*, Vitória, v. 19, n. 3, p. 159-180, set./dez. 2018. p. 159-160.

(art. 24), bem como forma e controle do uso compartilhado dos dados (arts. 25 a 30).

Naturalmente, o fato de o Capítulo IV da LGPD dedicar-se à disciplina do tratamento de dados pelo Poder Público não implica a premissa de que as demais disposições da Lei não se apliquem a ele. Do contrário, a sua interpretação sistemática revela que há, em seu texto, diversos princípios e dispositivos que tocam diretamente à seara da Administração Pública.[11]

A seguir, e dentro dos limites deste ensaio, destacam-se aqueles que mais parecem chamar a atenção na relação pragmática entre administração e administrado.

3.1 Princípio da finalidade e a "pertinência temática" no tratamento de dados pessoais

Como referido na introdução deste ensaio, um dos principais motivos que levou à rejeição do plano de criação do *National Data Center* nos Estados Unidos foi o receio de que, a partir dele, o Estado passasse a se utilizar de "informações cruzadas" como forma de subjugar os cidadãos em prol de interesses próprios a ponto de tolher-lhes liberdades e garantias fundamentais.

Imagine-se, por exemplo, o órgão fiscal se utilizando de informações provenientes de processo criminal sigiloso movido em face do contribuinte como forma de compeli-lo ao pagamento de um tributo.

Nesta senda, dentre diversos (e importantíssimos) princípios voltados à proteção de dados que foram tipificados no art. 6º, da LGPD, já em seu inciso I está previsto o da *finalidade*, que, por razões evidentes, é de crucial relevância à gestão de dados praticada pela Administração Pública.

Tanto assim que, mais adiante, o *caput* do art. 23, voltado especificamente à Administração Pública, deixa evidente que o tratamento de dados "deverá ser realizado para o atendimento de sua finalidade pública", premissa essa reiterada no art. 26, que, ao dispor sobre o uso compartilhado de dados por órgãos do Poder Público, permite-o apenas mediante o atendimento das "finalidades específicas de execução de

---

[11] Parece ter sido esse, inclusive, o sentido de, mediante o advento da Lei nº 13.853/2019, incluir-se no art. 1º da LGPD um parágrafo único e, nele, prever-se textualmente que "as normas gerais contidas nesta Lei são de interesse nacional e devem ser observadas pela União, Estados, Distrito Federal e Municípios".

políticas públicas e atribuição legal pelos órgãos e pelas entidades públicas".

A cautela empregada no texto legislativo, que num primeiro olhar soaria até como redundância, é absolutamente pertinente e digna de aplausos, por pelo menos dois relevantes motivos.

O primeiro, harmônico com o próprio princípio da *motivação* dos atos administrativos, é o de exigir da Administração a demonstração de necessidade, pertinência e relevância no tratamento de dados de pessoas. Assim, como destaca Danilo Doneda, o tratamento de dados pessoais "deve obedecer à finalidade comunicada ao interessado antes da coleta de seus dados", sendo que a partir dele, em especial quando a utilização da informação se dá pelo Poder Público, é possível "estruturar um critério para valorar a razoabilidade da utilização de determinados dados para uma certa finalidade (fora da qual haveria abusividade)".[12]

O segundo, e ainda mais destacado, é o de que, ao contrário do que se dá com as pessoas de direito privado,[13] à Administração Pública foi garantida pela LGPD a prerrogativa de promover o compartilhamento de dados pessoais *sem o consentimento prévio e expresso do seu titular*.

O art. 26, *caput*, da LGPD autoriza expressamente o compartilhamento *interno* de dados pessoais entre diferentes órgãos da própria Administração, enquanto seu §1º admite o compartilhamento com instituições privadas desde que observados os requisitos entabulados em seus incisos, excetuando o art. 27, nestas hipóteses, a "cláusula geral" de exigência prévia do consentimento do seu titular para compartilhamento dos dados.[14]

---

[12] DONEDA, Danilo. A autonomia do direito fundamental de proteção de dados. *In:* SOUZA, Carlos Affonso; MAGRANI, Eduardo; SILVA, Priscilla (Coord.). *Lei Geral de Proteção de Dados*. São Paulo: RT, 2019, p. 23.

[13] É o que se infere da análise do §5º do art. 7º da Lei, que exige imperativamente do controlador, para que promova o compartilhamento de dados pessoais sob seu poder com outro controlador, "consentimento específico do titular para esse fim".

[14] O art. 29 prevê que a autoridade nacional *poderá* solicitar informações aos entes envolvidos a respeito das operações de tratamento de dados pessoais. Trata-se, a toda vista, de regra de controle bastante branda, pois, além de dar tons de facultatividade à solicitação de informações pela autoridade competente, coloca-a numa posição passiva, sem delimitar qualquer critério objetivo às situações ou elementos que, quando verificados, exigiriam o controle. Adere-se, portanto, à crítica apresentada por Daniel Bucar à sistemática legal: "Diante das amplas possibilidades de compartilhamento de dados pessoais no interior da Administração Pública, a supervisão desenhada para Autoridade Nacional parece ter ficado tímida. Por conta dos potenciais danos desse compartilhamento, deveria a Autoridade, se não autorizar previamente, ser sempre (pelo menos) comunicada ativamente das operações (...)". BUCAR, Daniel. Administração Pública e lei geral de proteção de dados. *In:* SOUZA, Carlos Affonso; MAGRANI, Eduardo; SILVA, Priscilla (Coord.). *Lei Geral de Proteção de Dados*. São Paulo: RT, 2019, p. 163.

De toda relevância, pois, a estrita observância do princípio da *finalidade* pela Administração Pública quando promover o tratamento de dados pessoais, exatamente porque, como adverte Laura Schertel Mendes, somente a partir dele é possível "garantir a privacidade contextual, evitando que os dados pessoais sejam utilizados posteriormente para finalidades incompatíveis com aquela para a qual ele foi coletado".[15]

É dizer, independentemente da possibilidade legal expressa de dispensa do consentimento (e, possivelmente, ciência) do interessado, o compartilhamento de dados por um órgão da Administração Pública a outro exige, ainda assim, a estrita observância ao princípio da *finalidade*, de modo que, como regra, a entidade receptora dos dados *não poderá utilizá-los para fim diverso daquele pelo qual foram originariamente fornecidos por seu titular*. Aqui reside a relevância de existir um ato administrativo na forma escrita para que o escopo esteja descrito e atrele as responsabilidades entre os partícipes desse uso compartilhado, inclusive tudo isso já pensando no processo de gestão de riscos que sempre deve ser levado em consideração.

3.2 Controle humano sobre tomada de decisão automatizada

Algo inimaginável há poucos anos, a completa autonomização dos sistemas a partir de tecnologias baseadas em inteligência artificial é uma realidade presente em diversos meios de nossa sociedade,[16] cujo combustível capaz de manter a engrenagem funcionando é, justamente, o conjunto de dados proveniente dos usuários daquele determinado sistema, permanentemente colhidos, registrados e interpretados pelo "robô", sem qualquer intervenção humana, para os mais diversos fins: selecionar uma rota de trânsito, determinar se o perfil de determinado

---

[15] MENDES, Laura Schertel. A lei geral de proteção de dados pessoais: um modelo de aplicação em três níveis. *In*: SOUZA, Carlos Affonso; MAGRANI, Eduardo; SILVA, Priscilla (Coord.). *Lei Geral de Proteção de Dados*. São Paulo: RT, 2019, p. 49.

[16] "A IA é empregada, por exemplo, em máquinas de busca, em plataformas de comunicação e robôs, no reconhecimento facial, em equipamentos inteligentes de gestão de tráfego, em decisões administrativas ou jurídicas tomadas de maneira automatizada, em sistemas automatizados de assistência para veículos, no diagnóstico e na terapia médicos, na *smart home* [casa inteligente], em sistemas de produção ciberfísicos (indústria 4.0), mas também na área militar. A ampliação de sistemas de análise e decisão que se baseiam em algoritmos e operam com IA possibilita formas novas de fiscalização e controle do comportamento, mas também novas espécies de ações criminosas". (HOFFMANN-RIEM, Wolfgang. Inteligência artificial como oportunidade para a regulação jurídica. *Revista Direito Público*, Porto Alegre, v. 16, n. 90, p. 12, nov./dez. 2019.

cidadão se enquadra na categoria "X" ou "Y" ou até mesmo julgar um recurso.[17]

A LGPD, preocupada com essa realidade e sem excluir outros, tratou de municiar o titular dos dados manuseados por terceiros com determinados direitos, ponto este que toca frontalmente à Administração Pública,[18] que, como se extrai da realidade prática, vem adotando com entusiasmo a utilização da inteligência artificial no processamento de dados dos cidadãos.[19]

Em seu art. 20, o diploma previu não só a possibilidade de solicitação, pelo interessado, de "revisão de decisões tomadas unicamente com base em tratamento automatizado de dados pessoais" como, e em especial, estabeleceu no §3º desse dispositivo o dever, ao ente prolator da decisão recorrida, de que a revisão seja realizada *por pessoa natural*.[20]

---

[17] Vide o já célebre caso da Estônia, que, embora ainda como projeto piloto, desenvolveu um sistema de julgamento de ações judiciais por inteligência artificial e, portanto, sem a intervenção da mão de um "juiz humano": https://epocanegocios.globo.com/Tecnologia/noticia/2019/04/estonia-quer-substituir-os-juizes-por-robos.html?utm_source=facebook&utm_medium=social&utm_campaign=post&fbclid=IwAR2lSCcrPka7S xtaeX1yOvyFLm2lAOoFyxTS9qE4g6kP-uewRhCniR0Ivp4, acesso em: 31 jan. 2020. No Brasil, embora não se tenha, ainda, notícia de decisões judiciais proferidas exclusivamente por meio de inteligência artificial, a utilização dessa tecnologia é cada vez mais presente nos Tribunais. Cite-se, como exemplo, os casos do "RADAR" utilizado pelo Tribunal de Justiça de Minas Gerais, que identifica e reúne recursos sobre temas repetitivos e "sugere" ao órgão julgador a tese a ser aplicada conforme jurisprudência já firmada sobre o assunto: https://www.tjmg.jus.br/portal-tjmg/noticias/tjmg-utiliza-inteligencia-artificial-em-julgamento-virtual.htm#.XjP1r2hKhPY, acesso em: 31 jan. 2020; e do "VICTOR", utilizado pelo STF para filtragem dos recursos extraordinários que sobem à Corte a partir dos temas de repercussão geral existentes: http://www.stf.jus.br/portal/cms/verNoticiaDetalhe.asp?idConteudo=388443, acesso em: 31 jan. 2020.

[18] O art. 23, III, LGPD exige, especificamente à Administração Pública, a indicação de um *encarregado* para o tratamento de dados pessoais. A salutar previsão, entretanto, não exclui nem impede que a tomada de decisões seja realizada de forma exclusivamente automatizada, cabendo ao encarregado, nos próprios termos do art. 5º, VIII, da Lei, apenas intermediar a relação entre controlador, titular dos dados e/ou Autoridade Nacional de Proteção de Dados.

[19] Veja-se o exemplo do Estado de Alagoas, no qual a inteligência artificial é responsável não apenas pelo controle e emissão de notas fiscais eletrônicas como, também, por orientar telefonicamente os cidadãos que entram em contato com a Secretaria da Fazenda: http://www.sefaz.al.gov.br/noticia/item/2228-fazenda-usa-sistema-artificial-para-realizar-chamadas-telefonicas-e-interagir-com-os-contribuintes, acesso em: 31 jan. 2020.

[20] Sobre o tema, Patricia Peck Pinheiro adverte para a possibilidade – indesejável – de o julgamento continuar a ocorrer pela máquina, sendo apenas elucidado ao titular dos dados através de pessoa humana: "Sendo assim, apesar de a lei prever que o titular pode requerer que seja revisto por uma pessoa natural, muito provavelmente será aplicada a mesma fórmula de análise (algoritmo), mas esclarecido por uma pessoa o processo utilizado para alcançar o resultado" (PINHEIRO, Patricia Peck. *Proteção de dados pessoais* – comentários à Lei 13.709/2018. São Paulo: Saraiva, 2018, p. 83).

Quanto examinada a partir das relações com a Administração Pública, a norma extraída do texto legal deixa claro o dever imposto ao ente gestor dos dados de, mesmo quando o seu tratamento se dê de forma integralmente informatizada, criação de órgão interno, formado por agentes *físicos* com a finalidade de revisão das decisões tomadas de forma automatizada, sempre que solicitado pelo cidadão interessado.

3.3 Inadequação das sanções legais às infrações praticadas pela Administração Pública

Como forma de estimular o cumprimento de suas diretrizes, em seu art. 52, a LGPD estabeleceu uma série de sanções ao ente que deixar de observar as regras e princípios nela entabulados ao tratamento de dados pessoais.

Esse é, certamente, o ponto mais sensível no que tange à aplicação da LGPD à Administração Pública, tendo em vista que as sanções tipificadas, em especial as mais severas, foram nitidamente pensadas para incidirem sobre instituições privadas, fazendo pouco ou nenhum sentido quando voltadas à Administração.

É o caso da "multa simples", prevista no inciso II do art. 52 que, bastante enérgica, pode atingir a cifra de R$ 50.000.000,00 contra o infrator das normas previstas na LGPD. Entretanto, como limita o seu texto, a sanção é destinada exclusivamente à "pessoa jurídica, grupo ou conglomerado no Brasil", não se aplicando, pois, às infrações praticadas pela Administração Pública no tratamento de dados pessoais.

Essa premissa, extraível da redação do próprio inciso, é explicitada de forma direta no §3º do dispositivo, ao delimitar que "o disposto nos incisos I, IV, V, VI, X, XI e XII do *caput* deste artigo poderá ser aplicado às entidades e aos órgãos públicos". Chama a atenção, neste caso, a possibilidade de aplicação, à Administração Pública, das sanções tipificadas nos incisos X, XI, e XII do art. 52.

Estes três incisos preveem, respectivamente, como repreenda à inobservância da LGPD, a suspensão do banco de dados, a suspensão do exercício da atividade de tratamento de dados e a proibição do exercício da atividade de tratamento de dados.

Em que pese a expressa autorização de sua aplicação à Administração Pública, a realidade prática pode tornar inviável ou, então, catastrófica a incidência da sanção em determinados casos.

Imagine-se, por exemplo, que, por uma falha no sistema de segurança, sejam divulgadas pela Receita Federal informações sigilosas constantes de declarações de imposto de renda de parcela da população.

Seria possível, neste caso, suspender a utilização do banco de dados (inciso X), ou do exercício da atividade de tratamento de dados (inciso XI), ou mesmo proibir a Receita Federal de tratar dados relacionados aos rendimentos dos contribuintes?

Nitidamente, há um duplo desafio a ser superado: de um lado, dimensionar a aplicabilidade prática das sanções previstas na LGPD à Administração Pública *sem que isso resulte em verdadeiro impedimento da consecução da atividade-fim do órgão estatal* e, de outro, evitar que a inexistência de sanção legalmente adequada venha a gerar a "impunidade" da Administração por ocasião do cometimento de infração à legislação que regula o tratamento de dados pessoais.

3.4 Sanções aos agentes públicos por violação aos dispositivos legais

Conquanto as sanções aplicáveis à "pessoa" do órgão ou da entidade da Administração Pública tenham os seus problemas como esposados anteriormente, convém ressaltar que os agentes públicos, nos termos do artigo 2º da Lei nº 8.429/92, poderão ser sancionados por descumprirem os dispositivos normativos aplicáveis à proteção de dados no Brasil.

Dentre as penalidades passíveis de serem aplicadas, pontuam-se as disciplinares normalmente estabelecidas no Estatuto do Servidor (*v. g.* no âmbito federal pela Lei nº 8.112/90), aquelas relacionadas com a legislação especial de informações públicas (vide artigo 33 da Lei nº 12.527/2011) e as diversas preconizadas na legislação de improbidade administrativa (artigo 12 da Lei nº 8.429/92).

Além dos textos normativos suscitados e que são aludidos no próprio texto da LGPD, há diversos outros diplomas a serem interpretados de maneira sistemática. Tudo isso tem a serventia de externar que as infrações e sanções prescritas na LGPD deverão ser avaliadas em conformidade com o restante do ordenamento jurídico pátrio, não se podendo aplicar uma norma de modo isoladamente. Em especial aos agentes públicos, considerando o volume de dados pessoais a que têm acesso diariamente para o exercício de suas atividades funcionais, o conhecimento da legislação e de seus impactos, a exigência de contratação pelo Poder Público de ferramentais e estruturas técnicas adequadas para o tratamento dos dados e ainda a contínua instrução para acautelar possíveis desvios e para gerenciar riscos e crises, devem ser pauta do 'top five' de toda autoridade superior de órgãos e entidades da Administração Pública.

Conclusão

Do cenário apresentado, vislumbra-se que o protagonismo que a Administração Pública exerce na captação, manutenção, gestão e transmissão de dados não foi integralmente retratado no texto positivado à regulação dessas atividades tão relevantes à consecução do bem-estar social.

Seja como for, à luz do texto da LGPD torna-se inegável a difícil, porém imprescindível, missão que o Poder Público tem de implementar um sistema seguro e confiável de governança digital.[21]

Se, de um lado, é inegável o enorme avanço alcançado com o advento da LGPD no tratamento de dados dos cidadãos pela Administração Pública, por outro, em especial no tocante às sanções tipificadas ao ente infrator da lei, alguns de seus dispositivos, quando voltados à mesma Administração, revelam-se inadequados ou mesmo ineficientes.

No entanto, se as sanções para a Administração Pública são por vezes inócuas, o mesmo não se pode asseverar aos agentes públicos, que têm contra si pesadíssimas sanções em caso de afronta à LGPD. Ainda pouco se aborda este viés, porque estão incautos – talvez até pela ignorância e inconsciência dos seus consectários legais ou pela descrença na efetivação da lei.

De todo modo, no presente ensaio, procurou-se analisar criticamente esses pontos e, com o único propósito de trazer o tema ao debate, apresentar possíveis soluções aos entraves que, eventualmente, poderão vir a ser enfrentados tanto pelo cidadão como pelo gestor público por ocasião da entrada em vigor da LGPD.

Referências

BUCAR, Daniel. Administração Pública e lei geral de proteção de dados. *In*: SOUZA, Carlos Affonso; MAGRANI, Eduardo; SILVA, Priscilla (Coord.). *Lei Geral de Proteção de Dados*. São Paulo: RT, 2019.

---

[21] "Governança digital é a prática de estabelecer e implementar políticas, procedimentos e padrões para o desenvolvimento, uso e gestão apropriados da infosfera. (...) Por exemplo, através da governança digital um órgão governamental ou uma empresa poderá: 1) determinar e controlar processos e métodos usados por gestores de dados [*data stewards*] e guardiões de dados [*data custodians*] a fim de melhorar a qualidade, confiabilidade, acesso e segurança dos dados e a disponibilidade de seus serviços; e 2) criar procedimentos eficazes para a tomada de decisões e para a identificação de responsabilidades no que diz respeito a processos relacionados com os dados" (FLORIDI. L. Soft Ethics, the Governance of the Digital and the General Data Protection Regulation. *Philosophical transactions of the royal society*, 2018, A 376. Disponível em: http://dx.doi.org/10.1098/rsta.2018.0081. Acesso em: 31 jan. 2020).

DONEDA, Danilo. *Da privacidade à proteção de dados pessoais*. Rio de Janeiro: Renovar. 2006.

DONEDA, Danilo. A autonomia do direito fundamental de proteção de dados. *In:* SOUZA, Carlos Affonso; MAGRANI, Eduardo; SILVA, Priscilla (Coord.). *Lei Geral de Proteção de Dados*. São Paulo: RT, 2019.

FLORIDI. L. Soft Ethics, the Governance of the Digital and the General Data Protection Regulation. *Philosophical transactions of the royal society*, 2018, A 376. Disponível em: http://dx.doi.org/10.1098/rsta.2018.0081. Acesso em: 31 jan. 2020.

GARFINKEL, Simson. *Database Nation*. Sebastopol: O'Rilley. 2001.

HOFFMANN-RIEM, Wolfgang. Inteligência artificial como oportunidade para a regulação jurídica. *Revista Direito Público*, Porto Alegre, v. 16, n. 90, nov./dez. 2019.

MENDES, Laura Schertel. Habeas data e autodeterminação informativa. *Revista brasileira de direitos fundamentais & justiça*, v. 12, n. 39, p. 185-216, jul./dez. 2018.

MENDES, Laura Schertel. A lei geral de proteção de dados pessoais: um modelo de aplicação em três níveis. *In:* SOUZA, Carlos Affonso; MAGRANI, Eduardo; SILVA, Priscilla (Coord.). *Lei Geral de Proteção de Dados*. São Paulo: RT, 2019.

MULHOLLAND, Caitlin; FRAJHOF, Isabella Z. Dados pessoais sensíveis e a tutela de direitos fundamentais: uma análise à luz da lei geral de proteção de dados (Lei 13.709/18). *Revista de Direitos e Garantias Fundamentais*, Vitória, v. 19, n. 3, p. 159-180, set./dez. 2018.

PINHEIRO, Patricia Peck. *Proteção de dados pessoais* – comentários à Lei nº 13.709/2018. São Paulo: Saraiva, 2018.

Informação bibliográfica deste texto, conforme a NBR 6023:2018 da Associação Brasileira de Normas Técnicas (ABNT):

REIS, Luciano Elias; LIPPMANN, Rafael Knorr. A Administração Pública na Lei Geral de Proteção de Dados. *In:* PIRONTI, Rodrigo (Coord.). *Lei Geral de Proteção de Dados*: estudos sobre um novo cenário de Governança Corporativa. Belo Horizonte: Fórum, 2020. p. 167-178. ISBN 978-65-5518-043-5.

FUNDAMENTOS DA LEI GERAL DE PROTEÇÃO DE DADOS PESSOAIS E A RESPONSABILIDADE EXTRACONTRATUAL DO ESTADO NO TRATAMENTO DE DADOS PESSOAIS

MIRELA MIRÓ ZILIOTTO
FELIPE GREGGIO

1 Introdução

O tratamento massificado de dados por organizações públicas e privadas é realidade decorrente dos avanços constantes da tecnologia da informação, tendo a crescente utilização de dados pessoais pelo ambiente industrial e comercial impulsionado a intervenção estatal para regulamentação das relações entre o titular desses dados e o seu controlador, objetivando-se, notadamente, a proteção daquele de possíveis usos indevidos de suas informações pessoais.

O atual potencial de coleta, processamento e utilização de dados pessoais, enquanto oportunidade de geração de novos conhecimentos e serviços, também pode acarretar graves riscos aos direitos da personalidade do cidadão, ao acesso aos serviços e bens, além de grande insegurança jurídica para o ambiente de negócios de tecnologia da informação existente no país e para o comércio exterior, em razão da desconformidade da legislação brasileira aos padrões internacionais já existentes sobre tema.

Aprovada em agosto de 2018, a Lei Geral de Proteção de Dados Pessoais – LGPD, Lei Federal nº 13.709/2018, institui regras expressas de como deve ocorrer o tratamento de dados pessoais fornecidos por pessoas naturais, visando à proteção e salvaguarda dos usuários. Desde sua aprovação, houve grande expectativa e reflexão durante os meses de vacância da lei, registrando-se um dos maiores períodos de *vacatio legis* na história do ordenamento jurídico brasileiro.

O grande prazo temporal para adequação e assimilação se justifica não apenas em razão da novidade do tema, mas também em razão da sua complexidade, já que todas as pessoas jurídicas, privadas ou públicas, terão que adotar, a partir da eficácia plena da LGPD, medidas de segurança, técnicas e administrativas aptas para realizar o tratamento efetivo de proteção dos dados pessoais das pessoas naturais que a lei busca resguardar.

Inspirada na regulação europeia de proteção de dados (*General Data Protection Resolution* – GDPR), a LGPD é a primeira regulamentação no ordenamento jurídico pátrio nesta temática, de modo que a obrigação da implantação de políticas de integridade de segurança de dados permitirá o amadurecimento da cultura de proteção aos dados pessoais, especialmente em relação à Administração Pública, que possui grande interesse na coleta de dados para fins de elaboração de políticas públicas, fiscalização, vigilância e demais atividades estatais.

Porém, claro é que a aplicação efetiva da Lei Geral de Proteção de Dados no âmbito da Administração Pública exige que sejam feitas considerações acerca da necessária harmonização dos princípios fundamentais regentes da Administração Pública com os princípios legais expressamente previstos pela Lei Federal nº 13.709/2018, de modo a manter a integridade do ordenamento jurídico.

2 Os fundamentos e princípios da Lei Geral de Proteção de Dados Pessoais

A proteção de dados pessoais das pessoas físicas não é de todo uma novidade da LGPD, eis que já havia previsão similar no Marco Civil da Internet.[1] Entretanto, a regulamentação do tema ocorria tão

---

[1] Art. 7º O acesso à internet é essencial ao exercício da cidadania, e ao usuário são assegurados os seguintes direitos:
I - inviolabilidade da intimidade e da vida privada, sua proteção e indenização pelo dano material ou moral decorrente de sua violação;
(...)

somente de forma difusa, sem exposição dos critérios e definições necessárias para dar efetividade concreta à proteção de dados pessoais, sendo equivocadamente tratada como uma questão de cibersegurança. A LGPD, por sua vez, aprofundou o tema, amadurecendo-o ao patamar de aplicação prática.

O foco da Lei Geral de Proteção de Dados, portanto, foi assegurar à pessoa natural a titularidade e o controle sobre informações pessoais dotadas de proteção legal, fundamentando-se na inviolabilidade da intimidade e da vida privada, na liberdade de expressão, comunicação e opinião, na autodeterminação informativa, no desenvolvimento econômico e tecnológico, bem como na livre-iniciativa, livre concorrência, defesa do consumidor, proteção dos direitos humanos, dignidade, livre desenvolvimento da personalidade e exercício da cidadania, conforme determinado em seu artigo 2º.

Não se pode confundir, entretanto, os objetivos da Lei Geral de Proteção de Dados com os fundamentos da proteção de dados. Assim, enquanto o objetivo da lei é a proteção dos direitos individuais fundamentais da liberdade, privacidade e livre desenvolvimento da personalidade da pessoa natural (art. 1º), os fundamentos, na acepção de Celso Ribeiro Bastos,[2] são inerentes à estrutura, ou seja, a proteção de dados pessoais é indivisível dos direitos fundamentais individuais elencados na lei.

Ainda, apesar de a proteção dos direitos fundamentais individuais ser objetivo primário da lei, deve-se sempre equilibrar a proteção dos direitos individuais com a proteção dos direitos coletivos,[3] de modo que a lei não será aplicável nas hipóteses de segurança pública, defesa nacional, segurança do Estado ou atividades de investigação e repressão de infrações penais. Dessa forma, entende-se que o princípio da supremacia do interesse público é resguardado pela legislação.

Nota-se, ainda, a dominância do caráter principiológico da legislação, já que não há regras claras e específicas de como devem ser as políticas de integridade que serão implantadas. Porém, conforme

---

IX - consentimento expresso sobre coleta, uso, armazenamento e tratamento de dados pessoais, que deverá ocorrer de forma destacada das demais cláusulas contratuais; BRASIL. *Lei Geral de Proteção de Dados Pessoais*. Brasília, Lei Federal nº 13.709, de 14 de agosto de 2018. Disponível em: http://www.planalto.gov.br/ccivil_03/_ato2015-2018/2018/lei/L13709.htm. Acesso em: 20 jan. 2019.

[2] BASTOS, Celso Ribeiro. *Curso de Direito Constitucional*. 20. ed. São Paulo: Saraiva, 1999. p. 137.

[3] PINHEIRO, Patrícia Peck. *Proteção de dados pessoais*: comentários à Lei n. 13.709/2018 (LGPD). São Paulo: Saraiva Educação, 2018. p. 58.

observado por Patrícia Peck Pinheiro, a lei considera seus princípios atendidos através da conformidade dos itens de controle, de modo que se a política de integridade foi implementada e aplicada, considera-se que houve atendimento aos princípios da lei.[4]

A LGPD elenca os princípios norteadores da proteção dos dados pessoais em seu artigo 6º, que disciplina que todas as atividades de tratamento de dados pessoais deverão observar a boa-fé e o cumprimento dos dez princípios arrolados pela lei, conforme analisados a seguir:

I Finalidade: realização do tratamento para propósitos legítimos, específicos, explícitos e informados ao titular, sem possibilidade de tratamento posterior de forma incompatível com essas finalidades

O princípio da finalidade determina a impossibilidade de coleta de dados de forma genérica, de modo que os propósitos da utilização dos dados devem ser delimitados previamente ao seu colhimento, pelo controlador, bem como informados ao titular, que poderá optar por conceder ou não o consentimento, nos termos da lei, ao tratamento de seus dados para a finalidade informada.

Nesse sentido, importante frisar que não é possível o tratamento posterior de forma incompatível com a finalidade informada, de modo que os controladores devem agir com cautela na delimitação dos propósitos almejados, eis que servirão de fronteira ao uso dos dados pessoais, em respeito à lealdade e boa-fé devida ao titular.[5]

Da mesma forma, deve-se atentar que, após o cumprimento da finalidade delimitada, não haverá mais necessidade do uso dos dados coletados, de modo que a LGPD determina o término do tratamento dos dados pessoais com a sua posterior eliminação, sendo autorizada sua conservação apenas em hipóteses específicas.

II Adequação: compatibilidade do tratamento com as finalidades informadas ao titular, de acordo com o contexto do tratamento

O princípio da adequação se vincula ao princípio da finalidade, devendo, necessariamente, haver uma compatibilidade entre a informação repassada ao titular acerca dos fins de uso destinado de seus

---

[4] PINHEIRO, Patrícia Peck. *Proteção de dados pessoais:* comentários à Lei n. 13.709/2018 (LGPD). São Paulo: Saraiva Educação, 2018. p. 31.
[5] VAINZOF, Rony. Disposições Preliminares. *In*: MALDONADO, Viviane Nóbrega; BLUM, Renato Opice (Coord.). *LGPD* – Lei Geral de Proteção de Dados comentada. São Paulo: Thomson Reuters Brasil, 2019. p. 139.

dados e o efetivo tratamento de seus dados, sendo claro que a boa-fé norteia a relação entre o titular e o controlador, não podendo existir omissões cruciais à manifestação livre e informada do titular, quando este registra seu consentimento.

III Necessidade: limitação do tratamento ao mínimo necessário para a realização de suas finalidades, com abrangência dos dados pertinentes, proporcionais e não excessivos em relação às finalidades do tratamento de dados

Relacionado aos dois princípios anteriores, o princípio da necessidade determina que o tratamento de dados será delimitado por sua finalidade, não podendo ser utilizado além dos fins informados ao titular, cujo consentimento é concedido apenas para aquela finalidade e não além.

Rony Vainzof, nesse sentido, ressalta que esse princípio leva o controlador à ponderação acerca da real necessidade de coleta e uso de dados pessoais para a finalidade almejada, pelo que, existindo hipótese de o objetivo ser alcançado mediante outro método que não necessite de uso de dados pessoais, deve então este ser priorizado pelo controlador.[6]

Dessa forma, o volume mínimo de dados pessoais necessários ao cumprimento da finalidade deve ser utilizado, afastando-se a coleta de dados supérfluos ou não essenciais aos propósitos destinados, já que esta se caracteriza como uma invasão desproporcional à privacidade do titular.

IV Livre acesso: garantia, aos titulares, de consulta facilitada e gratuita sobre a forma e a duração do tratamento, bem como sobre a integralidade de seus dados pessoais

O fundamento da autodeterminação informativa determina o livre acesso, pelos titulares dos dados pessoais, às consultas de como seus dados estão sendo utilizados, servindo-se de garantia de poder de fiscalização acerca da licitude de uso e integralidade de seus dados pessoais.

Dotado dessa transparência, o titular pode se informar das políticas de integridade de tratamento implantadas pela pessoa jurídica privada ou pública, sendo crucial essa averiguação para que o titular possa tomar uma decisão informada, permitindo o seu consentimento à entrega de seus dados, ou mesmo sua negação.

---

[6] VAINZOF, Rony. Disposições Preliminares. *In*: MALDONADO, Viviane Nóbrega; BLUM, Renato Opice (Coord.). *LGPD – Lei Geral de Proteção de Dados comentada*. São Paulo: Thomson Reuters Brasil, 2019. p. 144.

Acerca da integralidade dos dados pessoais, esta deve ser compreendida nos conformes da norma ISO/IEC 27000:2018, norma internacional de segurança da informação,[7] sendo que a integralidade está relacionada à precisão e confiabilidade dos dados pessoais repassados pelo titular e utilizados pelo controlador, sem que haja divergências.

V Qualidade dos dados: garantia, aos titulares, de exatidão, clareza, relevância e atualização dos dados, de acordo com a necessidade e para o cumprimento da finalidade de seu tratamento

É comum o uso de dados pessoais para análise e criação de um perfil pessoal do titular, especulando-se as possíveis preferências e desgostos daquela pessoa, bem como aspectos de sua personalidade, sendo útil para fins de análise e pesquisa de mercado.[8] No entanto, considerando a fluidez inerente às pessoas, que constantemente mudam suas preferências pessoais, é necessária a precisão da coleta inicial de dados e uma constante atualização dos bancos de dados para refletir a mudança subjetiva dos titulares.

Além disso, necessária é a existência de consentimento específico ante a utilização desses dados para criação de perfis, por exemplo. Do contrário, haverá utilização indevida e em desacordo com as finalidades, incorrendo o controlar em ato ilícito.

Assim, para garantir a qualidade dos dados, é essencial que, primeiro, exista o consentimento do indivíduo e, segundo, que o controlador tenha uma política de integridade que reflita essa preocupação, eis que o tratamento errôneo de dados pode levar a situações não desejadas e possivelmente danosas ao titular.

VI Transparência: garantia, aos titulares, de informações claras, precisas e facilmente acessíveis sobre a realização do tratamento e os respectivos agentes de tratamento, observados os segredos comercial e industrial

Relacionada ao princípio do livre acesso, a efetivação do princípio da transparência garante aos titulares o acesso simplificado

---

[7] ISO/IEC 27000:2018 [ISO/IEC 27000:2018]. Information technology – Security techniques – Information security management systems – Overview and vocabulary. Disponível em: https://standards.iso.org/ittf/PubliclyAvailableStandards/index.html. Acesso em: 28 jan. 2020.

[8] Observe que a prática de *marketing* direto, entendido como contatos diretos e personalizados que ocorrem entre consumidor e empresa, divulgando marca e produtos, necessita de um banco de dados pessoais do cliente para a compreensão acerca de qual tipo de produto ou abordagem ele será mais receptivo.

e compreensível das informações acerca do tratamento de dados e os agentes que integram a cadeia de tratamento, sem que existam obstáculos desnecessários impostos ao titular, permitindo o acesso das informações mínimas a que ele tem direito, sendo a transparência necessária para gerar confiança no titular sobre seus direitos e os procedimentos que serão tomados pelo controlador.

Assim, diminui-se a assimetria de informação naturalmente existente entre empresa/controladora e consumidor/titular, permitindo ao titular uma decisão mais informada a partir da legalidade, finalidade e segurança do tratamento de seus dados privativos. Ao mesmo tempo, mostra-se medida de segurança benéfica ao próprio controlador, já que se comprova o atendimento do dever de informar, que deve ser levado em consideração na hipótese de judicialização de conflitos.

Em relação à violação desse princípio, destaque-se que a autoridade nacional de proteção de dados francesa (CNIL) aplicou sanção pecuniária à empresa Google, no montante de cinquenta milhões de euros, por descumprimento da GDPR europeia,[9] configurando a maior multa já aplicada com base no regulamento de proteção de dados pessoais. A fundamentação da decisão deixa claro que houve o descumprimento reiterado de princípios da GDPR, especialmente no tocante à garantia de transparência e informação quanto ao tratamento dos dados pessoais.

VII Segurança: utilização de medidas técnicas e administrativas aptas a proteger os dados pessoais de acessos não autorizados e de situações acidentais ou ilícitas de destruição, perda, alteração, comunicação ou difusão

O princípio da segurança na proteção de dados está intimamente ligado às políticas de integridade que serão implementadas pelos controladores, que devem abarcar não apenas medidas de cibersegurança, mas, principalmente, métodos e normas administrativas que sejam capazes de realizar a proteção dos dados pessoais. O objetivo da adoção dessas medidas é impedir que os dados sejam acessados por terceiros não autorizados, bem como que ocorra qualquer tipo de modificação no uso dos dados que possa acarretar a destruição, perda, alteração ou vazamento dos dados, de forma acidental ou ilícita.

---

[9] OLIVEIRA, Jaqueline Simas. Google é multado em 50 milhões de euros na França por violação ao GDPR. *JOTA*. Opinião. Disponível em: https://www.jota.info/opiniao-e-analise/artigos/google-e-multado-em-50-milhoes-de-euros-na-franca-por-violacao-ao-gdpr-24012019. Acesso em: 20 jan. 2020.

Apesar de não haver sistema de tecnologia da informação que seja completamente invulnerável, deve existir um padrão razoável e proporcional de segurança, de forma a garantir um mínimo de proteção e confiabilidade aos titulares quanto ao tratamento de seus dados privados.

É importante a percepção de que a Lei Geral de Proteção de Dados Pessoais, ao exigir que os agentes de tratamento adotem políticas de boas práticas e governança no tratamento de dados pessoais, não está a exigir apenas a adoção de medidas de segurança digital, sendo estas somente uma parte integrante da política e boas práticas e governança, de modo que a lei é expressa em seu artigo 50 ao afirmar que as regras devem estabelecer medidas que vão além da segurança digital, como as condições de organização, regime de funcionamento, obrigações dos envolvidos no tratamento, ações educativas e outros aspectos relacionados ao tratamento de dados pessoais.

Assim, um programa de cibersegurança é incompleto sem as bases de governança, análise de risco e *compliance* (GRC), pois o que a lei exige, de fato, para o cumprimento dos princípios de segurança e prevenção é a implantação de programa de governança em privacidade efetivo, capaz de proteger os dados pessoais dos titulares, em atendimento às normas e boas práticas de segurança digital.

Logo, a segurança digital integra a governança digital, mas não se confunde com ela e tampouco é independente, não sendo possível a realização de segurança digital sem metodologia técnica que a parametrize de acordo com normas de governança adotadas. Inclusive, o parágrafo único do artigo 44 da LGPD é expresso ao determinar a responsabilidade pelos danos decorrentes da violação de segurança dos dados ao controlador ou operador que deixar de adotar as medidas de segurança adequadas.

VIII Prevenção: adoção de medidas para prevenir a ocorrência de danos em virtude do tratamento de dados pessoais

O princípio da prevenção se relaciona com o princípio da segurança, reafirmando a necessidade de adoção de boas práticas de segurança no tratamento de dados pessoais, sendo que um dos objetivos finalísticos da LGPD é o desenvolvimento e amadurecimento da cultura de proteção de dados pessoais em âmbito nacional, mitigando-se riscos antes mesmo de se iniciar o tratamento dos dados.[10]

---

[10] VAINZOF, Rony. Disposições Preliminares. *In*: MALDONADO, Viviane Nóbrega; BLUM, Renato Opice (Coord.). *LGPD – Lei Geral de Proteção de Dados comentada*. São Paulo: Thomson Reuters Brasil, 2019. p. 158.

Outro princípio que se relaciona diretamente com o princípio da prevenção é o *Privacy by Design*, disciplinado na GDPR, e que é pautado por sete princípios fundamentais expostos por Ann Cavoukian,[11] os quais são considerados necessários ao cumprimento dos objetivos propostos naquela legislação:

(i) *Proativo, não reativo; preventivo, não remedial*: caracteriza-se pela proatividade das medidas, mitigando-se riscos e antecipando potenciais eventos danosos antes que ocorram. Assim, impede-se a materialização dos eventos, preventivamente, não oferecendo remédios aos sintomas, mas atacando a causa diretamente, excluindo-se riscos evitáveis, de modo que o *Privacy by Design* é anterior ao evento causador do dano.

(ii) *Privacidade como configuração padrão (Privacy by Default)*: o *Privacy by Default* determina que a privacidade dos dados pessoais é a configuração padrão do sistema de informação, de modo que não seja necessária qualquer operação adicional para que ocorra a proteção dos dados, sendo ela completamente automatizada.

(iii) *Privacidade incorporada ao design*: caracteriza-se pelo *design* e arquitetura do sistema e das práticas de governança, de modo que a privacidade de dados é incorporada à estrutura do sistema intrinsecamente, para que a privacidade se torne um componente essencial do sistema tecnológico de informação.

(iv) *Funcionalidade completa – soma-positiva, não soma-zero*: em linhas gerais, o *Privacy by Design* tem como objetivo não apenas a proteção da privacidade, mas também deve ser desenhado de modo a não haver sacrifícios ou dicotomias na busca de proteção da privacidade, sendo que é possível o cumprimento satisfatório de todas as partes envolvidas, sem comprometimento da privacidade, de forma inovadora e positivamente somando os interesses, não os anulando.

(v) *Segurança de ponta a ponta – ciclo de vida protetivo*: proteção total da privacidade dos dados pessoais no ciclo de vida completo do tratamento, do começo ao fim, desde sua coleta inicial, passando pelo armazenamento até a destruição dos dados após o cumprimento da finalidade almejada.

(vi) *Visibilidade e transparência*: garantia de visibilidade e transparência acerca das tecnologias e boas práticas utilizadas no tratamento de proteção de dados inclusive possibilitando a auditabilidade do sistema por um terceiro independente.

---

[11] CAVOUKIAN, Ann. *Privacy by Design*. The 7 Foundational Principles. Disponível em: https://iab.org/wp-content/IAB-uploads/2011/03/fred_carter.pdf. Acesso em: 21 jan. 2020.

(vii) *Respeito pela privacidade do usuário*: a privacidade do usuário deve ser a principal preocupação quando se formulam regras de segurança e boas práticas, desenhando os sistemas centrados no indivíduo, empoderando o titular dos dados pessoais, o mais interessado na proteção de sua privacidade.

IX *Não discriminação: impossibilidade de realização do tratamento para fins discriminatórios ilícitos ou abusivos*

A não discriminação no tratamento dos dados pessoais é outro princípio que merece especial importância, eis que os dados privados dos titulares não podem ser coletados para fins que visem à sua discriminação abusiva ou ilícita, impedindo-se a estigmatização e a limitação indevida de direitos.

A importância desse princípio pode ser reconhecida no exemplo da coleta de informações genéticas para análise de marcadores cancerígenos, com o objetivo de se negar a cobertura de plano de saúde, ou elevar o valor do prêmio do seguro, sem que o titular dos dados tenha manifestado qualquer sintoma da doença. Apesar de tais informações serem de grande serventia econômica às seguradoras, evidente que se trata de prática discriminatória indevida, de modo que o tratamento preditivo de dados genéticos para fins securitários já foi questão enfrentada pelos Estados Unidos, que promulgou lei federal que proíbe o uso de informações genéticas por seguradoras de saúde, com a finalidade de determinar a elegibilidade da cobertura do seguro de um indivíduo.[12]

X *Responsabilização e prestação de contas: demonstração, pelo agente, da adoção de medidas eficazes e capazes de comprovar a observância e o cumprimento das normas de proteção de dados pessoais e, inclusive, da eficácia dessas medidas*

O princípio da responsabilidade e prestação de contas deixa claro aos controladores e operadores que ambos são responsáveis pelo tratamento dos dados privados dos titulares, sendo necessária a comprovação de que foram adotadas medidas de proteção dos dados pessoais. Da mesma forma, o princípio em análise é responsável por determinar que recaia sobre aqueles a responsabilidade de prestar contas acerca do programa de segurança adotado, comprovando-se sua eficácia e efetividade para o cumprimento dos objetivos da lei.

---

[12] Genetic Information Nondiscrimination Act (GINA). Disponível em: https://www.govinfo.gov/content/pkg/PLAW-110publ233/pdf/PLAW-110publ233.pdf. Acesso em: 20 jan. 2020.

Daquilo que se depreende da análise dos princípios da LGPD elencados, evidente é a preocupação reafirmada para com a proteção dos dados pessoais, eis que o cumprimento dos fundamentos da legislação assegura a privacidade e os direitos humanos individuais dos titulares, sem sacrificar o desenvolvimento econômico e tecnológico, conciliando-os com os direitos coletivos, constitucionalmente garantidos.

3 Princípios e responsabilidade do tratamento de dados pessoais pela Administração Pública

A Administração Pública diariamente exerce ampla gama de atividades administrativas e implementa políticas públicas em cumprimento do interesse público, pelo que sua atuação administrativa "subordina-se às regras legais, e, acima disso, ao Direito".[13] Não sem razão, as políticas públicas não podem ser consideradas como "meros programas de governo, mas ações e pautas administrativas que precisam guardar vinculação com as prioridades constitucionais, imprimindo, de modo consciente, eficácia aos direitos fundamentais de todas as dimensões".[14] Nessa lógica, um Estado intitulado Democrático de Direito não guarda espaço para o livre arbítrio, tampouco para o cumprimento cego de toda e qualquer lei, sendo indispensável uma atuação do Poder Público subordinada à integridade dos preceitos constitucionais.[15]

Germana de Oliveira Moraes assevera que, a partir da concepção do Estado Democrático de Direito, há uma modificação da noção de Direito, que passa do "direito por regras" ao "direito por princípios," substituindo-se a ideia da legalidade estrita pela ideia da juridicidade.[16] Dessa forma, o princípio da legalidade somente passa a ter significado quando dialogado com os demais princípios e direitos fundamentais, de sorte que pensar o Direito como simples conjunto de regras é "subestimar de forma ruinosa a complexidade do fenômeno jurídico-administrativo".[17]

---

[13] FREITAS, Juarez. *O controle dos atos administrativos e os princípios fundamentais*. 5. ed. rev. e ampl. São Paulo: Malheiros Editores, 2013. p. 59.
[14] FREITAS, Juarez. *O controle dos atos administrativos e os princípios fundamentais*. 5. ed. rev. e ampl. São Paulo: Malheiros Editores, 2013. p. 456.
[15] MOREIRA, Egon Bockmann. *Processo Administrativo*: Princípios Constitucionais e a Lei 9.784/1999. 4. ed. São Paulo: Editora Malheiros, 2010. p. 75.
[16] MORAES, Germana de Oliveira. *Controle Jurisdicional da Administração Pública*. São Paulo: Dialética, 1999. p. 24.
[17] FREITAS, Juarez. *O controle dos atos administrativos e os princípios fundamentais*. 5. ed. rev. e ampl. São Paulo: Malheiros Editores, 2013. p. 60.

Como se pode notar, a compreensão da necessária submissão do Estado ao Direito deve se dar a partir da desconstrução da percepção de um Poder Público pautado no império da lei, de modo que todos os mecanismos constitucionais que obstaculizam o exercício arbitrário e ilegítimo do poder ou impedem o abuso ilegal deste integram esse novo regime.[18]

Considerando esse fato, a Lei Geral de Proteção de Dados Pessoais disciplina o tratamento de dados pessoais não apenas pelos entes privados, mas também pelas pessoas jurídicas de direito público (Capítulo IV, LGPD), sendo os fundamentos e princípios da referida legislação aplicáveis tanto aos órgãos públicos da Administração Pública direta e indireta quanto aos Poderes Legislativo e Judiciário, incluindo, ainda, as Cortes de Contas e o Ministério Público, não se olvidando que os entes estatais não estão alheios à realidade digital da sociedade moderna.

Nesse sentido, a partir do artigo 23 da Lei Geral de Proteção de Dados Pessoais, determina-se que o tratamento de dados pessoais pelas pessoas jurídicas de direito público deverá ser realizado para o atendimento de sua finalidade pública, na persecução do interesse público, com o objetivo de executar as competências legais ou cumprir as atribuições legais do serviço público. É dizer, deverão ser fornecidas informações claras e atualizadas sobre a previsão legal, a finalidade, os procedimentos e as práticas utilizadas para a execução das atividades de tratamento de dados pessoais, em veículos de fácil acesso, preferencialmente em seus sítios eletrônicos, bem como deverá ser indicado um encarregado.[19] Ou seja, os dados deverão ser mantidos em formato interoperável e estruturado para o uso compartilhado, com vistas à execução de políticas públicas, à prestação de serviços públicos, à descentralização da atividade pública e à disseminação e ao acesso das informações pelo público em geral.

Naquilo que diz respeito à aplicação da LGPD às diferentes estruturas que compõem a Administração, a própria norma faz distinção entre estatais em regime de concorrência e àquelas que prestam serviço

---

[18] BOBBIO, Norberto. *Liberalismo e Democracia*. 4. reimp. 6. ed. Tradução Marco Aurélio Nogueira. São Paulo: Brasiliense, 2000. p. 19.

[19] O encarregado é a pessoa indicada pelo controlador e operador para atuar como canal de comunicação entre o controlador, os titulares dos dados e a Autoridade Nacional de Proteção de Dados (ANPD), nos termos do artigo 5º, inciso VIII, da LGPD. BRASIL. *Lei Geral de Proteção de Dados Pessoais*. Brasília, Lei Federal nº 13.709, de 14 de agosto de 2018. Disponível em: http://www.planalto.gov.br/ccivil_03/_ato2015-2018/2018/lei/L13709.htm. Acesso em: 20 jul. 2020.

público, de modo que as primeiras terão o mesmo tratamento dispensado às "pessoas jurídicas de direito privado particulares" (art. 24, caput)[20] e as segundas, quando "estiverem operacionalizando políticas públicas, terão o mesmo tratamento dispensado aos órgãos e entidades do Poder Público" (art. 24, p. único).[21] Segundo Fernando Antonio Tasso, a relação jurídica existente entre o Poder Público e o indivíduo titular de dados pessoais é caracterizada pela assimetria de poder, sendo que o ente estatal possui amplos poderes para consecução de suas funções, realizando grande coleta e armazenamento de dados pessoais adquiridos para o desempenho de suas atividades ou como subproduto delas.[22] A integração da LGPD ao ordenamento jurídico concede segurança e transparência ao Poder Público, metodizando o tratamento de dados pessoais coletados por ela, mitigando-se o risco de violação de direitos individuais fundamentais do titular, sem comprometer a execução de suas competências legais e atribuições legais do serviço público.

Dessa forma, quando couber à Administração Pública o tratamento de dados pessoais, além de observar o sistema administrativo, conferindo a máxima eficácia ao direito fundamental à boa administração e ao desenvolvimento sustentável,[23] pelo fundamento da juridicidade, deve ela se referir também aos fundamentos e princípios da proteção de dados consignada na LGPD, inclusive no uso compartilhado de dados pessoais pelo Poder Público, conforme determinação expressa em seu artigo 26. Isto é, quando do uso compartilhado de dados pessoais pelo Poder Público, este deverá atender as finalidades específicas de execução de políticas públicas e atribuição legal pelos órgãos e pelas

---

[20] Art. 24. As empresas públicas e as sociedades de economia mista que atuam em regime de concorrência, sujeitas ao disposto no art. 173 da Constituição Federal, terão o mesmo tratamento dispensado às pessoas jurídicas de direito privado particulares, nos termos desta Lei. BRASIL. *Lei Geral de Proteção de Dados Pessoais*. Brasília, Lei Federal nº 13.709, de 14 de agosto de 2018. Disponível em: http://www.planalto.gov.br/ccivil_03/_ato2015-2018/2018/lei/L13709.htm. Acesso em: 20 jul. 2020.

[21] Parágrafo único. As empresas públicas e as sociedades de economia mista, quando estiverem operacionalizando políticas públicas e no âmbito da execução delas, terão o mesmo tratamento dispensado aos órgãos e às entidades do Poder Público, nos termos deste Capítulo. BRASIL. *Lei Geral de Proteção de Dados Pessoais*. Brasília, Lei Federal nº 13.709, de 14 de agosto de 2018. Disponível em: http://www.planalto.gov.br/ccivil_03/_ato2015-2018/2018/lei/L13709.htm. Acesso em: 20 jul. 2020.

[22] TASSO, Fernando Antonio. Do tratamento de dados pessoais pelo Poder Público. *In*: MALDONADO, Viviane Nóbrega; BLUM, Renato Opice (Coord.). *LGPD – Lei Geral de Proteção de Dados comentada*. São Paulo: Thomson Reuters Brasil, 2019. p. 245.

[23] FREITAS, Juarez. *O controle dos atos administrativos e os princípios fundamentais*. 5. ed. rev. e ampl. São Paulo: Malheiros Editores, 2013. p. 42.

entidades públicas, respeitados os princípios de proteção de dados pessoais elencados no art. 6º desta Lei.

Assim, apesar da regulamentação estatal de proteção de dados ter sido impulsionada por escândalos de vazamento de grandes empresas de tecnologia da informação, notadamente o Google e Facebook,[24] o uso indevido de dados pessoais não é exclusividade do âmbito privado. Dessa forma, não se pode olvidar que um dos maiores interessados na coleta de dados pessoais é a própria Administração Pública, que exige dos titulares a exposição constante e crescente de suas informações pessoais para fins de execução de políticas públicas previstas em leis e regulamentos. A título de exemplo, cita-se a biometria obrigatória de impressão digital dos eleitores para exercer o direito ao voto, o uso de tecnologias de reconhecimento facial para vigilância pública, o cruzamento de dados bancários para fiscalização da tributação e diversas outras informações que a Administração Pública necessita para a persecução de seus objetivos.

Ainda que a Administração Pública atue em persecução do interesse público, isso não a torna isenta de realizar tratamento indevido dos dados pessoais coletados, seja por falta de um programa maduro de segurança digital ou mesmo em razão do uso de dados pessoais para fins ilícitos – não pautados pelo princípio da finalidade. O caso internacional de maior destaque nesse campo foi o uso de dados pessoais pela Agência de Segurança Nacional Americana (NSA – *National Security Agency*) como plano de vigilância global, conforme revelado pelo ex-contratado da própria agência, o delator Edward Snowden.[25] Nacionalmente, em outubro de 2019, noticiou-se um vazamento de dados sensíveis de aproximadamente setenta milhões de brasileiros pelo DETRAN do Rio Grande do Norte, incluindo o endereço residencial

---

[24] O parecer de aprovação da Comissão de Ciência e Tecnologia, Comunicação e Informática, de 04.05.2016, expressamente menciona os vazamentos dessas empresas como contexto para justificar a necessidade e aprovação do PLS nº 4.060/2012, posteriormente convertido na Lei nº 13.709/2018.

[25] Em 05 de junho de 2013 foram publicadas reportagens denunciando o uso ilícito de dados pessoais pela Agência de Segurança Nacional americana, amparado em fontes reveladas por Edward Snowden. Nessas reportagens ficou revelado que a agência estocava dados pessoais de nacionais e estrangeiros, como conversas realizadas por e-mail, dados de telefone, conversas de vídeo e áudio, bem como diversas outras informações, sob um pretexto de um programa de vigilância global, que envolvia a espionagem e monitoramento de dados de cidadãos, inclusive agentes políticos de diversos países.

completo, telefone, dados da CNH, CPF, foto, RG, data de nascimento, sexo e idade de inúmeros indivíduos.[26] Como se nota, a Administração Pública, necessariamente, deverá realizar a implementação de políticas de integridade efetivas ao cumprimento da lei, não apenas para ser coerente com as exigências feitas ao setor privado, mas também para dar cumprimento ao princípio da legalidade, estando diretamente sujeita às penalidades da LGPD.

Destaque-se que a Lei Geral de Proteção de Dados Pessoais determina de forma expressa em seu artigo 31 que "quando houver infração a esta Lei em decorrência do tratamento de dados pessoais por órgãos públicos, a autoridade nacional poderá enviar informe com medidas cabíveis para fazer cessar a violação". Ocorre que não só o cessar da violação é imputado à Administração Pública, mas também a reparação de danos decorrentes de tratamento indevido. Isso porque "o controlador ou o operador que, em razão do exercício de atividade de tratamento de dados pessoais, causar a outrem dano patrimonial, moral, individual ou coletivo, em violação à legislação de proteção de dados pessoais, é obrigado a repará-lo". Assim, uma vez que a LGPD se aplica diretamente à União, Estados, Municípios e Distrito Federal, bem como a todos os órgãos e entidades a eles vinculados, haverá responsabilização quando da atuação daqueles como controladores ou operadores de dados pessoais, aplicando-se-lhes a teoria da responsabilidade extracontratual objetiva por eventual ocorrência de danos em razão da difusão indevida de dados pessoais ou acesso não autorizado por terceiro, nos termos do artigo 37, §6º, da Constituição da República de 1988.[27]

Sobre a responsabilidade do Estado, cumpre destacar que esta consiste em um dever jurídico secundário de arcar com os efeitos jurídicos de uma infração ao dever primário de fazer ou não fazer algo.[28] Nesse sentido, Marçal Justen Filho a conceitua como o "dever de indenizar os danos materiais e morais sofridos por terceiros em virtude de ação ou omissão antijurídica imputável ao Estado, tal como os lucros cessantes relacionados".[29]

A responsabilidade do Estado pode ser contratual, isto é, decorrente de um contrato, ou extracontratual, decorrente de uma infração a

---

[26] ESTADÃO. *Detran vaza dados de 70 milhões de brasileiros*. Disponível em: https://jornaldocarro.estadao.com.br/carros/detran-vaza-dados-70-milhoes-brasileiros/. Acesso em: 21 jan. 2020.
[27] Sobre o tema cf. RE 327.904, 1ª T., rel. Min. Carlos Britto, j. 15.08.2006, DJ 08.09.2006.
[28] JUSTEN FILHO, Marçal. *Curso de Direito Administrativo*. 13. ed. rev., atual. e ampl. São Paulo: Thomson Reuters Brasil, 2018. p. 1281.
[29] JUSTEN FILHO, Marçal. *Curso de Direito Administrativo*. 13. ed. rev., atual. e ampl. São Paulo: Thomson Reuters Brasil, 2018. p. 1283.

um dever jurídico cuja origem não é contratual. Naquilo que diz respeito à responsabilidade extracontratual do Estado, objeto do presente estudo, ela pode decorrer de atos jurídicos, atos ilícitos, de comportamentos materiais ou de omissões do Poder Público; essencial, entretanto, que se comprove a existência de um dano causado em consequência de um comportamento omissivo ou comissivo do Estado.[30]

A natureza da responsabilidade extracontratual é objetiva em se tratando de atos positivos do Estado (teoria do risco-proveito), de modo que a existência de dolo ou culpa por parte do agente causador do dano será considerada apenas em eventual exercício de direito de regresso do Estado. Sobre a responsabilidade objetiva, cumpre registrar que se trata de uma "obrigação de indenizar que incumbe a alguém em razão de um procedimento lícito ou ilícito que produziu uma lesão na esfera juridicamente protegida de outrem", que, para sua configuração, exige apenas o nexo causal entre o comportamento e o dano.[31] A inexistência de necessidade de averiguação de culpa ou dolo quando da aplicação da teoria do risco-proveito, portanto, não implica desnecessidade de comprovação pelo lesionado do ato lesivo produzido pelo agente público, o prejuízo moral e/ou patrimonial aferível e o nexo causal entre o dano e o ato lesivo, elementos necessários a configurar a responsabilidade civil.[32]

Naquilo que diz respeito à teoria do risco-proveito, Celso Antônio Bandeira de Mello[33] determina que a mesma se funda sempre em uma ação positiva do Estado, quando este coloca um terceiro em risco, atribuindo-lhe danos anormais inerentes à vida em Sociedade. Para o autor, tratando-se de ação positiva, é necessário que exista um comportamento comissivo (ato ou fato) do agente público, agindo em nome do Estado, que implique um prejuízo à terceiro. Não se aplica, portanto, a teoria do risco-proveito à omissão negativa do Estado. É dizer, quando houver uma omissão a um agir determinado e específico, isto é, decorrente de um ato omissivo próprio, aplicar-se-á a teoria do risco-proveito, eis que a omissão específica se equipara a um ato comissivo. Agora, quando houver uma omissão negativa do Estado,

---

[30] DI PIETRO, Maria Sylvia Zanella. *Direito Administrativo*. 30. ed. rev., atual. e ampl. Rio de Janeiro: Forense, 2017. p. 815.
[31] MELLO, Celso Antônio Bandeira de. *Curso de Direito Administrativo*. 31. ed. rev e atual. São Paulo: Malheiros, 2014. p. 1024.
[32] JUSTEN FILHO, Marçal. *Curso de Direito Administrativo*. 13. ed. rev., atual. e ampl. São Paulo: Thomson Reuters Brasil, 2018. p. 1292.
[33] MELLO, Celso Antônio Bandeira de. *Curso de Direito Administrativo*. 31. ed. rev e atual. São Paulo: Malheiros, 2014. p. 1051.

isto é, uma omissão geral, quando o Estado não está obrigado a agir de modo determinado e específico, neste caso a responsabilidade será subjetiva.

Considerando a responsabilidade objetiva imputável à Administração Pública quando da realização de comportamentos positivos, e trazendo tal realidade ao tratamento de dados pessoais, importante registrar que eventual desatendimento das determinações constantes na Lei Geral de Proteção de Dados Pessoais implicará responsabilidade objetiva, seja por atos comissivos, seja por omissões próprias, eis que as disciplinas determinadas na norma em comento se tratam de ações determinadas e específicas. Portanto, na eventualidade de exposição indevida de dados pessoais por um agente público (ato lesivo), e tal exposição (nexo causal) ensejar danos (danos patrimoniais ou morais), poderá o titular dos dados pleitear reparação pelo dano patrimonial ou moral causado pela exposição indevida de sua privacidade. Nesse sentido, senão, é o que determina o artigo 42 da Lei Geral de Proteção de Dados Pessoais, no sentido de que, quando o Poder Público estiver exercendo a função de controlador ou operador de dados pessoais, e em razão do exercício de atividade de tratamento de dados pessoais, causar a outrem dano patrimonial, moral, individual ou coletivo, em violação à legislação de proteção de dados pessoais, é obrigado a repará-lo. Além disso, o diploma em comento também determina que a ANPD envie informe com as medidas necessárias cabíveis para fazer cessar a violação (art. 31),[34] bem como poderá solicitar aos agentes públicos responsáveis a publicação de relatórios de impacto à proteção de dados pessoais e sugerir a adoção de padrões e de boas práticas para os tratamentos de dados pessoais pelo Poder Público (art. 32).[35]

Em relação ao dano moral, a legislação não é clara se a exposição indevida dos dados pessoais do titular, por qualquer motivo, deve ensejar a comprovação do dano para se fazer jus a eventual pleito de indenização ou se este é presumido por força dos fatos (*in re ipsa*).

---

[34] Art. 31. Quando houver infração a esta Lei em decorrência do tratamento de dados pessoais por órgãos públicos, a autoridade nacional poderá enviar informe com medidas cabíveis para fazer cessar a violação. BRASIL. *Lei Geral de Proteção de Dados Pessoais*. Brasília, Lei Federal nº 13.709, de 14 de agosto de 2018. Disponível em: http://www.planalto.gov.br/ccivil_03/_ato2015-2018/2018/lei/L13709.htm. Acesso em: 20 jul. 2020.

[35] Art. 32. A autoridade nacional poderá solicitar a agentes do Poder Público a publicação de relatórios de impacto à proteção de dados pessoais e sugerir a adoção de padrões e de boas práticas para os tratamentos de dados pessoais pelo Poder Público. BRASIL. *Lei Geral de Proteção de Dados Pessoais*. Brasília, Lei Federal nº 13.709, de 14 de agosto de 2018. Disponível em: http://www.planalto.gov.br/ccivil_03/_ato2015-2018/2018/lei/L13709.htm. Acesso em: 20 jul. 2020.

Entretanto, considerando-se que o objetivo primordial da LGPD é a proteção do direito fundamental à privacidade individual da pessoa natural, o simples vazamento de dados pessoais, cuja responsabilidade pelo tratamento era do controlador público, acabará por infringir diretamente os objetivos da lei. É que o dano à esfera de privacidade do titular se origina do próprio fato, sendo clara a hipótese de dano moral presumido. Entendimento contrário esvaziaria completamente os objetivos da LGPD, e, portanto, o princípio da juridicidade, que se direciona à proteção do indivíduo titular, que será obrigado a suportar uma diminuição no controle de sua intimidade, violando-se diretamente o fundamento da autodeterminação informativa, de modo que os seus dados pessoais vazados poderão ser coletados livremente por terceiros, sem seu consentimento. Nesse sentido, deve-se destacar que entre as hipóteses de responsabilidade objetiva do Poder Público se inclui a responsabilidade por eventos lesivos que resultam do "fato das coisas", ou seja, quando o dano procede "de coisas administrativas ou que se encontrem sob sua custódia.[36]

A Administração Pública, portanto, diante dessa necessidade de coleta e uso considerável de dados pessoais na execução de suas atribuições, deve se atentar aos riscos que o tratamento indevido de dados pessoais enseja, amparando-se previamente por sólida política de boas práticas e segurança digital, e, por conseguinte, protegendo os direitos fundamentais individuais dos titulares, sem sacrificar a eficiência da máquina pública.

Diante desse cenário, deve-se apontar que, apesar do artigo 32 da LGPD registrar que a Autoridade Nacional de Proteção de Dados (ANPD) poderá "sugerir a adoção de padrões e de boas práticas para os tratamentos de dados pessoais pelo Poder Público", a decisão de implementação de política de integridade não pode ser considerada uma decisão discricionária à Administração Pública, que deve cumprir os princípios da Lei Geral de Proteção de Dados Pessoais, para além dos princípios constitucionais da Administração Pública.

Referida conclusão é necessária, eis que a LGPD determina que a observância dos princípios legais ocorre apenas quando são adotadas medidas de segurança, técnicas e administrativas eficazes à proteção de dados (art. 46, §1º),[37] demonstrando-se, dessa forma, a

---

[36] MELLO, Celso Antônio Bandeira de. *Curso de Direito Administrativo*. 31. ed. rev.e atual. São Paulo: Malheiros, 2014. p. 1.051.

[37] Art. 46. Os agentes de tratamento devem adotar medidas de segurança, técnicas e administrativas aptas a proteger os dados pessoais de acessos não autorizados e de situações

obrigatoriedade à adoção de política de boas práticas e segurança no âmbito da Administração Pública.

4 Conclusão

Conforme analisado no decorrer desse estudo, o tratamento de dados é uma realidade decorrente dos avanços da tecnologia da informação, tendo a crescente utilização de dados pessoais pelo ambiente industrial e comercial impulsionado a necessária intervenção estatal para a regulamentação das relações entre o titular dos dados pessoais e o controlador desses dados, objetivando proteger aquele de possíveis usos indevidos de suas informações pessoais.

Apesar de essa regulamentação ter sido impulsionada por escândalos de vazamento de grandes empresas de tecnologia da informação, o uso indevido de dados pessoais não é exclusividade do âmbito privado. Não se pode olvidar que um dos maiores interessados na coleta de dados pessoais é a própria Administração Pública, que exige dos titulares a exposição constante e crescente de suas informações pessoais para fins de execução de políticas públicas previstas em leis e regulamentos.

Dessa forma, quando couber à Administração Pública realizar o tratamento de dados pessoais, além de estar observar os princípios constitucionais previstos no *caput* do artigo 37, deve também cumprir os fundamentos e princípios da LGPD, inclusive quanto ao uso compartilhado de dados pessoais pelo Poder Público, sob pena de responsabilização objetiva quando não o fizer.

Assim, diante da necessidade de coleta e uso de quantidade considerável de dados pessoais na execução de suas atribuições, a Administração Pública deve se atentar aos riscos que o tratamento indevido de dados pessoais enseja, amparando-se em sólida política de boas práticas e segurança digital, assegurando os direitos fundamentais individuais dos titulares sem sacrificar eficiência da máquina pública.

---

acidentais ou ilícitas de destruição, perda, alteração, comunicação ou qualquer forma de tratamento inadequado ou ilícito.
§1º A autoridade nacional poderá dispor sobre padrões técnicos mínimos para tornar aplicável o disposto no caput deste artigo, considerados a natureza das informações tratadas, as características específicas do tratamento e o estado atual da tecnologia, especialmente no caso de dados pessoais sensíveis, assim como os princípios previstos no caput do art. 6º desta Lei.
BRASIL. *Lei Geral de Proteção de Dados Pessoais*. Brasília, Lei Federal nº 13.709, de 14 de agosto de 2018. Disponível em: http://www.planalto.gov.br/ccivil_03/_ato2015-2018/2018/lei/L13709.htm. Acesso em: 20 jan. 2019.

Referências

BASTOS, Celso Ribeiro. *Curso de Direito Constitucional*. 20. ed. São Paulo: Saraiva, 1999.

BOBBIO, Norberto. *Liberalismo e Democracia*. 4. reimp. 6. ed. Tradução Marco Aurélio Nogueira. São Paulo: Brasiliense, 2000.

BRASIL. Lei Geral de Proteção de Dados Pessoais. Brasília, Lei Federal nº 13.709, de 14 de agosto de 2018. Disponível em: http://www.planalto.gov.br/ccivil_03/_ato2015-2018/2018/lei/L13709.htm. Acesso em: 20 jan. 2019.

BRASIL. Supremo Tribunal Federal. RE 327.904, 1ª T., rel. Min. Carlos Britto, j. 15.08.2006, DJ 08.09.2006.

CAVOUKIAN, Ann. *Privacy by Design*. The 7 Foundational Principles. Disponível em: https://iab.org/wp-content/IAB-uploads/2011/03/fred_carter.pdf. Acesso em: 21 jan. 2020.

DI PIETRO, Maria Sylvia Zanella. *Direito Administrativo*. 30. ed. rev., atual. e ampl. Rio de Janeiro: Forense, 2017.

ESTADÃO. *Detran vaza dados de 70 milhões de brasileiros*. Disponível em: https://jornaldocarro.estadao.com.br/carros/detran-vaza-dados-70-milhoes-brasileiros/. Acesso em: 21 jan. 2020.

FREITAS, Juarez. *O controle dos atos administrativos e os princípios fundamentais*. 5. ed. rev. e ampl. São Paulo: Malheiros Editores, 2013.

Genetic Information Nondiscrimination Act (GINA). Disponível em: https://www.govinfo.gov/content/pkg/PLAW-110publ233/pdf/PLAW-110publ233.pdf. Acesso em: 20 jan. 2020.

ISO/IEC 27000:2018 [ISO/IEC 27000:2018]. Information technology – Security techniques – Information security management systems – Overview and vocabulary. Disponível em: https://standards.iso.org/ittf/PubliclyAvailableStandards/index.html. Acesso em: 28 jan. 2020.

JUSTEN FILHO, Marçal. *Curso de Direito Administrativo*. 13. ed. rev., atual. e ampl. São Paulo: Thomson Reuters Brasil, 2018.

MELLO, Celso Antônio Bandeira de. *Curso de Direito Administrativo*. 31. ed. rev e atual. São Paulo: Malheiros, 2014.

MORAES, Germana de Oliveira. *Controle Jurisdicional da Administração Pública*. São Paulo: Dialética, 1999.

MOREIRA, Egon Bockmann. *Processo Administrativo*: Princípios Constitucionais e a Lei 9.784/1999. 4. ed. São Paulo: Editora Malheiros, 2010.

OLIVEIRA, Jaqueline Simas. Google é multado em 50 milhões de euros na França por violação ao GDPR. *JOTA*. Opinião. Disponível em: https://www.jota.info/opiniao-e-analise/artigos/google-e-multado-em-50-milhoes-de-euros-na-franca-por-violacao-ao-gdpr-24012019. Acesso em: 20 jan. 2020.

PINHEIRO, Patrícia Peck. *Proteção de dados pessoais*: comentários à Lei n. 13.709/2018 (LGPD). São Paulo: Saraiva Educação, 2018.

TASSO, Fernando Antonio. Do tratamento de dados pessoais pelo Poder Público. *In*: MALDONADO, Viviane Nóbrega; BLUM, Renato Opice (Coord.). *LGPD* – Lei Geral de Proteção de Dados comentada. São Paulo: Thomson Reuters Brasil, 2019.

VAINZOF, Rony. Disposições Preliminares. *In*: MALDONADO, Viviane Nóbrega; BLUM, Renato Opice (Coord.). *LGPD – Lei Geral de Proteção de Dados comentada*. São Paulo: Thomson Reuters Brasil, 2019. p. 139.

Informação bibliográfica deste texto, conforme a NBR 6023:2018 da Associação Brasileira de Normas Técnicas (ABNT):

ZILIOTTO, Mirela Miró; GREGGIO, Felipe. Fundamentos da Lei Geral de Proteção de Dados Pessoais e a responsabilidade extracontratual do Estado no tratamento de dados pessoais. *In*: PIRONTI, Rodrigo (Coord.). *Lei Geral de Proteção de Dados*: estudos sobre um novo cenário de Governança Corporativa. Belo Horizonte: Fórum, 2020. p. 179-199. ISBN 978-65-5518-043-5.

A APLICAÇÃO DA LGPD NAS EMPRESAS ESTATAIS

CAROLINE RODRIGUES DA SILVA

1 Introdução

A Lei Geral de Proteção de Dados (LGPD), visando regulamentar o tratamento de dados no Brasil, estabeleceu como controladores e operadores de dados as pessoas naturais ou jurídicas, de direito público ou privado. Incluiu em seu campo de atuação a Administração Pública, inaugurando desse modo regras aplicáveis sobre o hodierno direito referente ao tratamento de dados pessoais por quaisquer operadores, sejam eles públicos ou privados.

A lei dispensou um capítulo próprio ao setor público e referenciou a Lei de Acesso à Informação (Lei nº 12.527/2011) para nomear as pessoas jurídicas de direito público abrangidas pela norma, até mesmo para demonstrar a integração dos normativos. A LAI citou não apenas os órgãos e entidades integrantes da Administração Pública direta, mas também da indireta, a exemplo das estatais.

A LGPD as diferenciou entre aquelas que atuam em regime de concorrência, e, desse modo, aplicam-se as regras das empresas privadas, e aquelas que, quando estiverem operacionalizando políticas públicas e no âmbito da execução dessas, deverão ter o mesmo tratamento dispensado aos órgãos e entidades do Poder Público.

Mas cabe questionar: como ocorre essa cisão e qual capítulo da LGPD se aplicará às estatais que não se enquadram em nenhuma dessas categorias, como as que não atuam em regime de concorrência nem estejam operacionalizando políticas públicas?

O presente artigo tem por objetivo realizar uma breve leitura da Lei Geral de Proteção de Dados quanto a sua aplicação nas empresas estatais e responder a tal indagação.

2 Contextualização

Em tempos de indústria 4.0, Internet das Coisas (IOT), armazenamento em nuvens, aplicativos de celulares para as mais variadas situações e atividades, de proprietários públicos e privados, de redes sociais de amplo acesso, manuseio e réplicas, as informações pessoais transitam por todas as atmosferas de modo incomensurável e em velocidades vertiginosas. Se a contemporaneidade trouxe consigo toda essa tecnologia e seus confortos, trouxe em seu boldrié uma superexposição assustadora. Os dados pessoais, condensados em perfis ou dossiês digitais, pulverizam-se para locais inimagináveis e podem ser utilizados de forma positiva, com enfoque sociopolítico, mas também nefasta, servindo as informações pessoais de alimento para as grandes corporações, para manipulações eleitoreiras e científicas, para violação à imagem, à honra, ao nome, à privacidade, dentre outras máculas, colidindo com a tutela das liberdades individuais.

Nunca foi tão atual a já célebre frase de Umberto Eco: "Ora, a mim parece-me paradoxal que alguém tenha de lutar pelo direito à defesa da vida privada numa sociedade de exibicionistas".[1]

Na verdade, estamos muito além de uma sociedade de exibicionistas, pois, mesmo que não tenhamos a intenção de distribuir nossos dados pessoais, não há como baixar aplicativos, instalar *softwares*, promover inscrições on-line, solicitar serviços pelo celular, etc., sem incluir certas informações. Após a transmissão de dados não temos controle de seu destino e utilização.

Para regulamentar o tratamento de dados no Brasil, o legislador, inspirado em normativos estrangeiros, editou a Lei Geral de Proteção de Dados. Mas vale pontuar alguns antecedentes legislativos com objetivos tangenciais, como o Código de Defesa do Consumidor – Lei nº 8.078/1990, a Lei de Cadastro Positivo – Lei nº 12.414/2011, a Lei de Acesso à Informação – Lei nº 12.527/2012 e o Marco Civil da Internet – Lei nº 12.965/2014.

---

[1] ECO, Umberto. A Perda da Privacidade. In: *A Passo de Caranguejo*. Difel: Algés, Portugal, 2007.

Uma característica importante da LGPD, e para mergulhar no tema do presente estudo, é que não se limitou a lei apenas aos dados pessoais tratados por pessoas físicas ou jurídicas de direito privado, mas também incluiu em seu campo de atuação a Administração Pública, inaugurando desse modo regras aplicáveis sobre o hodierno direito referente ao tratamento de dados pessoais por quaisquer operadores, sejam eles públicos ou privados.

A lei dispensou um capítulo próprio ao setor público e referenciou a Lei de Acesso à Informação (Lei nº 12.527/2011) para nomear as pessoas jurídicas de direito público abrangidas pela norma, até mesmo para demonstrar a integração dos normativos.

A LGPD definiu no artigo 23 que as pessoas jurídicas de direito público referidas no parágrafo único do artigo 1º da LAI[2] devem realizar o tratamento dos dados pessoais para o atendimento da sua finalidade pública e na persecução do interesse público, com o objetivo de execução das competências legais ou cumprimento das atribuições legais do serviço público.

Contudo, o artigo referenciado da LAI não apenas citou integrantes da Administração Pública direta, como também da Administração indireta de direito privado, como as empresas estatais, que possuem regime próprio e demandam tratamento diferenciado em função da sua natureza jurídica.

Na tentativa de resolver essa assimetria, a LGPD estabeleceu no artigo 24 que as estatais que atuam em regime de concorrência terão o mesmo tratamento dispensado às "pessoas jurídicas de direito privado particulares". O tratamento dispensado ao Poder Público será aplicado às estatais quando estas estiverem operacionalizando políticas públicas e no âmbito dessa execução, como se observa da leitura do referido artigo:

Art. 24. As empresas públicas e as sociedades de economia mista que atuam em regime de concorrência, sujeitas ao disposto no art. 173 da

---

[2] "Art. 1º Esta Lei dispõe sobre os procedimentos a serem observados pela União, Estados, Distrito Federal e Municípios, com o fim de garantir o acesso a informações previsto no inciso XXXIII do art. 5º, no inciso II do §3º do art. 37 e no §2º do art. 216 da Constituição Federal.
Parágrafo único. Subordinam-se ao regime desta Lei:
I - os órgãos públicos integrantes da administração direta dos Poderes Executivo, Legislativo, incluindo as Cortes de Contas, e Judiciário e do Ministério Público;
II - as autarquias, as fundações públicas, as empresas públicas, as sociedades de economia mista e demais entidades controladas direta ou indiretamente pela União, Estados, Distrito Federal e Municípios".

Constituição Federal, terão o mesmo tratamento dispensado às pessoas jurídicas de direito privado particulares, nos termos desta Lei.

Parágrafo único. As empresas públicas e as sociedades de economia mista, quando estiverem operacionalizando políticas públicas e no âmbito da execução delas, terão o mesmo tratamento dispensado aos órgãos e às entidades do Poder Público, nos termos deste Capítulo.

Da leitura do artigo citado percebe-se que a lei estabeleceu dois blocos de tratamento de dados para as estatais, considerando: 1 – atuação em regime de concorrência e 2 – operacionalização de políticas públicas.

No primeiro bloco, a lei partiu do aspecto da concorrência para definir que as estatais que empreendem em regime concorrencial devem aplicar o mesmo tratamento de dados de empresas eminentemente privadas.

No segundo bloco, ao operacionalizar políticas públicas e no bojo delas, o tratamento deve ser o mesmo do setor público.

Cabe questionar (dentre várias inquirições sobre o tema) qual o motivo de o legislador ter efetuado essa cisão quanto ao tratamento a ser dispensado aos dados pessoais pelas estatais. Importante também perquirir qual regime deve ser aplicável às estatais que não se enquadram nem no *caput* do art. 24, nem no seu parágrafo único.

Para tentar compreender o ponto de partida do legislador ao diferenciar o tratamento de dados pelas estatais, cabe, primeiramente, evidenciar a sensível diferença entre as expressões utilizadas na lei para definir as estatais "que atuam" das estatais "quando estiverem operacionalizando", sendo adequado interpretar que o primeiro caso se amolda a movimentos constantes e permanentes, enfatizando a atividade orbital exercida em regime de mercado concorrencial. Por outro lado, a segunda expressão anuncia ocasião temporal, eventual, ou seja, na hipótese circunstancial de a estatal estar operacionalizando e executando, naquele momento, uma dada política pública.

Entretanto, ao definir que as estatais que atuam em regime de concorrência devem promover o tratamento de dados tal como as empresas privadas, o legislador parece ter estabelecido, por consequência lógica, que as demais estatais que não atuam em regime de concorrência estariam submetidas às regras orientadas ao Poder Público, compreendidas no parágrafo único do artigo primeiro da LAI. Essas mesmas regras são aplicáveis às empresas públicas ou sociedades de economia mista que, ainda que atuem em regime de concorrência, estejam operacionalizando e executando uma política pública. Não aquiescemos, contudo, de forma integral, a essa interpretação.

Nesse ponto é essencial compreender, de forma sucinta, a estrutura histórica, a natureza jurídica, as atividades das estatais, a dicotomia doutrinária firmada e a evolução de todos esses conceitos para definir quais regras da LGPD se aplicam (ou deveriam se aplicar) às empresas públicas e sociedades de economia mista.

O primeiro aspecto a ser pontuado é o histórico. O desenvolvimento das atividades econômicas no Brasil foi moldado pelo sistema colonialista, emergindo a atuação direta e progressiva do Estado na economia. No Estado liberal a intenção foi a criação de estruturas e insumos necessários para o desempenho de outras atividades econômicas. Na década de 30, em vista da crise econômica mundial de 1929, surgiram estatais com o objetivo de dar prosseguimento à acumulação de capital privado. Na década de 50 houve crescimento das estatais em setores estratégicos, como petróleo e energia, em razão da insuficiência de investimentos privados e como reflexo do momento político, social e econômico do País.[3] Mas a maior expansão de empresas estatais no Brasil se deu após a década de 60, com o aumento no número das estatais e de suas subsidiárias,[4] visando angariar maior competitividade às empresas.

Do relato histórico, bem como das circunstâncias à época, depreende-se que o objetivo das estatais era o de fornecer bens e serviços necessários ao projeto de industrialização nacional. Nesse aspecto, Mário Engler Pinto Júnior observa que o Brasil, em seu capitalismo tardio, não podia dispensar a atuação empresarial do Estado para alavancar a produção privada, que não contava com incentivos nem insumos. Outrossim, discorre que esse fenômeno estatizante não teve conotação ideológica, mas foi fruto de circunstâncias históricas que exigiram respostas pragmáticas.[5]

Dada essa conotação política casuística e pragmática da criação e expansão das estatais no Brasil, cabe verificar a sua natureza jurídica. Seu fundamento de validade é a intervenção[6] do Estado em atividades econômicas. São integrantes da Administração Indireta com o objetivo

---

[3] BEDONE, Igor Volpato. *Empresas estatais e seu regime jurídico*. Salvador: Juspodivm, 2018, p. 30.
[4] ARAGÃO, Alexandre Santos de. *Empresas Estatais*. 2. ed. Rio de Janeiro: Forense, 2018, p. 40-41.
[5] PINTO JÚNIOR, Mário Engler. *Empresa estatal*: função econômica e dilemas societários. 2. ed. São Paulo: Atlas, 2013, p. 23 e 40.
[6] Alexandre Santos de Aragão prefere a expressão "atuação do Estado na economia" para não atribuir a conotação de que Estado e economia sejam coisas distintas. Ob. cit. p. 35.

de desempenhar atividades administrativas de modo descentralizado em relação à Administração Direta. Carvalho Filho define que "quando não pretende executar determinada atividade através de seus próprios órgãos, o Poder Público transfere sua titularidade ou mera execução a outras entidades, surgindo, então, o fenômeno da delegação".[7] Sendo essas criadas por lei, surge a Administração Indireta. Para o autor, o critério para instituição de pessoas componentes dessa administração é de ordem administrativa, em razão da pertinência da descentralização ou da necessidade de obter maior celeridade, eficiência e flexibilização em seu desempenho.[8]

A natureza jurídica das estatais é de direito privado, ainda que o capital social seja integral (empresas públicas) ou parcialmente (sociedades de economia mista) detido pela União, Estados, DF ou Municípios. Nesse aspecto, Bedone relata que "o tratamento legal apontando a personalidade jurídica de direito privado às estatais fez com que, por algum tempo, se defendesse sua submissão indistinta ao direito privado, [...]. Esse posicionamento, todavia, acabou sendo combatido em seara doutrinária".[9]

Na doutrina, portanto, começou[10] um movimento de definições dicotômicas entre estatais prestadoras de serviço público *versus* de desempenho de atividade econômica. Defendia-se que, pelo fato de as estatais estarem submetidas à tipologia societária própria do direito mercantil à luz da personalidade jurídica de direito privado, elas teriam seu regime jurídico parcialmente derrogado, sendo mais severa essa característica na hipótese das prestadoras de serviço público. Haveria, portanto, um regime híbrido, com simbiose entre o público e o privado. Na década de 80, José Cretella Junior defendeu que o regime jurídico aplicável dependeria da avaliação do seu objeto, sendo que na hipótese de explorarem atividade econômica aplicar-se-ia com maior relevo o direito privado ou, se prestassem serviços públicos, acentuar-se-ia o direito público.[11]

---

[7] CARVALHO FILHO, José Santos. *Manual de Direito Administrativo*. 31. ed. rev. atual. e ampl. São Paulo: Atlas, 2017, p. 485.
[8] *Op. cit.*, p. 486.
[9] BEDONE, 2018, p. 40.
[10] Encabeçado por Celso Antônio Bandeira de Mello, na década de 70 (*Prestação de serviços públicos e a administração indireta*. 2. ed. São Paulo: Malheiros, 1979).
[11] CRETELLA JÚNIOR, José. *Administração indireta brasileira*. Rio de Janeiro: Forense, 1980, p. 231.

Bedone sintetiza essa dicotomia:

> a criação das estatais, ainda na primeira metade do século XX, teve como objetivo a despublicização, a liberação das amarras que o regime público impunha ao Estado que buscava o desenvolvimento econômico. Todavia, a sedimentação do pensamento jurídico nacional [...] teria caminhado em sentido diametralmente de sua natureza empresarial. Assim, a doutrina teria se lançado numa luta 'quixotesca' contra a ideia de submissão das estatais ao direito privado, a partir da classificação das estatais entre aquelas que prestam serviço público e aquelas que desempenham atividade econômica.[12]

Contudo, a par dessas definições doutrinárias, a legislação nunca apontou essa dualidade, ainda que houvesse lacunas nos textos legais. Apenas com o amadurecimento da doutrina e da legislação esse dualismo foi sendo desconsiderado. Marçal Justen Filho, de modo pioneiro, no ano de 2006, apontou essa superação em razão da complexidade da atuação das estatais, concluindo que:

> Talvez o futuro evidencie que a distinção entre entidades prestadoras de serviço público e exploradoras de atividades econômicas retratou a situação jurídica existente num certo momento histórico. A evolução dos fatos e a ampliação da complexidade da atuação estatal podem conduzir à superação da dicotomia, com o surgimento de situações híbridas, dotadas de maior complexidade e demandando do intérprete-aplicador do Direito a elaboração de novos instrumentos de análise, classificação e solução de problemas.[13]

Como consequência desse dualismo havia uma excessiva publicização recaindo sobre as estatais, desconsiderando sua natureza empresarial. Mas a reforma administrativa ocorrida na década de 90 do século passado, seguindo um fenômeno global de modificação do Estado social para o Estado liberal, lançou novos desafios legais, práticos e doutrinários. O Estado não era competitivo, não dispunha de capital para investir em suas estatais e se mostrava ineficiente quanto ao gerenciamento das mesmas. A saída foi a privatização de muitas de

---

[12] BEDONE, 2018, p. 57.
[13] JUSTEN FILHO, Marçal. Empresas Estatais e a Superação da Dicotomia Prestação de Serviço Público/ Exploração da Atividade Econômica. In: FIGUEIREDO, Marcelo; PONTES FILHO, Valmir (Org.). *Estudos de Direito Público em homenagem a Celso Antonio Bandeira de Mello*. São Paulo: Malheiros, 2006, p. 403-423.

suas empresas e a abertura à competição no mercado, com a quebra de monopólios.

Como pontuou Bresser-Pereira:

> As empresas estatais, que inicialmente se revelaram um poderoso mecanismo de realização de poupança forçada, na medida em que realizavam lucros monopolistas e os investiam, foram aos poucos vendo esse papel se esgotar, ao mesmo tempo que sua operação se demonstrava ineficiente ao adotar os padrões burocráticos de administração. Na realização das atividades exclusivas de Estado e principalmente no oferecimento dos serviços sociais de educação e saúde, a administração pública burocrática, que se revelara efetiva em combater a corrupção e o nepotismo no pequeno Estado Liberal, demonstrava agora ser ineficiente e incapaz de atender com qualidade as demandas dos cidadãos-clientes no grande Estado Social do século vinte, tornando necessária sua substituição por uma administração pública gerencial.[14]

Esse debate sobre privatização acabou sendo superado no decorrer dos tempos ante a necessidade de maior eficiência e menor subordinação a fatores políticos de empresas não estatais. A atuação em regime de concorrência com o mercado privado determinou que as estatais buscassem maior eficiência e flexibilidade de gestão, demandando a diversificação das suas atividades. Essas novas características trouxeram dificuldades adicionais para estabelecer o regime jurídico aplicável.

Para Carolina Barros Fidalgo a dicotomia *atividade econômica x serviço público* está se tornando cada vez menos nítida. O que é relevante para identificar o regime jurídico aplicável à estatal não é propriamente a natureza da atividade explorada, mas o fato de atuar ou não em regime de concorrência, superando esse dualismo.[15]

Na tentativa de colocar uma pá de cal sobre a ambiguidade criada quanto ao regime jurídico das estatais, o legislador, atendendo ao determinado pelo constituinte derivado no art. 173, §1º, I, da CF/88, editou a Lei nº 13.303/16, que instituiu o "estatuto jurídico da empresa pública, da sociedade de economia mista e de suas subsidiárias, abrangendo toda e qualquer empresa pública e sociedade de economia mista da União, dos Estados, do Distrito Federal e dos Municípios

---

[14] BRESSER-PEREIRA, Luiz Carlos. A reforma do estado dos anos 90: lógica e mecanismos de controle. *Lua Nova*, São Paulo, n. 45, p. 49-95, 1998. Disponível em: http://www.scielo.br/scielo.php?script=sci_arttext&pid=S0102-64451998000300004&lng=en&nrm=iso. access on 30 Nov. 2019. http://dx.doi.org/10.1590/S0102-64451998000300004.

[15] FIDALGO, Carolina Barros. *O Estado empresário*. São Paulo: Almedina, 2017, p. 245.

que explore atividade econômica de produção ou comercialização de bens ou de prestação de serviços, ainda que a atividade econômica esteja sujeita ao regime de monopólio da União ou seja de prestação de serviços públicos".[16]

Desse modo, em relação aos aspectos societários, regime licitatório, contratos e controle social, a lei enquadrou no mesmo regime jurídico tanto as estatais que desempenham atividade econômica como aquelas que prestam serviços, inclusive serviços públicos, em regime de concorrência ou não.

Nada obstante, alguns doutrinadores, ainda sob o manto da dicotomia anterior, criticaram a opção legislativa. É o caso de Maria Sylvia Zanella Di Pietro, que apresenta sua censura e orienta o intérprete:

> Lamentavelmente a Lei 13.303/16, ao dispor sobre o estatuto jurídico das empresas estatais, não fez a distinção entre as que prestam serviço público e as que exercem atividade econômica a título de intervenção no domínio econômico. No entanto, muitas das suas normas são aplicáveis apenas às empresas que exercem atividade econômica (em sentido estrito), com fundamento no artigo 173, §1º, da Constituição Federal, razão pela qual cabe ao intérprete, em cada situação, separar o que é e o que não é aplicável às empresas estatais prestadoras de serviço público.[17]

A título de conhecimento, pois não comporta esse breve estudo, diversas críticas e questionamentos emergiram quanto à constitucionalidade da definição de regime jurídico único às estatais. Mas é válido pontuar também que uma doutrina majoritária reconhece que as estatais, embora tenham personalidade jurídica de direito privado, devem se submeter às derrogações próprias do direito público, relativas aos controles sofridos pela Administração, como a necessidade de licitar, de realizar concurso público e a submissão e controle do respectivo Tribunal de Contas.[18]

Traçado todo esse necessário panorama sobre as empresas estatais, cabe volver os olhos ao objeto do presente estudo, à Lei Geral de Proteção de Dados.

---

[16] Art. 1º da Lei nº 13.303/16.
[17] DI PIETRO, Maria Sylvia Zanella. *Direito Administrativo*. 31. ed. rev. atual. e ampl. Rio de Janeiro: Forense, 2018, p. 546.
[18] BEDONE, 2018, p. 123.

3 A LGPD e as estatais

3.1 Execução de atividades em regime de concorrência

Vinculando os temas, depreende-se que o legislador assumiu no *caput* do artigo 24 da LGPD que a aplicação do regime jurídico público ou privado no que se refere ao tratamento de dados deve considerar a atividade das estatais e não propriamente o regime jurídico estabelecido em seu ato de criação. É a mesma conclusão a que chegou Carlos Ari Sundfeld, de que o fato de a pessoa jurídica ser de direito privado é irrelevante, pois não se confunde o regime da pessoa com o da atividade.[19]

Tratou a lei, portanto, de acompanhar a evolução quanto à aplicação do regime jurídico das estatais, vinculando não à definição consignada no ato de criação, mas sim ao aspecto fático da atividade desempenhada. Isso porque, na prática, opera um consenso de que as estatais podem realizar atividades distintas e, de fato, a maioria das empresas públicas e sociedades de economia mista desempenha atividades diversificadas e muitas vezes sequer enquadráveis como serviços públicos ou atividades econômicas em sentido estrito.

Em harmonia ao já exposto, Bruna Gabrielli sinaliza que "diversas empresas estatais exercem um misto de atividades com diferentes naturezas (algumas aproximam-se de serviço público e outras são consideradas atividades econômicas), o que impede que se restrinja a sua atuação a um só tipo de atividade".[20]

Alexandre Santos de Aragão exemplifica atividades estatais relacionadas com a economia, mas não enquadráveis como atuação direta empresarial do Estado na economia, que seria objeto tradicional das estatais, tais como, regulação jurídica, fomento, aquisição de bens e serviços, alienação de bens e serviços, investimentos institucionais e fornecimento endógeno de bens e serviços.[21]

Nessa complexa e diversificada miríade de atividades pode-se citar estatais que prestam serviços públicos e comercializam serviços, como a Imprensa Oficial, que publica o Diário Oficial e, ao mesmo tempo, comercializa no mercado livros e serviços gráficos; a INFRAERO, que presta serviço público e aluga espaços em aeroportos para exploração por particulares; a Pré-Sal Petróleo S.A., criada para gestão dos contratos

---

[19] SUNDFELD, Carlos Ari. Empresa estatal pode exercer poder de polícia. *Boletim de Direito Administrativo*, São Paulo, ano IX, n. 2, p. 98-103, fev. 1993, *passim*.
[20] GABRIELLI, Bruna Tapié. *A imunidade tributária recíproca da empresa estatal e a ordem econômica*. Dissertação de Mestrado. FADUSP, 2018, p. 100-101.
[21] ARAGÃO, Alexandre Santos de, 2018, p. 61-78.

de partilha e produção e dos contratos de comercialização de petróleo e gás pela União; atividades de fomento, como o BNDES e a EMBRAPA; aquelas que realizam obras públicas, como as COHABs. Nenhuma dessas estatais citadas pode ser categorizada de maneira rígida, pois algumas das atividades exemplificadas sequer se enquadram como prestação de serviço público ou execução de atividade econômica.

Desse modo, pode-se afirmar que classificar as estatais como prestadoras de serviço público ou desenvolvedoras de atividade econômica, para fins e definição do regime jurídico aplicável, simplifica uma realidade complexa e dinâmica na qual elas atuam, pois é um conjunto de critérios que define o sistema jurídico mais apropriado às estatais, sob pena de suscitar o manejo equivocado de instrumentos jurídicos para regular suas atividades.

Tem-se, portanto, conforme prescreve o *caput* do art. 24 da LGPD, que a atividade exercida pela estatal é o que orienta a regra aplicável ao tratamento de dados, contudo, ao vincular ao regime de concorrência o legislador desprezou a heterogeneidade de atividades que podem ser executadas pelas estatais.

Em que pese a concorrência seja um ponto central para identificar o regime jurídico das empresas estatais, não pode se concluir dessa assertiva que será condição suficiente para solucionar os imbróglios que envolvem as estatais.

Na acepção de Bedone (2018, p. 169):

> É certo que a inexistência de concorrência para empresas estatais é um indicativo de maior publicização de seus regimes jurídicos, como ocorre, por exemplo, com as estatais de fomento e de construção de moradia popular, que não competem por mercado. A concorrência é, portanto, um importante elemento a se sopesar em cada caso, mas não é um critério suficiente para, isoladamente, resolver os problemas jurídicos envolvendo as empresas estatais.

Ainda que não seja, portanto, o mais adequado, a LGPD define expressamente que as estatais que atuam em regime de concorrência terão o mesmo tratamento dispensado às pessoas jurídicas de direito privado particulares.

3.2 Operacionalização de políticas públicas

A convenção quanto às estatais na LGPD não parou no *caput* do art. 24, delimitando em seu parágrafo único que será aplicado o mesmo tratamento dispensado aos órgãos públicos quando a estatal estiver operacionalizando políticas públicas e no âmbito de sua execução, independentemente da atuação em regime concorrencial ou não. O que importa, nesse aspecto, é a operacionalização de políticas públicas. Desse modo, ao delimitar hipótese circunstancial (consoante interpretado no início) de operacionalização e execução de política pública, o legislador se aproximou com maior coerência da tese contemporânea de que a atividade que a estatal está desempenhando faticamente é o que deve ser considerado ao decidir o regime jurídico a ser aplicável.

Sobre o tema Mariana Louback Lopes sinaliza:

> A LGPD trabalha justamente sob essa lógica dúplice, conferindo tratamento distinto às empresas estatais, com base nas atividades que exercem. Assim, caso a empresa pública ou sociedade de economia mista esteja realizando operações de tratamento de dados no bojo da execução de políticas públicas, serão aplicáveis as mesmas regras referentes aos demais entes da Administração Pública, conforme ora debatidas. Por outro lado, caso se trate de atuação econômica em regime de concorrência, deverão ser consideradas as regras aplicáveis às pessoas jurídicas de direito privado particulares, e não o presente capítulo.
> Nesse tocante, ainda que tecnicamente coerente, a regra pode esbarrar em limitações práticas, visto que nem sempre resta tão clara a distinção entre a natureza das atividades desempenhadas por tais empresas híbridas. Deve-se, portanto, ter cautela tanto ao determinar o enquadramento em cada hipótese quanto ao verificar o banco de dados de cada organização, o qual, dada a sua estrutura, pode estar hospedado em ambiente misto.[22]

Para melhor compreensão, aponta-se como exemplo um banco estatal que deve promover o tratamento dos dados de seus correntistas da mesma forma que um banco privado, pois atua em regime de concorrência, mas, quando esse mesmo banco desempenhar papel de agente financiador e fomentador de uma determinada política pública, os dados pessoais daqueles com quem ele se relaciona terão o mesmo tratamento dedicado pela LGPD aos órgãos e às entidades do Poder Público.

3.3 LGPD e demais atuações das estatais

Assentadas as compreensões sobre o artigo 24 e seu parágrafo único, observa-se que parece haver um vácuo normativo ao não tratar

---

[22] LOPES, Mariana Louback. Tratamento de dados pelo Poder Público. In: FEIGELSON, Bruno SIQUEIRA, Antonio Henrique Albani (Coord.). *Comentários à Lei de Proteção de Dados*. São Paulo: Revista dos Tribunais, 2019. p. 142-143.

a lei daquelas estatais que não atuam em regime de concorrência (*caput*) e, ainda assim, não estejam operacionalizando políticas públicas (*parágrafo único*). Qual será o regime a ser aplicado para o tratamento dos dados nesse caso?

A resposta à questão decorre de uma interpretação sistemática da lei ao delimitar o tratamento de dados pessoais pela Administração Pública.

O art. 7º prescreve que pela Administração Pública o tratamento de dados pessoais somente poderá ser realizado "para o tratamento e uso compartilhado de dados necessários à execução de políticas públicas previstas em leis e regulamentos ou respaldadas em contratos, convênios ou instrumentos congêneres, observadas as disposições do Capítulo IV desta Lei".

É de se observar que a Administração Pública apenas pode tratar e usar dados desde que sejam necessários à execução de políticas públicas previamente estabelecidas em instrumentos normativos ou contratuais, aplicando-se todo o capítulo que regula o tratamento de dados pelos órgãos e entidades públicas.

Subsumindo-se os preceitos aplicáveis aos entes citados, de forma inversa, conclui-se que às estatais que não atuam em regime de concorrência e não estejam operacionalizando políticas públicas não se aplicam essas mesmas regras, mas sim aquelas que recaem às estatais em regime de concorrência, pois se à Administração Pública apenas permite-se tratar dados pessoais para *consecução de políticas públicas delimitadas* e, desse modo, *recaem os preceitos de ordem pública*, às estatais que não estiverem executando políticas públicas, em regime de concorrência ou não, devem ser aplicadas as normas de ordem privada, não havendo fundamento para impor os mesmos preceitos que são aplicáveis aos órgãos e entidades públicos.

Vale dizer, em outras palavras, o regramento aplicável aos órgãos públicos apenas será extensivo às estatais *quando* estas estiverem operacionalizando políticas públicas. Caso contrário, no exercício de suas atividades regimentais ou estratégicas, em regime de mercado ou não (monopólio ou privilégio), defende-se que recaem as regras dispensadas às "pessoas jurídicas de direito privado particulares", como consta no *caput* do art. 24.

Interpretar de outro modo é desprezar a natureza jurídica das estatais, seu fundamento de validade e existência, a superação da dicotomia *serviço público x atividade econômica*, a dinamicidade, complexidade e flexibilidade de suas atividades e, principalmente, o regime jurídico de direito privado que se lhes aplica.

Para encerrar o presente estudo, devemos promover a conexão da LGPD e da Lei das Estatais, que preconizou como ação de governança a necessidade de instituição de programas de integridade e de *compliance*, cabendo incorporar nesses programas e na gestão de riscos a previsão específica de política interna de tratamento de dados pessoais, em consonância com a LGPD e que considere o gerenciamento do consentimento dos dados, a disponibilização para os titulares de acesso aos dados, a viabilidade de apagar os dados obtidos, a portabilidade e transferência internacional dos dados com proteção, o registro das atividades com os dados e a disponibilização de canal que informe os titulares em caso de violação.

Conclusão

A Lei Geral de Proteção de Dados dispensou um capítulo próprio ao setor público e referenciou a Lei de Acesso à Informação (Lei nº 12.527/2011) para nomear as pessoas jurídicas de direito público abrangidas pela norma, até mesmo para demonstrar a integração dos normativos. A LAI citou não apenas os órgãos e entidades integrantes da Administração Pública direta, mas também da indireta, a exemplo das estatais, diferenciando-as entre aquelas que atuam em regime de concorrência, e, desse modo, aplicam-se as regras das empresas privadas, e aquelas quando estiverem operacionalizando políticas públicas, que no âmbito da execução dessas devem ter o mesmo tratamento dispensado aos órgãos e entidades do Poder Público.

Contudo, observa-se que parece haver um vácuo normativo ao não tratar a lei das estatais que não atuam em regime de concorrência e, ainda assim, não estejam operacionalizando políticas públicas. Para essas hipóteses cabe interpretar de forma sistemática a lei que prescreve que o tratamento e uso compartilhado de dados pela Administração Pública somente pode ser realizado para execução de políticas públicas previamente estabelecidas em instrumentos normativos ou contratuais, aplicando-se todo o capítulo que regula o tratamento de dados pelos órgãos e entidades públicas.

Desse modo, é imperioso inferir que o regramento aplicável aos órgãos públicos apenas será extensivo às estatais *quando* estas estiverem operacionalizando políticas públicas. Caso contrário, no exercício de suas atividades regimentais ou estratégicas, em regime de mercado ou não (monopólio ou privilégio), defende-se que recaem as regras dispensadas às "pessoas jurídicas de direito privado particulares", como consta no *caput* do art. 24.

Assume-se, por derradeiro, que interpretar de outro modo a LGPD é desprezar a natureza jurídica das estatais, seu fundamento de validade e existência, a superação da dicotomia *serviço público x atividade econômica*, a dinamicidade, complexidade e flexibilidade de suas atividades e, principalmente, o regime jurídico de direito privado que se lhes aplica.

Referências

ARAGÃO, Alexandre Santos de. *Empresas Estatais*. 2. ed. Rio de Janeiro: Forense, 2018.

BEDONE, Igor Volpato. *Empresas estatais e seu regime jurídico*. Salvador: Juspodivm, 2018.

BRASIL, Lei nº 12.527, de 18 de novembro de 2011. Regula o acesso a informações previsto no inciso XXXIII do art. 5º, no inciso II do §3º do art. 37 e no §2º do art. 216 da Constituição Federal; altera a Lei nº 8.112, de 11 de dezembro de 1990; revoga a Lei nº 11.111, de 5 de maio de 2005, e dispositivos da Lei nº 8.159, de 8 de janeiro de 1991; e dá outras providências. *Diário Oficial da União*. Brasília, DF, 18.11.2011. Disponível em: http://www.planalto.gov.br/ccivil_03/_ato2011-2014/2011/lei/l12527.htm, acesso em: 18 nov. 2019.

BRASIL, Lei nº 13.709, de 14 de agosto de 2018. Lei Geral de Proteção de Dados Pessoais (LGPD). *Diário Oficial da União*. Brasília, DF, 15.08.2018. Disponível em: http://www.planalto.gov.br/ccivil_03/_ato2015-2018/2018/lei/L13709.htm, acesso em: 20 dez. 2019.

BRASIL, Lei nº 13.303, de 30 de junho de 2016. Dispõe sobre o estatuto jurídico da empresa pública, da sociedade de economia mista e de suas subsidiárias, no âmbito da União, dos Estados, do Distrito Federal e dos Municípios. *Diário Oficial da União*. Brasília, DF, 1º.07.2016. Disponível em: http://www.planalto.gov.br/ccivil_03/_ato2015-2018/2016/lei/l13303.htm, acesso em: 20 dez. 2019.

BRESSER-PEREIRA, Luiz Carlos. A reforma do estado dos anos 90: lógica e mecanismos de controle. *Lua Nova*, São Paulo, n. 45, p. 49-95, 1998. Disponível em: http://www.scielo.br/scielo.php?script=sci_arttext&pid=S0102-64451998000300004&lng=en&nrm=iso. access on 30 Nov. 2019. http://dx.doi.org/10.1590/S0102-64451998000300004.

CARVALHO FILHO, José Santos. *Manual de Direito Administrativo*. 31. ed. rev. atual. e ampl. São Paulo: Atlas, 2017.

CRETELLA JÚNIOR, José. *Administração indireta brasileira*. Rio de Janeiro: Forense, 1980.

DI PIETRO, Maria Sylvia Zanella. *Direito Administrativo*. 31. ed. rev. atual. e ampl. Rio de Janeiro: Forense, 2018.

ECO, Umberto. A Perda da Privacidade. *In: A Passo de Caranguejo*. Difel: Algés, Portugal, 2007.

FIDALGO, Carolina Barros. *O Estado empresário*. São Paulo: Almedina, 2017.

GABRIELLI, Bruna Tapié. A imunidade tributária recíproca da empresa estatal e a ordem econômica. Dissertação de Mestrado. FADUSP, 2018.

JUSTEN FILHO, Marçal. Empresas Estatais e a Superação da Dicotomia Prestação de Serviço Público/ Exploração da Atividade Econômica. *In*: FIGUEIREDO, Marcelo; PONTES

FILHO, Valmir (Org.). *Estudos de Direito Público em homenagem a Celso Antônio Bandeira de Mello*. São Paulo: Malheiros, 2006.

LOPES, Mariana Louback. Tratamento de dados pelo Poder Público. *In*: FEIGELSON, Bruno SIQUEIRA, Antonio Henrique Albani (Coord.). *Comentários à Lei de Proteção de Dados*. São Paulo: Revista dos Tribunais, 2019.

PINTO JÚNIOR, Mário Engler. *Empresa estatal*: função econômica e dilemas societários. 2. ed. São Paulo: Atlas, 2013.

SUNDFELD, Carlos Ari. Empresa estatal pode exercer poder de polícia. *Boletim de Direito Administrativo*, São Paulo, ano IX, n. 2, p. 98-103, fev. 1993, *passim*.

Informação bibliográfica deste texto, conforme a NBR 6023:2018 da Associação Brasileira de Normas Técnicas (ABNT):

SILVA, Caroline Rodrigues da. A aplicação da LGPD nas empresas estatais. *In*: PIRONTI, Rodrigo (Coord.). *Lei Geral de Proteção de Dados*: estudos sobre um novo cenário de Governança Corporativa. Belo Horizonte: Fórum, 2020. p. 201-216. ISBN 978-65-5518-043-5.

A LEI GERAL DE PROTEÇÃO DE DADOS NO SISTEMA S: ASPECTOS RELEVANTES

JULIETA MENDES LOPES VARESCHINI

1 Do regime jurídico aplicável ao Sistema S

Os Serviços Sociais Autônomos possuem personalidade de direito privado, não têm fins lucrativos e atuam ao lado do Estado, mediante o desempenho de atividades não lucrativas, não integrando a Administração direta (União, Estados, Municípios e Distrito Federal), tampouco a Indireta (autarquias, fundações públicas, sociedades de economia mista e empresas públicas).[1]

Embora dotados de personalidade jurídica de direito privado e não integrantes da Administração Pública, atuam em cooperação com o Estado, desempenhando funções reconhecidamente de interesse público, voltadas à assistência social e à formação profissional no âmbito do setor econômico ao qual se vinculam.

A respeito, a lição de Hely Lopes Meirelles:

> Todos aqueles instituídos por Lei, com personalidade de Direito Privado, para ministrar assistência ou ensino a certas categorias sociais ou grupos profissionais, sem fins lucrativos, mantidos por dotações orçamentárias ou por contribuições parafiscais. São entes paraestatais, de cooperação com o Poder Público, com administração e patrimônios próprios (...).

---
[1] Sobre o tema, vide: VARESCHINI, Julieta Mendes Lopes. *Licitações e Contratos no Sistema "S"*. 7. ed. Curitiba: Editora JML, 2017.

Embora oficializadas pelo Estado, não integram a Administração direta nem a indireta, mas trabalham ao lado do Estado, sob seu amparo, cooperando nos setores, atividades e serviços que lhes são atribuídos, por serem considerados de interesse específico de determinados beneficiários.[2]

Referidas entidades executam, assim, atividades de relevante interesse público, sendo mantidas por contribuições parafiscais cobradas de forma compulsória dos integrantes das categorias profissionais que representam.

Nas palavras de Thiago Bueno de Oliveira, os Serviços Sociais Autônomos, atualmente, desempenham "atividades de fomento público, em que o Estado tenta promover e desenvolver uma plena aptidão técnica, física ou mental do homem para progredir no trabalho".[3]

E diz mais o autor:

> A lógica está na efetivação dos direitos econômicos e sociais, que ganham evidência e reforço pela instauração de um processo hermenêutico legitimado pelos princípios fundamentais e pelos direitos fundamentais, voltado à sua própria concretização. Com isto resguardam-se os valores juridicizados no texto constitucional, que consubstanciam o aspecto teleológico do Estado Democrático de Direito, e que se confundem com a realização da própria Constituição.
>
> (...)
>
> Nestes termos, os entes de colaboração governamental impactam de sobremaneira na busca do pleno emprego, na medida em que maximizam, por meio de ações concretas estabelecidas em seus objetivos institucionais, as oportunidades de emprego produtivo, seja por meio do comércio, indústria, cooperativismo, micro e pequenas empresas, transporte, agricultura e exportação, visando à justiça social e ao desenvolvimento nacional.
>
> Com efeito, verifica-se que as ações das entidades de colaboração governamental revestem-se, indubitavelmente, de elevados objetivos de ordem pública, podendo ser qualificadas como sendo benemerentes e de assistência social, na medida em que materializam a consecução do ideário consagrado no art. 203, inciso III, da Constituição Federal, ou seja, a promoção da integração ao mercado de trabalho.

---

[2] MEIRELLES, Hely. Lopes. *Direito administrativo brasileiro*. 25. ed. São Paulo: Malheiros, 2000. p. 346.
[3] OLIVEIRA, Thiago Bueno de. Os Serviços Sociais Autônomos e a vedação ao retrocesso social. In: *Revista JML de Licitações e Contratos*, Curitiba, n. 25, p. 45, dez. 2012.

Conforme destacado pela Controladoria-Geral da União:

> essas entidades, embora oficializadas pelo Estado, não integram a Administração direta nem a indireta, mas trabalham ao lado do Estado, cooperando nos setores, atividades e serviços que lhes são atribuídos, consideradas de interesse público de determinados beneficiados. Recebem, por isso, oficialização do Poder Público e autorização legal para arrecadarem e utilizarem, na sua manutenção, as contribuições parafiscais.[4]

Em razão dessas peculiaridades que permeiam a existência e a atuação do Sistema "S" é que tais entidades se submetem à incidência de regras e princípios gerais que regem as atividades administrativas. Estão sujeitas, então, a um regime jurídico híbrido, com a incidência de normas de direito privado e de direito público e cujo controle finalístico, inclusive, é exercido pelo Tribunal de Contas da União.[5] [6]

A compreensão do regime jurídico aplicável aos Serviços Sociais Autônomos mostra-se relevante para o fim de identificar o procedimento que deve ser adotado por tais entidades para cumprir as diretrizes da Lei Geral de Proteção de Dados Pessoais, na medida em que a normativa em voga prescreveu procedimentos distintos para a Administração Pública e para empresas privadas.

---

[4] CGU. *Coletânea de Entendimentos da SFC/CGU sobre os Principais Temas de Gestão do Sistema "S"*. Brasília: CGU, 2004. p. 6. Disponível em: http://www.cgu.gov.br/Publicacoes/auditoria-e-fiscalizacao/arquivos/sistemas.pdf. Acesso em: 15 jul. 2020.

[5] TCU. Acórdão 2079/2015. Plenário: "[VOTO] 6. Preliminarmente, cabe ressaltar que os Serviços Sociais Autônomos administram recursos públicos de natureza tributária advindos de contribuições parafiscais, destinados à persecução de fins de interesse público. Em decorrência da natureza pública desses recursos, estão as entidades integrantes do denominado 'Sistema S' submetidas ao controle externo exercido pelo Tribunal de Contas da União, nos termos do art. 5º, inciso V, da Lei n. 8.443/1992, e a elas se aplicam os princípios que regem a Administração Pública, nominados na cabeça do art. 37 da Constituição Federal".

[6] Saliente-se que há divergências em relação ao regime jurídico aplicável aos Serviços Sociais Autônomos, consoante ilustra o seguinte julgado do STF: "8. Por outro lado, não procede a alegação de que o só fato de serem os serviços sociais autónomos subvencionados por recursos públicos seria circunstância determinante da submissão das entidades do Sistema "S" aos princípios previstos no art. 37, *caput*, da Constituição, notadamente no que se refere a contratação de seu pessoal. Tal relação de causa e efeito, além de não prevista em lei e nem ser decorrência de norma ou princípio constitucional, jamais foi cogitada para outras entidades de direito privado que usufruem de recursos públicos, como as de utilidade pública declarada, as entidades beneficentes de assistência social e mesmo as entidades sindicais, também financiadas por contribuições compulsórias". Recurso Extraordinário nº. 789.874/DF, Min. Rel. Teori Zavascki, Plenário, Supremo Tribunal Federal.

2 Lei Geral de Proteção de Dados Pessoais: aplicabilidade ao Sistema S

A Lei nº 13.709/2018 disciplina o tratamento de dados pessoais, inclusive nos meios digitais, por pessoa natural ou por pessoa jurídica de direito público ou privado, com o escopo de proteger os direitos fundamentais de liberdade e de privacidade e o livre desenvolvimento da personalidade da pessoa natural, em consonância, portanto, à Constituição Federal.

Embora a lei tenha conferido tratamento mais preciso no que tange à proteção de dados pessoais, não se pode olvidar que outras normativas já disciplinavam temas tangenciais, como o Código de Defesa do Consumidor – Lei nº 8.078/1990, a Lei de Acesso à Informação – Lei nº 12.527/2012 e o Marco Civil da Internet – Lei nº 12.965/2014.

Saliente-se que o art. 1º da Lei 13.709/2018, ao prescrever que o tratamento de dados de pessoas naturais se estende, *inclusive,* aos meios digitais, deixa assente a aplicabilidade da norma tanto a dados em meios físicos (como prontuários médicos) quanto digitais.

Nos termos do art. 2º, da LGPD, referida proteção tem como fundamentos:

> Art. 2º A disciplina da proteção de dados pessoais tem como fundamentos:
> I - o respeito à privacidade;
> II - a autodeterminação informativa;
> III - a liberdade de expressão, de informação, de comunicação e de opinião;
> IV - a inviolabilidade da intimidade, da honra e da imagem;
> V - o desenvolvimento econômico e tecnológico e a inovação;
> VI - a livre iniciativa, a livre concorrência e a defesa do consumidor; e
> VII - os direitos humanos, o livre desenvolvimento da personalidade, a dignidade e o exercício da cidadania pelas pessoas naturais.

A normativa em tela classifica os dados em três categorias, a saber: a) dado pessoal, relacionado à pessoa natural identificada (quando as informações levam à identificação direta do titular) ou identificável (ainda que o titular não seja identificado de plano, as informações permitem sua identificação[7]); b) dados pessoais sensíveis, que são

---

[7] Por exemplo, um cadastro no qual consta o CEP do endereço e a placa do carro do titular, pois tais informações permitem a posterior identificação.

aqueles que podem gerar algum tipo de discriminação (origem racial, convicções religiosas, vida sexual, dados biométricos, etc.); c) dados pessoais de crianças e adolescentes. Para cada tipo de dado a LGPD contempla uma espécie de tratamento.

Considera-se titular de dados pessoais a "pessoa natural a quem se referem os dados pessoais que são objeto de tratamento",[8] a quem tem direito a obter do controlador,[9] em relação aos dados do titular por ele tratados, a qualquer momento e mediante requisição: I - confirmação da existência de tratamento; II - acesso aos dados; III - correção de dados incompletos, inexatos ou desatualizados; IV - anonimização, bloqueio ou eliminação de dados desnecessários, excessivos ou tratados em desconformidade com o disposto nesta lei; V - portabilidade dos dados a outro fornecedor de serviço ou produto, mediante requisição expressa, de acordo com a regulamentação da autoridade nacional, observados os segredos comercial e industrial; VI - eliminação dos dados pessoais tratados com o consentimento do titular, exceto nas hipóteses previstas no art. 16 desta lei; VII - informação das entidades públicas e privadas com as quais o controlador realizou uso compartilhado de dados; VIII - informação sobre a possibilidade de não fornecer consentimento e sobre as consequências da negativa; IX - revogação do consentimento, nos termos do §5º do art. 8º desta lei.

Nos termos do art. 3º da norma em comento, a LGPD aplica-se à operação de tratamento[10] realizada por pessoa natural ou *por pessoa jurídica de direito público ou privado*, desde que se verifique um dos seguintes requisitos: a) a operação de tratamento seja realizada no território nacional; b) a atividade vise a oferta ou o fornecimento de bens ou serviços ou o tratamento de dados de indivíduos localizados no território nacional; c) os dados pessoais a que se refere o tratamento

---

[8] Art. 5º, inciso, V, da Lei nº 13.709/2018.
[9] "Art. 5º. (...)
VI - controlador: pessoa natural ou jurídica, de direito público ou privado, a quem competem as decisões referentes ao tratamento de dados pessoais;".
[10] "Art. 5º (...)
X - tratamento: toda operação realizada com dados pessoais, como as que se referem a coleta, produção, recepção, classificação, utilização, acesso, reprodução, transmissão, distribuição, processamento, arquivamento, armazenamento, eliminação, avaliação ou controle da informação, modificação, comunicação, transferência, difusão ou extração;".

tenham sido coletados no território nacional,[11] salvo nas hipóteses previstas no art. 4º da referida lei.[12]

Infere-se, portanto, que a norma se aplica tanto a pessoas jurídicas de direito público quanto de direito privado que realizem tratamento de dados previsto no art. 3º e não se enquadrem nas exceções definidas no art. 4º, sendo inquestionável a sujeição aos Serviços Sociais Autônomos. A título de exemplo, cita-se que a Apex-Brasil já se estruturou e possui seu DPO – *Data Protection Officer* (encarregado de dados), bem como já incorporou aos contratos, convênios e patrocínios as diretrizes da LGPD.

Por seu turno, o tratamento de dados pessoais, conceituado no art. 5º, X, da LGPD, como "toda operação realizada com dados pessoais, como as que se referem a coleta, produção, recepção, classificação, utilização, acesso, reprodução, transmissão, distribuição, processamento, arquivamento, armazenamento, eliminação, avaliação ou controle

---

[11] Conforme previsão do art. 3º, §1º: "Consideram-se coletados no território nacional os dados pessoais cujo titular nele se encontre no momento da coleta, com exceção da hipótese contemplada no inciso IV, do art. 4º, da normativa em comento: IV - provenientes de fora do território nacional e que não sejam objeto de comunicação, uso compartilhado de dados com agentes de tratamento brasileiros ou objeto de transferência internacional de dados com outro país que não o de proveniência, desde que o país de proveniência proporcione grau de proteção de dados pessoais adequado ao previsto nesta Lei".

[12] "Art. 4º Esta Lei não se aplica ao tratamento de dados pessoais:
I - realizado por pessoa natural para fins exclusivamente particulares e não econômicos;
II - realizado para fins exclusivamente:
a) jornalístico e artísticos; ou
b) acadêmicos, aplicando-se a esta hipótese os arts. 7º e 11 desta Lei;
III - realizado para fins exclusivos de:
a) segurança pública;
b) defesa nacional;
c) segurança do Estado; ou
d) atividades de investigação e repressão de infrações penais; ou
IV - provenientes de fora do território nacional e que não sejam objeto de comunicação, uso compartilhado de dados com agentes de tratamento brasileiros ou objeto de transferência internacional de dados com outro país que não o de proveniência, desde que o país de proveniência proporcione grau de proteção de dados pessoais adequado ao previsto nesta Lei.
§1º O tratamento de dados pessoais previsto no inciso III será regido por legislação específica, que deverá prever medidas proporcionais e estritamente necessárias ao atendimento do interesse público, observados o devido processo legal, os princípios gerais de proteção e os direitos do titular previstos nesta Lei.
§2º. É vedado o tratamento dos dados a que se refere o inciso III do caput deste artigo por pessoa de direito privado, exceto em procedimentos sob tutela de pessoa jurídica de direito público, que serão objeto de informe específico à autoridade nacional e que deverão observar a limitação imposta no §4º deste artigo.
§3º A autoridade nacional emitirá opiniões técnicas ou recomendações referentes às exceções previstas no inciso III do caput deste artigo e deverá solicitar aos responsáveis relatórios de impacto à proteção de dados pessoais.
§4º Em nenhum caso a totalidade dos dados pessoais de banco de dados de que trata o inciso III do caput deste artigo poderá ser tratada por pessoa de direito privado, salvo por aquela que possua capital integralmente constituído pelo poder público".

da informação, modificação, comunicação, transferência, difusão ou extração, somente poderá ser realizado nas hipóteses a que alude o art. 7º da norma em comento, a saber:

> I - mediante o fornecimento de consentimento pelo titular;[13]
> II - para o cumprimento de obrigação legal ou regulatória pelo controlador;
> III - pela administração pública, para o tratamento e uso compartilhado de dados necessários à execução de políticas públicas previstas em leis e regulamentos ou respaldadas em contratos, convênios ou instrumentos congêneres, observadas as disposições do Capítulo IV desta Lei;
> IV - para a realização de estudos por órgão de pesquisa, garantida, sempre que possível, a anonimização dos dados pessoais;
> V - quando necessário para a execução de contrato ou de procedimentos preliminares relacionados a contrato do qual seja parte o titular, a pedido do titular dos dados;
> VI - para o exercício regular de direitos em processo judicial, administrativo ou arbitral, esse último nos termos da Lei nº 9.307, de 23 de setembro de 1996 (Lei de Arbitragem) ;
> VII - para a proteção da vida ou da incolumidade física do titular ou de terceiro;
> VIII - para a tutela da saúde, exclusivamente, em procedimento realizado por profissionais de saúde, serviços de saúde ou autoridade sanitária;
> IX - quando necessário para atender aos interesses legítimos do controlador ou de terceiro, exceto no caso de prevalecerem direitos e liberdades fundamentais do titular que exijam a proteção dos dados pessoais; ou
> X - para a proteção do crédito, inclusive quanto ao disposto na legislação pertinente.

Saliente-se que o consentimento previsto no inciso I do art. 7º citado é dispensado para dados manifestamente tornados públicos pelo titular (§4º, art. 7º), o que não afasta, porém, o dever do agente de tratamento adotar as demais cautelas e obrigações previstas na Lei Geral, mormente quanto ao cumprimento dos princípios gerais e garantias dos direitos do titular (§6º, art. 7º).

Cumpre destacar que a Lei nº 13.709/2018 dedicou o Capítulo IV, a partir do art. 23, para disciplinar o tratamento de dados pelas pessoas jurídicas de direito público indicadas no parágrafo único do artigo 1º

---

[13] "Art. 8º O consentimento previsto no inciso I do art. 7º desta Lei deverá ser fornecido por escrito ou por outro meio que demonstre a manifestação de vontade do titular".

da Lei de Acesso à Informação.[14] E as empresas estatais exploradoras de atividade econômica, sujeitas ao regime jurídico definido no art. 173, da Constituição Federal, estarão sujeitas ao procedimento definido na LGPD para as pessoas jurídicas de direito privado, salvo se estiverem operacionalizando políticas públicas e no âmbito da execução delas, hipótese em que incidirá o mesmo tratamento conferido à Administração Pública direta.

Em apertada síntese, o procedimento adotado para o tratamento dos dados pessoais pelas estatais dependerá se a atividade realizada está relacionada diretamente a uma política pública ou, ao revés, se em regime de mercado, concorrencial, o que pode trazer diferenças substanciais, inclusive no que tange à responsabilização do controlador dos dados.

Consoante orienta a doutrina:

> A Lei Geral de Proteção de Dados apresenta, em seu Capítulo IV, nove artigos, onde faz a abordagem do tratamento de dados pessoais pelo Setor Público.
> Mas é de todo essencial que qualquer interpretação daquele texto legal, deva ser realizada em conformidade com o que está descrito em seu artigo 23, onde é feita menção direta a Lei de Acesso a Informação.
> Assim, a finalidade a que está vinculado determinado tratamento dos dados pessoais, se em regime de mercado, concorrencial ou se para a consecução de políticas públicas, é que determinará se o ente deve atender aos requisitos exigidos para o setor privado ou para o setor público previstos na Lei Geral de Proteção de Dados.
> Apenas nos casos em que a finalidade do tratamento for a persecução do interesse público, os órgãos do setor público deverão atender o Capítulo IV da lei Geral de Proteção de Dados.[15]
> (...)

---

[14] "Art. 1º Esta Lei dispõe sobre os procedimentos a serem observados pela União, Estados, Distrito Federal e Municípios, com o fim de garantir o acesso a informações previsto no inciso XXXIII do art. 5º, no inciso II do §3º do art. 37 e no §2º do art. 216 da Constituição Federal.
Parágrafo único. Subordinam-se ao regime desta Lei:
I - os órgãos públicos integrantes da administração direta dos Poderes Executivo, Legislativo, incluindo as Cortes de Contas, e Judiciário e do Ministério Público;
II - as autarquias, as fundações públicas, as empresas públicas, as sociedades de economia mista e demais entidades controladas direta ou indiretamente pela União, Estados, Distrito Federal e Municípios".

[15] ARAÚJO FILHO, José Mariano. *O Impacto da Lei Geral de Proteção de Dados na Administração Pública*. Disponível em: https://jmarfilho.jusbrasil.com.br/artigos/776225284/o-impacto-da-lei-geral-de-protecao-de-dados-na-administracao-publica?ref=feed. Acesso em: 15 jul. 2020.

"Fazemos aqui uma importante ressalva ao enquadramento de algumas entidades referidas no inciso II, Parágrafo Único da LAI, pois, estas, devido a sua natureza jurídica deverão transitar entre os capítulos II e IV da LGPD a depender da atividade que desempenham ao tratar os dados. Em outras palavras, a finalidade a que está vinculado determinado tratamento dos dados pessoais – se em regime de mercado, concorrencial, ou se para a consecução de políticas públicas – é que determinará se o ente deve atender aos requisitos exigidos para o setor privado ou para o setor público previstos na LGPD. Esta é a prescrição do art. 24 da LGPD ao determinar que empresas públicas e sociedades de economia mista por estarem sob a égide de um regime especial (ou misto) deverão se adequar a depender do caso concreto: se atuarem de acordo com os requisitos do art. 173, CF – explorando atividade econômica – devem atuar em conformidade com Capítulo II da LGPD; já nos casos em que a finalidade do tratamento for a persecução do interesse público deverão atender o Capítulo IV.

Por isso, verificada a necessidade de tratar dados pessoais, primordialmente deve o ente público identificar sob qual condição atua, uma vez que as consequências de atuar em regime concorrencial ou regime de finalidade pública são diferentes, desde os requisitos a serem atendidos até às sanções previstas em eventual desrespeito à lei.

Entendemos que é nesse ponto que reside uma das grandes complexidades no tratamento dispensado aos entes públicos pela LGPD, uma vez que pode acontecer de o mesmo dado ao ser utilizado para finalidades diversas requerer o atendimento de requisitos diversos.[16]

Assim, questão que deve ser proposta é se o mesmo raciocínio deve ser adotado em relação aos Serviços Sociais Autônomos. Com efeito, cumpre rememorar, conforme destacado no primeiro tópico deste artigo, que os Serviços Sociais Autônomos não integram a Administração Pública direta, tampouco a indireta. São pessoas de direito privado que exercem atividade de relevante interesse público. Por essa razão, dada a natureza jurídica das entidades integrantes do Sistema S, a rigor, deverão seguir o procedimento previsto na LGPD para as pessoas jurídicas de direito privado.

Por outro lado, não se pode perder de vista que as entidades do Sistema S, para a consecução das atividades finalísticas, concretizam políticas públicas, aproximando-se assim do regime jurídico imposto às estatais. Dessa feita, embora não se tenha notícias até o momento

---

[16] ROSSO, Angela Maria. *LGPD e setor público*: aspectos gerais e desafios. Disponível em: https://www.migalhas.com.br/depeso/300585/lgpd-e-setor-publico-aspectos-gerais-e-desafios. Acesso em: 15 jul. 2020.

de posição do TCU a respeito do tema, à luz do disciplinado no art. 24 da LGPD é possível, ao menos em tese, que a Corte de Contas venha a exigir dos Serviços Sociais Autônomos o disciplinado no Capítulo IV da norma em comento, quando no desempenho de políticas públicas, o que seria, porém, criticável em face da previsão legal.[17]

É preciso ter em mente que o art. 23 da Lei nº 13.709/2018 deixa assente a submissão ao procedimento disciplinado no Capítulo IV às pessoas de direito público elencadas no art. 1º da Lei de Acesso à Informação, dispositivo que não abarca expressamente os Serviços Sociais Autônomos, da mesma forma que o art. 24, também da LGPD, menciona tão somente as estatais sujeitas ao disposto no art. 173, §1º, da Constituição Federal (que, por seu turno, não contempla o Sistema S). Tal raciocínio nos leva a defender a aplicabilidade ao Sistema S do procedimento previsto na lei para as pessoas jurídicas de direito privado.

Embora passível de crítica, consoante já nos manifestamos em artigo anterior,[18] o TCU tem se posicionado no sentido de que os Serviços Sociais Autônomos devem seguir os ditames da Lei do Acesso à Informação, tema que guarda intrínseca relação com a LGPD, mesmo diante da ausência de previsão no art. 1º da LAI.

Com efeito, no Acórdão nº 699/2016, do Plenário do TCU, a Corte de Contas analisou a transparência das entidades do Sistema 'S' quanto à divulgação de informações pertinentes a receitas, despesas, demonstrações contábeis, licitações, contratos, entre outras, bem como ao atendimento aos interessados e à sociedade em geral no que tange ao acesso à informação.

No relatório do Acórdão em epígrafe, primeiramente, analisou-se a aplicabilidade do princípio da transparência aos Serviços Sociais Autônomos:

> 65. *O passo seguinte em direção ao alcance da transparência das ações de governo foi a Lei de Acesso à Informação (LAI). A Lei 12.527/2011, regulamentada pelo Decreto 7.724/2012, normatizou o direito constitucional de acesso às informações públicas, criando mecanismos que possibilitam, a qualquer pessoa, física ou jurídica, sem necessidade de apresentar motivo, o recebimento de informações públicas dos órgãos e entidades.*

---

[17] Saliente-se que, independentemente do regime aplicável, há submissão à Autoridade Nacional de Proteção de Dados, órgão fiscalizador da LGPD, conforme previsão do art. 55-J.

[18] VARESCHINI, Julieta Mendes Lopes; OLIVEIRA, Thiago Bueno de. Aplicação do Decreto 9.781/19 ao Sistema S: Aberração jurídica dissimulada pelo discurso da transparência. *In: Revista JML de Licitações e Contratos*, Curitiba, n. 52, set. 2019.

(...)
67. Além dos órgãos e entidades elencados anteriormente, o art. 21 referendou que as disposições da Lei, aplicam-se, no que couber, às entidades privadas sem fins lucrativos que recebam, para realização de ações de interesse público, recursos públicos diretamente do orçamento ou mediante subvenções sociais, contrato de gestão, termo de parceria, convênios, acordo, ajustes ou outros instrumentos congêneres.
(...)
69. De acordo com o Código das Melhores Práticas de Governança Coorporativa, do Instituto Brasileiro de Governança Coorporativa, os princípios da governança corporativa são a transparência, equidade, prestação de contas e responsabilidade corporativa. Tais princípios e boas práticas aplicam-se a qualquer tipo de organização, independentemente do porte, natureza jurídica ou tipo de controle. Ao definir o princípio básico da transparência, o mencionado documento afirma que:
Mais do que a obrigação de informar é o desejo de disponibilizar para as partes interessadas as informações que sejam de seu interesse e não apenas aquelas impostas por disposições de leis ou regulamentos. A adequada transparência resulta em um clima de confiança, tanto internamente quanto nas relações da empresa com terceiros. Não deve restringir-se ao desempenho econômico-financeiro, contemplando também os demais fatores (inclusive intangíveis) que norteiam a ação gerencial e que conduzem à criação de valor.
70. Para o caso do Sistema 'S', que é financiado basicamente com recursos públicos, a transparência ultrapassa o simples 'desejo de informar', tornando-se um dever para com a população que financia indiretamente o funcionamento dessas entidades.
71. A transparência nos gastos de recursos públicos deve ser vista como o principal mecanismo que possibilita o controle social e do governo. Em contraposição a essa situação, historicamente, as informações divulgadas pelo Sistema 'S' relacionadas à gestão dos recursos financeiros recebidos por meio das contribuições parafiscais, embora atendam estritamente aos dizeres legais, não têm um nível de detalhamento suficiente para permitir o controle social e externo.
72. Como um processo de avanço no fornecimento de informações, e reconhecendo a necessidade de transparência para o Sistema 'S', a partir de 2009, a Lei de Diretrizes Orçamentárias (LDO) passou a incluir em seus dispositivos a determinação de que essas entidades divulgassem, periodicamente, pela internet, dados e informações atualizados acerca dos valores recebidos à conta das contribuições, bem como das aplicações efetuadas, discriminadas por finalidade e região. (grifou-se)

Em julgado mais recente, Acórdão nº 1.669/2019, do Plenário, o TCU reconheceu a aplicabilidade da LAI ao Sistema S por força da alteração promovida pelo Decreto nº 9.781/2019:

173. Nesse sentido, é relevante registrar que, em 3/5/2019, foi editado o Decreto 9.781, que altera o Decreto 7.724/2012, que, por sua vez regulamenta a LAI. Esse novo normativo, em conformidade com o trabalho sobre transparência desenvolvido por este Tribunal, estabelece que as entidades do Sistema S também estão obrigadas, sob pena de aplicação das sanções previstas em lei, a divulgar as informações a que se referem os incisos I ao VIII do §3º do art. 7º do Decreto 7.724/2012, em local de fácil visualização em sítios oficiais na internet.

A Lei nº 12.527/11 (Lei de Acesso à Informação), ao dispor sobre os procedimentos a serem observados pela União, Estados, Distrito Federal e Municípios para garantir o acesso a informações previsto na Constituição Federal no artigo 5º, inciso XXXIII; artigo 37, inciso II, do §3º; e no artigo 216, §2º, visa assegurar o princípio da publicidade e viabilizar o controle pelos interessados, cidadãos e Corte de Contas acerca da regular aplicação dos recursos públicos.

Referida lei apresentou o rol de órgãos e entidades subordinados ao seu regime no parágrafo único do art. 1º e no art. 2º, nos seguintes termos:

> Art. 1º (...)
> Parágrafo único. Subordinam-se ao regime desta Lei:
> I - os órgãos públicos integrantes da administração direta dos Poderes Executivo, Legislativo, incluindo as Cortes de Contas, e Judiciário e do Ministério Público;
> II - as autarquias, as fundações públicas, as empresas públicas, as sociedades de economia mista e demais entidades controladas direta ou indiretamente pela União, Estados, Distrito Federal e Municípios.
> Art. 2º. Aplicam-se as disposições desta Lei, no que couber, às entidades privadas sem fins lucrativos que recebam, para realização de ações de interesse público, recursos públicos diretamente do orçamento ou mediante subvenções sociais, contrato de gestão, termo de parceria, convênios, acordo, ajustes ou outros instrumentos congêneres. (grifou-se)

Como se vê, o legislador ordinário muito bem se atentou quanto à peculiaridade das entidades privadas sem fins lucrativos (gênero no qual estão inseridos os Serviços Sociais Autônomos) e precisamente destacou que se aplicaria o comando legal, no que couber. Ademais, ressaltou que não seria toda e qualquer entidade privada sem fins lucrativos, mas aquelas que recebessem, para realização de ações de interesse público, recursos públicos diretamente do orçamento ou mediante subvenções sociais, contrato de gestão, termo de parceria, convênios, acordo, ajustes ou outros instrumentos congêneres.

Nesse sentido, cumpre alertar que os recursos públicos recebidos pelos Serviços Sociais Autônomos, oriundos da parafiscalidade tributária, não provêm do orçamento geral da União, nem de instrumentos como contrato de gestão, termo de parceria, convênios, acordo e ajustes, pois a relação entre o Estado e tais entidades não é contratual e sim legal.

Por essa razão, a aplicabilidade normativa da LAI aos Serviços Sociais Autônomos alcançaria apenas as parcelas recebidas do Estado quando formalizado algum dos instrumentos mencionados (o que eventualmente acontece), motivo pelo qual o próprio parágrafo único do art. 2º da LAI reitera que a publicidade a que estariam submetidas tais entidades privadas sem fins lucrativos refere-se apenas à parcela dos recursos públicos recebidos e consequentemente à sua destinação.

Não há dúvidas de que os Serviços Sociais Autônomos estão obrigados a cumprir com os princípios da publicidade (em decorrência da natureza dos recursos que administram) e da transparência (este, inclusive, como algo inerente à própria governança corporativa). Dessa feita, o dever de transparência se aplica tanto a instituições públicas quanto privadas, e em relação a estas últimas, inclusive, como forma de garantir a sustentabilidade/perenidade das organizações. Isso porque uma das formas de blindar os Serviços Sociais Autônomos dos constantes ataques institucionais que estes vêm sofrendo é por meio da transparência. É indispensável que toda a sociedade conheça o importante papel social desempenhado pelos Serviços Sociais Autônomos, e a transparência é a via de acesso a tal controle.

Porém, em nosso entender, não estão sujeitos aos exatos termos da Lei do Acesso à Informação (Lei nº 12.527/11), em que pese a orientação do TCU em sentido contrário. E, se esta é a posição da Corte de Contas em relação à Lei do Acesso à Informação, é possível, ao menos em tese, que o mesmo raciocínio se estenda à LGPD, ou seja, vinculando os Serviços Sociais Autônomos ao procedimento traçado no Capítulo IV, o mesmo que incide no âmbito da Administração Pública direta, raciocínio este que não corroboramos, em face das premissas destacadas anteriormente.

De qualquer sorte, independente do procedimento adotado, o fato é que os Serviços Sociais Autônomos devem respeitar a LGPD ao tratarem dados pessoais, sendo imprescindível para esse fim a imediata adaptação dos procedimentos e normativos internos.

3 Conclusão

Os Serviços Sociais Autônomos não integram a Administração Pública direta, tampouco a indireta. São pessoas de direito privado que exercem atividade de relevante interesse público. Por essa razão, dada a natureza jurídica das entidades integrantes do Sistema S, a rigor, deverão seguir o procedimento previsto na LGPD para as pessoas jurídicas de direito privado, ao menos enquanto não promovida eventual alteração legislativa ou determinação da Corte de Contas.

Por outro lado, não se pode perder de vista que as entidades do Sistema S, para a consecução das atividades finalísticas, concretizam políticas públicas, aproximando-se assim do regime jurídico imposto às estatais. Dessa feita, embora não se tenha notícias até o momento de posição do TCU a respeito do tema, à luz do disciplinado no art. 24 da LGPD, é possível ao menos em tese que a Corte de Contas venha a exigir dos Serviços Sociais Autônomos o disciplinado no Capítulo IV da norma em comento, quando no desempenho de políticas públicas, raciocínio que não corroboramos.

De qualquer sorte, independente do procedimento adotado, o fato é que os Serviços Sociais Autônomos devem respeitar a LGPD ao tratarem dados pessoais, sendo imprescindível para esse fim a imediata adaptação dos procedimentos e normativos internos.

Referências

ARAÚJO FILHO, José Mariano. O Impacto da Lei Geral de Proteção de Dados na Administração Pública. Disponível em: https://jmarfilho.jusbrasil.com.br/artigos/776225284/o-impacto-da-lei-geral-de-protecao-de-dados-na-administracao-publica?ref=feed. Acesso em: 01 fev. 2020.

BRASIL. CGU. *Coletânea de Entendimentos da SFC/CGU sobre os Principais Temas de Gestão do Sistema "S"*. Brasília: CGU, 2004. p. 6. Disponível em: http://www.cgu.gov.br/Publicacoes/auditoria-e-fiscalizacao/arquivos/sistemas.pdf. Acesso em: 31 jan. 2020.

MEIRELLES, Hely. Lopes. *Direito administrativo brasileiro*. 25. ed. São Paulo: Malheiros, 2000. p. 346.

OLIVEIRA, Thiago Bueno de. Os Serviços Sociais Autônomos e a vedação ao retrocesso social. In: *Revista JML de Licitações e Contratos*, Curitiba, n. 25, p. 45, dez. 2012.

ROSSO, Angela Maria. LGPD e setor público: aspectos gerais e desafios. Disponível em: https://www.migalhas.com.br/depeso/300585/lgpd-e-setor-publico-aspectos-gerais-e-desafios. Acesso em: 02 fev. 2020.

VARESCHINI, Julieta Mendes Lopes; OLIVEIRA, Thiago Bueno de. Aplicação do Decreto 9.781/19 ao Sistema S: Aberração jurídica dissimulada pelo discurso da transparência. In: *Revista JML de Licitações e Contratos*, Curitiba, n. 52, set. 2019.

VARESCHINI, Julieta Mendes Lopes. *Licitações e Contratos no Sistema "S"*. 7. ed. Curitiba: Editora JML, 2017.

Informação bibliográfica deste texto, conforme a NBR 6023:2018 da Associação Brasileira de Normas Técnicas (ABNT):

VARESCHINI, Julieta Mendes Lopes. A Lei Geral de Proteção de Dados no sistema S: aspectos relevantes. *In*: PIRONTI, Rodrigo (Coord.). *Lei Geral de Proteção de Dados*: estudos sobre um novo cenário de Governança Corporativa. Belo Horizonte: Fórum, 2020. p. 217-231. ISBN 978-65-5518-043-5.

A FIGURA DO ENCARREGADO PELA PROTEÇÃO DE DADOS PESSOAIS

DIOGO SILVA MARZZOCO

Introdução

O encarregado tem sido considerado peça-chave no mundo para a proteção de dados pessoais. Prova disto são as decisões proferidas pela Autoridade Nacional de Proteção de Dados de Singapura[1] e pela Autoridade Nacional de Proteção de Dados do Canadá ao analisar, no Caso *PIPEDA Case Summary #2006-346*,[2] que a empresa não possuía políticas ou procedimentos de privacidade apropriados, tampouco mantinha um responsável pelo cumprimento da legislação relacionada à privacidade e à proteção de dados pessoais.

Demonstrando a crescente importância do encarregado, que encontra seu correspondente na General Data Protection Regulation – GDPR com o nome de *Data Protection Officer*, a International Association Privacy Professional – IAPP realizou dois estudos indicando, em 2017,

---

[1] A referida autoridade ao analisar o caso M. Stars Movers & Logistics Specialist Pte. Ltd. "[...] Do exposto, está claro que, independentemente do tamanho de uma organização, o ENCARREGADO desempenha um papel vital na construção de uma estrutura robusta de proteção de dados para garantir a conformidade da organização com suas obrigações sob a Autoridade Nacional". Case No DP-1612-B0418, [2017] SGPDPC 15 https://www.pdpc.gov.sg/-/media/Files/PDPC/PDF-Files/Commissions-Decisions/grounds-ofdecision---m-stars-movers---151117.pdf.

[2] Office of the Privacy Commissioner of Canada, Caso PIPEDA Case Summary #2006-346 https://www.priv.gc.ca/en/opc-actions-and-decisions/investigations/investigations-into businesses/2006/pipeda-2006-346/?wbdisable=true.

a previsão de 75.000 (setenta e cinco mil) DPO necessários em razão da regulação (GDPR) recém-sancionada. Em maio de 2019, quando a GDPR fez aniversário, novo estudo demonstrou que já haviam sido registrados mais de 500.000 (quinhentos mil) profissionais no cargo de DPO.[3]

A referida pesquisa demonstra ainda que, dos 372 participantes, 72% indicaram que sua empresa possui um DPO, sendo que em 25% dos pesquisados a empresa indicou mais de um DPO.

No Reino Unido, o site de empregos *Indeed* registrou um aumento de 700% nas buscas por vagas de encarregados pela proteção de dados, entre os meses de janeiro e dezembro de 2016, atingindo o número de mais de um milhão de buscas, demonstrando ser uma rota sem retorno a existência do profissional denominado DPO ou encarregado, que, cada vez mais, será mais requisitado no mercado, exigindo, assim, maior qualificação dos profissionais que pretendem atuar nesta atividade, a qual exige perfil específico, bem como exigirá do profissional habilidades voltadas para a manutenção da conformidade nos termos do que será melhor exibido adiante.

1 Quem é o encarregado e qual o perfil desejado?

O artigo 5º, VIII, conceitua o encarregado pela proteção de dados pessoais como pessoa indicada para atuar como canal de comunicação entre o controlador, os titulares dos dados e a Autoridade Nacional de Proteção de Dados (ANPD).

Importante notar que o texto do artigo não qualifica o substantivo "pessoa", de forma que a melhor interpretação é direcionada à possibilidade de o encarregado ser pessoa física, bem como pessoa jurídica, o que é comumente denominado na Europa como *"DPO as a Service"*, ou seja, é possível terceirizar a atividade de encarregado.

Contudo, é importante que sejam tomadas algumas cautelas, uma vez que, em sendo o encarregado uma posição de extrema importância para a manutenção da conformidade com a Lei Geral de Proteção de Dados, o que demanda uma aproximação e conhecimento das atividades exercidas pelo agente de tratamento, é recomendável, *a priori*, que o encarregado seja alguém de dentro da empresa.

---

[3] Disponível em: https://iapp.org/news/a/study-an-estimated-500k-organizations-have-registered-dpos-across-europe/, acesso em: 15 nov. 2019.

É certo que no mercado verifica-se uma incerteza sobre quem será o encarregado, primeiro por haver insegurança sobre as atividades a serem exercidas por este profissional, os conhecimentos necessários para o exercício do cargo, bem como o temor das pessoas que eventualmente tenham interesse em exercer as atividades do encarregado, em razão da alta responsabilidade que o cargo angaria para si naturalmente. Em relação à responsabilidade do encarregado, falaremos mais adiante.

Neste momento, é importante destacar que, de fato, o papel do encarregado é de extrema relevância e deve ser exercido com muita responsabilidade e profissionalismo. Com efeito, importante ressaltar ainda que a decisão do negócio é restrita aos dirigentes do agente de tratamento, de forma que o encarregado muitas vezes aconselhará o agente de tratamento que não adote ou corrija certas práticas de negócio, não sendo, em razão disto, recomendável que o encarregado se confunda na mesma pessoa de um dirigente do agente de tratamento.[4]

Embora não conste na Lei Geral de Proteção de Dados a exigência de o encarregado ter conhecimento jurídico e regulatório, conforme se pretendeu com a Medida Provisória nº 869/2018, posteriormente convertida na Lei nº 13.853/2019, doravante excluído do texto da norma em razão de veto presidencial, é recomendável que o profissional contratado tenha conhecimento jurídico e regulatório, visto que se trata de uma lei federal, a qual deverá ser harmonizada com outras normas, bem como com outras regulações setoriais, a exemplo das áreas da saúde e bancária, que possuem diversas regulações que tratam sobre o sigilo de informações, governança e segurança cibernética.

É ponto positivo ainda se o encarregado possuir certo conhecimento técnico, uma vez que lidará de perto com questões de estrutura tecnológica e de segurança da informação. De outro lado, verifica-se no mercado que tal conhecimento poderá, caso ausente, ser atendido com a aproximação das áreas de tecnologia da informação e segurança da informação, que poderão auxiliar o encarregado, por exemplo, na avaliação técnica de um incidente de segurança.[5]

---

[4] No bloco europeu, há a preocupação de que o DPO não cumule outros cargos de direção em razão de conflitos de interesse. Neste contexto, já foi aplicada multa pela Autoridade Supervisora da Bélgica, em razão da indicação inadequada, porquanto o DPO cumulou a função de *Compliance Officer* conforme: https://opiceblumacademy.com.br/2020/05/data-protection-officer-x-compliance-officer/. Acesso em: 19 jul. 2020.

[5] Conhecimentos em gestão de projetos, gestão de riscos e auditoria também são habilidades festejadas para um encarregado pela proteção de dados pessoais, visto que dentro de um processo de adequação à LGPD e na manutenção da conformidade, o encarregado realizará, conforme será visto oportunamente com mais detalhes, atividades de monitoramento e fiscalização, cuja aproximação deverá sempre ser pautada em risco, cuja mitigação será

Nesse sentido, a Considerando 97 da GDPR *"General Data Protection Regulation"*, regulamento europeu que trata especificamente sobre o tema de privacidade e proteção de dados pessoais, modulou o grau de exigência nas habilidades do profissional ao dispor que: "o nível necessário de conhecimentos especializados deverá ser determinado em função do tratamento de dados realizado e da proteção exigida para os dados pessoais tratados pelo controlador ou operador".

Por fim, importante mencionar que o IAPP publicou relatório demonstrando as áreas que mais acolhem o cargo de encarregado. Verifica-se que, pela necessidade de compreender as normas de proteção de dados – LGPD, GDPR, regulação setorial entre outras –, bem como a necessidade de harmonizar tais normas com outras leis, o encarregado é amplamente alocado no Jurídico, conforme gráfico:

Fonte: IAPP-EY Annual Privacy Governance Report 2019, p. 22.

2 Quem deve indicar um encarregado?

A Lei Geral de Proteção de Dados é bastante sucinta em relação ao assunto, porquanto, embora haja outras passagens que mencionam o encarregado, dedicou especificamente ao assunto somente o artigo

---

alcançada por meio do adequado plano de ação, em que a implementação deverá ser capitaneada pelo encarregado.

41,[6] o qual destina ao controlador a obrigatoriedade de indicar o encarregado, ao contrário do que é previsto na GDPR, que no artigo 37[7] determina que o "Controller" e o "Processor"[8] indiquem um DPO (Data Protection Officer). No Brasil foi superada a intenção de dirigir tal obrigação também ao operador.

A Medida Provisória nº 869/2018, doravante convertida na Lei nº 13.853/2019, dispensou a necessidade de o operador indicar um encarregado, inobstante a princípio o Congresso Nacional tenha incluído nos incisos do artigo 41 que a Autoridade Nacional de Proteção de

---

[6] Art. 41. O controlador deverá indicar encarregado pelo tratamento de dados pessoais.
§1º A identidade e as informações de contato do encarregado deverão ser divulgadas publicamente, de forma clara e objetiva, preferencialmente no sítio eletrônico do controlador.
§2º As atividades do encarregado consistem em:
I - aceitar reclamações e comunicações dos titulares, prestar esclarecimentos e adotar providências;
II - receber comunicações da autoridade nacional e adotar providências;
III - orientar os funcionários e os contratados da entidade a respeito das práticas a serem tomadas em relação à proteção de dados pessoais; e
IV - executar as demais atribuições determinadas pelo controlador ou estabelecidas em normas complementares.
§3º A autoridade nacional poderá estabelecer normas complementares sobre a definição e as atribuições do encarregado, inclusive hipóteses de dispensa da necessidade de sua indicação, conforme a natureza e o porte da entidade ou o volume de operações de tratamento de dados.

[7] Section 4 Data Protection Officer Article 37 Designation of the data protection officer 1. *The controller and the processor* shall designate a data protection officer in any case where: (a) the processing is carried out by a public authority or body, except for courts acting in their judicial capacity; (b) the core activities of the controller or the processor consist of processing operations which, by virtue of their nature, their scope and/or their purposes, require regular and systematic monitoring of data subjects on a large scale; or (c) the core activities of the controller or the processor consist of processing on a large scale of special categories of data pursuant to Article 9 and personal data relating to criminal convictions and offences referred to in Article 10. 2. A group of undertakings may appoint a single data protection officer provided that a data protection officer is easily accessible from each establishment. 3. Where the controller or the processor is a public authority or body, a single data protection officer may be designated for several such authorities or bodies, taking account of their organizational structure and size. 4. In cases other than those referred to in paragraph 1, the controller or processor or associations and other bodies representing categories of controllers or processors may or, where required by Union or Member State law shall, designate a data protection officer. The data protection officer may act for such associations and other bodies representing controllers or processors. 5. The data protection officer shall be designated on the basis of professional qualities and, in particular, expert knowledge of data protection law and practices and the ability to fulfil the tasks referred to in Article 39. 6. The data protection officer may be a staff member of the controller or processor, or fulfil the tasks on the basis of a service contract. 7. The controller or the processor shall publish the contact details of the data protection officer and communicate them to the supervisory authority.

[8] Termos correlatos ao que foi designado na LGPD como controlador e operador, conceitos no artigo 5º, VI e VII.

Dados ficaria incumbida de indicar as hipóteses em que o operador deveria indicar o encarregado.

Tal diferença entre a LGPD e a GDPR se refere ao fato de o Regulamento Europeu atrelar a necessidade de indicação de DPO às características da operação de tratamento e não necessariamente à qualificação do agente de tratamento como *controller* ou *processor*.

Neste sentido, o artigo 37 da GDPR indica que o DPO deverá ser indicado quando:

> a) O tratamento for efetuado por uma autoridade ou um organismo público, excetuando os tribunais no exercício da sua função jurisdicional;
> b) As atividades principais do responsável pelo tratamento ou do subcontratante consistam em operações de tratamento que, devido à sua natureza, âmbito e/ou finalidade, exijam um controlo regular e sistemático dos titulares dos dados em grande escala; ou
> c) As atividades principais do responsável pelo tratamento ou do subcontratante consistam em operações de tratamento em grande escala de categorias especiais de dados nos termos do artigo 9.o e de dados pessoais relacionados com condenações penais e infrações a que se refere o artigo 10º.

Portanto, não importa para a GDPR a qualificação do agente de tratamento, mas sim as características e a criticidade do tratamento, quando então deverá ser indicado um DPO.

É de se notar que é impossível que o agente de tratamento seja somente operador, uma vez que o dado a ser protegido refere-se à pessoa natural, de forma que os colaboradores, terceiros entre outros, também são destinatários da proteção, situação em que o operador, se torna controlador e, portanto, responsável pela operação de tratamento e, por conseguinte, destinatário da obrigação disposta no artigo 41 da LGPD.

Assim, não obstante o artigo 41 mencione somente o controlador, na prática, todas as empresas terão de indicar um encarregado, cuja obrigação poderá ser mitigada pela Autoridade Nacional de Proteção de Dados Pessoais, conforme disposto no artigo 41, §3º,[9] bem como o artigo 55-J, inciso XVIII,[10] ambos da LGPD.

---

[9] 41§3º A autoridade nacional poderá estabelecer normas complementares sobre a definição e as atribuições do encarregado, inclusive hipóteses de dispensa da necessidade de sua indicação, conforme a natureza e o porte da entidade ou o volume de operações de tratamento de dados.

[10] XVIII - editar normas, orientações e procedimentos simplificados e diferenciados, inclusive quanto aos prazos, para que microempresas e empresas de pequeno porte, bem como

Importante destacar que nesta obrigação de indicação de encarregado também está incluído o Poder Público, o qual é controlador de uma grande base de dados pessoais, uma vez que o artigo 1º da LGPD indica de maneira clara que a norma será aplicável a qualquer pessoa, física ou jurídica, de direito público ou privado, não havendo qualquer exceção em relação ao Poder Público no tocante à obrigação de indicação de encarregado.

Além disto, não há qualquer vedação na indicação de um único encarregado para um conglomerado ou grupo econômico, devendo haver, entretanto, larga análise acerca da viabilidade operacional de indicação de apenas um encarregado ao grupo econômico, uma vez que o volume de trabalho, bem como a versatilidade das operações e localidade das diversas empresas do grupo, poderá fragilizar a atuação do encarregado.

Ressalte-se ainda que não há vedação legal para que uma mesma empresa nomeie mais de um encarregado. Verifica-se que determinadas empresas podem ter mais de uma linha de negócio, como é o caso de corretoras seguradoras, os quais podem lidar com linhas de negócios voltadas para vida, saúde e patrimônio, de forma que é possível, a depender dos anseios da empresa em relação à proteção de dados pessoais, a indicação de um encarregado para cada linha de negócio, dada a particularidade de cada uma.

Por fim, é importante pontuar que, independente da escolha de quantos encarregados serão indicados, é salutar que o processo de escolha seja documentado, conforme bem mencionou Marcos Gomes da Silva Bruno:

> A análise quanto à obrigatoriedade ou não da organização nomear um encarregado pelo Tratamento De Dados Pessoais, deverá ser devidamente documentada, visando possibilitar a demonstração de que tudo que era relevante foi considerado, para aquela decisão, em observância ao princípio da prestação de contas (artigo 6º, inciso X da Lei Geral de Proteção de Dados. Essa documentação poderá ser solicitada pela Autoridade Nacional de Proteção de Dados, e deverá ser atualizada sempre que necessário, sobretudo quando a empresa lançar produtos ou serviços que importem em novos tratamentos de dados pessoais.[11]

---

iniciativas empresariais de caráter incremental ou disruptivo que se autodeclarem startups ou empresas de inovação, possam adequar-se a esta Lei;

[11] BRUNO, Marcos Gomes da Silva. *LGPD, Lei Feral de Proteção de Dados Comentada*. São Paulo: Revista dos Tribunais, 2019, p. 414.

Isto mostrará a diligência da empresa em demonstrar o processo de escolha, bem como que escolheu o melhor profissional possível, considerando suas possibilidades e as particularidades do seu negócio, em vista dos conhecimentos demonstrados e documentados pelo profissional escolhido.

Importante dizer ainda que a LGPD é expressa ao mencionar que a identidade e o contato do encarregado devem ser publicados de maneira clara e objetiva, preferencialmente no sítio eletrônico do controlador.

3 Atividades do encarregado

Para a correta adequação à Lei Geral de Proteção de Dados Pessoais, muito além da indicação de um encarregado, será necessário criar um programa de governança para a manutenção da conformidade, tendo em vista que a adequação à LGPD não é um fim em si mesmo, mas deve ser um valor a ser perseguido por quem estará sujeito à referida norma. Neste ecossistema é que se insere o encarregado, ou seja, como um profissional que auxiliará o agente de tratamento na manutenção da conformidade com a LGPD e com outras normas que versem em alguma medida sobre proteção de dados pessoais.

A Lei Geral de Proteção de Dados indica algumas atividades, as quais estão dispostas no artigo 41, §2º, da LGPD conforme a seguir:

a) Aceitar reclamações e comunicações dos titulares, prestar esclarecimentos e adotar providências

Dentro da conformidade com a LGPD, a empresa deverá criar um canal de comunicação com o titular dos dados pessoais, por meio do qual serão recepcionadas reclamações, comunicações do titular dos dados, bem como serão prestados esclarecimentos.

O encarregado terá o desafio de gerenciar este fluxo, eventualmente, com o auxílio de uma equipe, endereçando as questões que lhes forem submetidas por meio do citado canal de comunicação com o titular dos dados pessoais, em observância aos prazos já previstos na LGPD,[12] bem como aqueles que a ANPD atribuir futuramente.

---

[12] Art. 19, II - por meio de declaração clara e completa, que indique a origem dos dados, a inexistência de registro, os critérios utilizados e a finalidade do tratamento, observados os segredos comercial e industrial, fornecida no prazo de até 15 (quinze) dias, contado da data do requerimento do titular.

Assim, o encarregado será importante agente na interação com o titular dos dados pessoais, o que é tarefa de extrema relevância, tendo em vista que a atuação da Autoridade Nacional de Proteção de Dados será realizada amplamente em razão de eventuais reclamações dos titulares dos dados pessoais consoante artigo 55-J, V, da LGPD,[13] de forma que o atendimento correto e transparente dos titulares de dados pessoais será primordial para evitar averiguações pela ANPD.

Além do próprio atendimento transparente e tempestivo das reclamações e requisições dos titulares de dados pessoais, o encarregado terá de se preocupar com a documentação de todo o fluxo de atendimento desta obrigação para atender ao princípio da responsabilização e prestação de contas previsto no artigo 6º, X, da LGPD, tendo em vista que o agente de tratamento poderá ser requisitado a comprovar que agiu corretamente na comunicação com o titular dos dados pessoais.

Importante ressaltar que agir corretamente não necessariamente significa atender às solicitações do titular, mas sim endereçar e tomar as providências necessárias de forma tempestiva, bem como ser transparente com o titular, informando-o de maneira objetiva e clara sobre o eventual cumprimento parcial ou recusa de atendimento das requisições realizadas.

b) Receber comunicações da autoridade nacional e adotar providências

O encarregado ainda estará incumbido de realizar a interação com a Autoridade Nacional de Proteção de Dados quando esta requisitar eventual informação ou determinar providências a serem adotadas pelo agente de tratamento.

Diversas são as hipóteses de esta interação ocorrer, como por exemplo quando a ANPD solicitar comprovação dos tratamentos de dados realizados pela base legal do legítimo interesse, dados de pessoas em estado de vulnerabilidade, como o caso de crianças,[14] o que será realizado pelo encarregado por meio do fornecimento do registro de operações de tratamento de dados pessoais, previsto no artigo 37 da LPGD.[15]

---

[13] Art. 55-J, V - apreciar petições de titular contra controlador após comprovada pelo titular a apresentação de reclamação ao controlador não solucionada no prazo estabelecido em regulamentação.

[14] Importante pontuar que juridicamente crianças são aqueles indivíduos de até 12 anos incompletos, conforme artigo 2º do Estatuto da Criança e do Adolescente.

[15] Art. 37. O controlador e o operador devem manter registro das operações de tratamento de dados pessoais que realizarem, especialmente quando baseado no legítimo interesse.

Além disto, a Autoridade Nacional de Proteção de Dados Pessoais poderá pedir Relatório de Impacto à Proteção de Dados Pessoais, conforme previsto, por exemplo, nos artigos 10, §3º,[16] e 38 da LGPD, de forma que caberá ao encarregado a gestão e o atendimento de tal solicitação da ANPD.

c) Orientar os funcionários e os contratados da entidade a respeito das práticas a serem tomadas em relação à proteção de dados pessoais

Conforme já mencionado, para o atendimento dos ditames da Lei Geral de Proteção de Dados Pessoais, os agentes de tratamento deverão implementar programa de governança, o qual deverá contemplar políticas, procedimentos com normas claras sobre a proteção de dados pessoais, cuja observância deverá ser obrigatória.

É de se ressaltar que um dos principais desafios para a manutenção da conformidade é a criação do conhecimento pelos colaboradores e contratados acerca dos conceitos e princípios da LGPD, das normas e procedimentos internos atinentes à proteção de dados pessoais, bem como a manutenção da conscientização.

Para tanto, o encarregado deverá criar um plano de treinamento para aproximar os *stakeholders* da temática, a fim de promover um engajamento e reconhecimento da importância de se portar de maneira correta em relação aos dados pessoais acessíveis no exercício das atividades pelo colaborador e/ou contratado.

Assim, o encarregado deverá se aproximar, sobretudo da área de Suprimentos e de Recursos Humanos, para avaliar a necessidade e periodicidade dos treinamentos, para que o *onboarding* de funcionários e contratados, por exemplo, seja sucedido, o mais breve possível, do devido treinamento sobre a Lei Geral de Proteção de Dados e as normas internas voltadas ao tema.

Além disto, recomenda-se que o encarregado periodicamente realize treinamentos com as áreas, sempre se pautando nas particularidades das referidas áreas e riscos eventualmente encontrados no processo de monitoramento do programa de privacidade.

Neste aspecto, verifica-se a importância, primeiro, de o encarregado periodicamente avaliar as atividades realizadas pelas áreas e, segundo, ter um ponto focal dentro das áreas que tenha um conhecimento

---

[16] Art. 10 §3º A autoridade nacional poderá solicitar ao controlador relatório de impacto à proteção de dados pessoais, quando o tratamento tiver como fundamento seu interesse legítimo, observados os segredos comercial e industrial.

qualitativo sobre as atividades exercidas pela respectiva área a qual integra e possa lhe municiar de informações a respeito do tratamento de dados pessoais.

d) Executar as demais atribuições determinadas pelo controlador ou estabelecidas em normas complementares

Não obstante o legislador tenha atribuído atividades específicas ao encarregado, deixou a critério do controlador atribuir eventuais atividades adicionais ao encarregado, o que se mostra de extrema razoabilidade, tendo em vista que há outras atividades relevantes a serem realizadas.

A GDPR nos empresta bons exemplos de atividades complementares que podem ser exercidas pelo encarregado na manutenção da conformidade com a Lei Geral de Proteção de Dados:

- Aconselhamento do agente de tratamento a respeito das suas obrigações e sobre outras questões atinentes à proteção de dados pessoais

É extremamente aconselhável que o encarregado sirva como órgão consultivo para assuntos que envolvam o tratamento de dados pessoais, como, por exemplo, em relação à viabilidade de um tratamento de dados pessoais, cujo relatório de impacto à proteção de dados pessoais indique a existência de riscos.

Ademais, é recomendável que o encarregado sempre seja consultado caso o agente de tratamento tenha alguma dúvida sobre o dever de cumprimento de eventual obrigação, bem como sobre a melhor forma de cumprir determinada obrigação que seja atinente ao tratamento de dados pessoais.

É sabido ainda que a Lei Geral de Proteção de Dados indica a responsabilidade dos agentes de tratamento em relação às penalidades previstas na norma, bem como eventuais ressarcimentos de danos, de forma que será necessário realizar a avaliação de terceiros, tanto em sua contratação quanto periodicamente, para assegurar que o referido terceiro está em conformidade com a Lei Geral de Proteção de Dados Pessoais.

Ao realizar a avaliação do terceiro, é de extrema relevância que o encarregado esteja envolvido no processo de avaliação ou seja consultado sobre a viabilidade de contratação com o terceiro avaliado.

- Controle da conformidade do agente de tratamento com a LGPD e outras normas eventualmente aplicáveis

A LGPD demanda que os agentes de tratamento comprovem a conformidade com as suas regras, bem como a efetividade de seu programa de governança de dados pessoais consoante artigo 50, §2º, II, da LGPD, o que decorre do princípio da responsabilização e prestação de contas.

Assim, é recomendável que seja do encarregado a incumbência de monitorar a conformidade do agente de tratamento com as obrigações previstas na Lei Geral de Proteção de Dados Pessoais, bem como o cumprimento das normas existentes no programa de governança vigente no agente de tratamento.

Tal monitoramento se mostra de extrema relevância, tendo em vista que contribui para que o agente de tratamento se porte de maneira proativa e não reativa, prevendo os riscos antes que eles se materializem, também em observância ao princípio da prevenção, que determina que medidas administrativas devem ser adotadas para prevenir danos ao titular dos dados pessoais.

Assim, o encarregado deverá periodicamente colher algumas métricas do programa de privacidade para avaliar a sua efetividade e endereçar prontamente as vulnerabilidades encontradas.

Com efeito, algumas métricas que poderão ser consideradas na atividade de monitoramento são: a) número de dias entre o ingresso de um colaborador na companhia e a realização de treinamento básico em privacidade e proteção de dados; b) número de riscos de privacidade que continuam pendentes após o período de mitigação; c) número de *assessments* de privacidade concluídos; d) número de incidentes detectados por origem; por unidade de negócio; por projeto; por nível de segurança; e) tempo médio para início de resposta a incidente; f) tempo médio para completar resposta a incidente; g) percentual orçamentário dedicado à privacidade; h) percentual de pessoal formado em privacidade; i) percentual de soluções de alta sensibilidade, como capacidade de encriptação, anonimização ou pseudonimização.

Tais métricas são apenas exemplos do que poderá ser monitorado pelo encarregado. O fato é que é de extrema importância que haja tal acompanhamento periódico, como medida de prevenção, sendo que o encarregado é o mais indicado para o exercício desta atividade.

Ressalte-se ainda que, considerando que o encarregado fará a gestão do programa de privacidade, aconselhável que nesta atividade também esteja incumbido de gerenciar o registro de operações de tratamento de dados pessoais, previsto como obrigação no artigo 37 da LGPD, visto que o registro de operações de tratamento de dados pessoais é ótima ferramenta de governança, pois indica ao encarregado diversos insumos que serão utilizados na verificação de riscos das atividades exercidas pelo agente de tratamento.

Por fim, considerando que a LGPD determina no artigo 46, §1º, que o agente de tratamento deve adotar medidas técnicas e administrativas para garantir a segurança do dado pessoal desde a concepção de produtos ou serviços, é necessário que o encarregado esteja envolvido no procedimento de avaliação, sob a perspectiva de privacidade e proteção de dados, das iniciativas do agente de tratamento, também chamado de Procedimento *Privacy by Design*.[17]

Assim, o encarregado pela proteção de dados pessoais estará envolvido em todo o ciclo de manutenção da conformidade do agente de tratamento com a Lei Geral de Proteção de Dados, sobretudo para garantir o atendimento do princípio da responsabilização e prestação de contas.

4 Responsabilização do encarregado

Em regra, a responsabilização pela desconformidade com qualquer norma de proteção de dados deverá recair sobre o agente de tratamento, uma vez que, conforme destaca Luiz Prado Chaves ao tratar sobre o DPO no âmbito da GDPR,

> (...) as funções do DPO não incluem qualquer ato no sentido de garantir cumprimento com a GDPR, (e demais legislações de proteção de dados aplicável), pois é uma obrigação exclusiva do agente de tratamento.[18]

A Lei Geral de Proteção de Dados reservou ao tema da responsabilização e ressarcimento de danos os artigos 42 a 45, onde consta claramente (artigo 42 *caput*) que o controlador e o operador serão responsáveis por danos causados em razão de "dano patrimonial, moral, individual ou coletivo, em violação à legislação de proteção de dados pessoais." Portanto, a princípio e perante o próprio titular de dados

---

[17] A Autoridade Nacional Espanhola publicou Guideline sobre o procedimento de *Privacy by Design* e destacou a importância do DPO ou encarregado: "The figure of the Data Protection Officer plays an essential role in implementing this strategy, by assessing the controller and supervising the compliance with data protection regulations within the organisation". Disponível em: file:///C:/Users/teste/Downloads/Telegram%20Desktop/Privacy_by_Design_1573205321%20(2).pdf.

[18] CHAVES, Luis Fernando Prado, Comentários ao GDPR – Regulamento Geral de Proteção de Dados da União Europeia. Responsável pelo tratamento, subcontratante e DPO. *Revista dos Tribunais*, São Paulo, p. 136, 2019.

pessoais, o responsável pela reparação será o agente de tratamento, ainda que o dano tenha ocorrido por culpa ou dolo do encarregado, o que se mostra consentâneo com o que dispõe o artigo 932, III, do Código Civil.[19]

A norma ainda prevê que, não obstante a responsabilização perante o titular dos dados pessoais seja exclusiva do agente de tratamento, aquele que reparar o dano poderá ajuizar ação de regresso "contra os demais responsáveis, na medida de sua participação no evento danoso".[20]

Assim, caso o dano decorra diretamente de dolo ou culpa do encarregado – hipótese em que se aplicaria a regra geral de responsabilidade prevista no Código Civil –, o agente de tratamento poderá se ressarcir dos prejuízos que tenha arcado perante o titular dos dados pessoais, cuja interpretação também é válida em relação às multas previstas no artigo 52, II e III, da LGPD, as quais deverão ser arcadas pelo agente de tratamento, conforme *caput* do referido artigo, entretanto, poderão ser ressarcidas pelo encarregado caso este concorra com culpa ou dolo para o evento que culminar na aplicação da sanção.

Tal regra ainda poderá ser aplicada para o encarregado pessoa jurídica, uma vez que, não obstante seja empresa, a lei não estabelece qualquer exceção à regra de que é do agente de tratamento a responsabilidade de arcar com qualquer punição advinda de descumprimento das normas previstas na LGPD e, sobretudo, em razão da existência de danos ao titular dos dados pessoais.

5 Conclusão

Como visto, a figura do encarregado é obrigatória para a conformidade com a Lei Geral de Proteção de Dados, o que se mostra ponto comum, inclusive, com o Regulamento Europeu (GDPR), sendo importante ator para a conformidade com as normas de proteção de dados pessoais.

O referido profissional, em que pese novo no mercado, está sendo lapidado, de forma que, como visto na Europa, já há 500.000 (quinhentos mil) encarregados registrados e a tendência é crescer este número no

---

[19] Art. 932 do Código Civil: São também responsáveis pela reparação civil: III – o empregador ou comitente, por seus empregados, serviçais e prepostos, no exercício do trabalho que lhes competir, ou em razão dele.

[20] Art. 42, §4º, da LGPD: Aquele que reparar o dano ao titular tem direito de regresso contra os demais responsáveis, na medida de sua participação no evento danoso.

mundo todo em razão do passo mundial em direção à proteção de dados pessoais como "atributo básico do direito à privacidade"[21] do titular dos dados pessoais.

Fato é que não há como ter conformidade com a LGPD sem o auxílio do encarregado, posto que, como visto, exercerá funções de extrema relevância como a interação com a ANPD e com os titulares dos dados pessoais, treinamento de funcionários, orientação do agente de tratamento a respeito de suas obrigações e manutenção da conformidade por meio do monitoramento do programa de governança de dados pessoais.

Para tanto, o agente de tratamento deverá garantir ao encarregado a autonomia necessária para exercer as suas atividades, sempre garantindo recursos necessários para que a atividade do encarregado não seja obstada pela falta de orçamento ou obstáculos de acesso às informações que precisam ser monitoradas no contexto do programa de governança, bem como acesso às lideranças das áreas e da própria empresa, garantindo ainda que esteja indene de qualquer retaliação pelo legítimo e adequado exercício de suas atividades.

Informação bibliográfica deste texto, conforme a NBR 6023:2018 da Associação Brasileira de Normas Técnicas (ABNT):

MARZZOCO, Diogo Silva. A figura do encarregado pela proteção de dados pessoais. In: PIRONTI, Rodrigo (Coord.). Lei Geral de Proteção de Dados: estudos sobre um novo cenário de Governança Corporativa. Belo Horizonte: Fórum, 2020. p. 233-247. ISBN 978-65-5518-043-5.

---

[21] LEONARDI, Marcel. Tutela e Privacidade na Internet. São Paulo: Saraiva, 2011, p. 67.

SOBRE OS AUTORES

Ana Maria Silveira Sasso Gomes
Advogada especialista em *Compliance* Corporativo e LGPD com atuação em grandes grupos empresariais. Pós-graduada em *Compliance* e Governança Jurídica pela FAE Centro Universitário. Bacharel em Direito pela Universidade Positivo. Professora no MBA em Privacidade e Proteção de Dados (LGPD) da Pólis Civitas/ESMAFE. Professora no MBA em *Compliance* Público da Pólis Civitas/JML. Atuou por vários anos como advogada na esfera cível, com foco na defesa de grandes grupos empresariais, como seguradoras e bancos. Nos últimos anos, integrou a área de *Compliance* de um dos maiores grupos de educação do país, participando ativamente na reestruturação do Programa de *Compliance*. Coordenadora de *Compliance* Privado do escritório Pironti Advogados.

Bruno Affonso
Auditor governamental. Possui graduação em Direito. Especialista e mestre em Administração Pública, na linha de pesquisa Gestão Organizacional. Integrante do Programa de Estudos em História da Administração Pública. Professor da Escola Nacional de Administração Pública e do Instituto de Pós-Graduação e Graduação (IPOG). Editor do Ementário de Gestão Pública, informativo de referência para gestores públicos de todas as esferas e poderes.

Caroline Rodrigues da Silva
Advogada e consultora em Licitações e Contratos Administrativos e Coordenadora de *Compliance* Público do escritório Pironti Advogados, em Curitiba-PR. Mestre em Meio Ambiente e Desenvolvimento na UFPR. Especialista em Direito Socioambiental pela PUCPR e em Direito e Gestão das Entidades do Sistema S pelo IDP-Brasília. Graduada em Direito pela Unicuritiba-PR. Coautora da obra *Manual das Estatais, Questões Jurídicas, Práticas e Essenciais de acordo com a Lei 13.303/2016* (Curitiba: JML Editora, 2019). Professora permanente da pós-graduação em licitações da Unibrasil-PR e de especializações de outras faculdades. Autora de diversos artigos sobre o tema licitações, contratos administrativos e *compliance* público. Instrutora de cursos e treinamentos e palestrante na área de licitações, contratos administrativos e *compliance* público.

Christian Bachmann
Engenheiro de computação, com especialização em redes e segurança de sistemas. Possui mais de 15 anos em investigação forense com ênfase na área computacional, tendo atuado como diretor de computação forense na Kroll Brasil e da BS Forensic & Security Services. Durante sua carreira realizou

investigações em empresas líderes de mercado, analisando fraudes, vazamentos de informações e acesso indevido. Também realizou trabalhos de avaliação de riscos de dados pessoais e de segurança da informação. Possui certificação em Análise Forense Computacional, Eng. de Redes Linux (Prometric), Examinador AcessData (FTK, FTK Imager, Password Recovery Toolkit, Registry Viewer) e as 10 certificações da ferramenta OneTrust. É professor de pós-graduação na Pontifícia Universidade Católica do Paraná, onde ministra a disciplina de Investigação Forense Computacional, e da faculdade Pólis Civitas, no curso de Lei Geral de Proteção de Dados, no qual ministra a disciplina de Requisitos de Segurança e Privacidade de Dados sob a Ótica da Tecnologia da Informação. Foi nomeado perito por juiz federal em casos ligados à área tecnológica e atuou como assistente técnico para grandes empresas. Alguns destaques são a investigação de empresas, executivos e terceiros envolvidos nas operações Lava-Jato, além de apoio em documentar informações realizadas em colaboração/delação premiada.

Diogo Silva Marzzoco

Graduado nas Faculdades Metropolitanas Unidas (FMU). Mestrando pela Miami University Science & Technology em Healthcare Management. Atua em projetos de adequação à Lei Geral de Proteção de Dados Pessoais, especificamente para empresas da área da saúde (redes de hospitais, seguradoras e operadoras de planos de saúde, indústria farmacêutica, corretoras e administradoras de benefícios, *healthtechs*), e em consultas voltadas a temas do Direito Digital. Professor na Opice Blum Academy. Professor convidado na Legal Ethics Compliance (LEC) em cursos voltados para a proteção de dados pessoais.

Eduardo Moura

Master in Business Administration (MBA) pelo IBMEC/RJ. Bacharel em Direito pela Universidade Tuiuti do Paraná. Atuou como consultor na condução de inúmeros processos de investigação defensiva. Atuou como *Compliance Officer* em companhias de atuação nacional. Professor no MBA em *Compliance* e Gestão de Riscos da Pólis Civitas/ESMAFE. Professor no MBA em Privacidade e Proteção de Dados (LGPD) da Pólis Civitas/ESMAFE. Professor no MBA em *Compliance* Público da Pólis Civitas/JML. Professor na Escola Superior de Polícia Civil do Estado do Paraná nas matérias *compliance* anticorrupção e investigações corporativas. Profissional com 17 anos de experiência na aplicação de ferramentas de gestão da ética, na condução de processos de investigação corporativa e na implantação/gestão de diversos programas de integridade. Implantou uma série de programas de integridade/*compliance* em companhias que atuam em diversos segmentos do mercado. *Head of Compliance* & *Compliance Officer* do escritório Pironti Advogados. Responsável pela gestão da área de *Compliance* do escritório Pironti Advogados.

Éryta Dallete Fernandes Karl
Advogada especialista em *Regulatory Compliance*, com mais de seis anos de experiência em *compliance* corporativo.

Felipe Greggio
Graduado em Direito pela Universidade Federal do Paraná. Pós-graduando em Economia pelo Instituto Mises Brasil. Especialista em Direito Contemporâneo pelo Instituto Luiz Carlos. Advogado sócio do escritório Pironti Advogados.

Felipe Guimarães
Especialista em segurança da informação, matemática estatística e álgebra linear, com experiência em *deep learning*, redes neurais, inteligência artificial, *machine learning*, *big data* e soluções de análise e detecção de ameaças. Formado em Engenharia de Sistemas pela PUCPR com mais de 10 anos de carreira, já prestou serviços de segurança da informação para grandes empresas, como Embraer e Banco do Brasil, e fundou a sua própria *startup* de desenvolvimento de tecnologia para cibersegurança, a Gatefy.

Francisco Zardo
Mestre em Direito do Estado pela UFPR. Professor de Direito Administrativo em cursos de pós-graduação. Coordenador de Direito Público da Escola Superior de Advocacia da OAB/PR. Vice-presidente do Instituto de Direito Administrativo Sancionador Brasileiro. Diretor executivo adjunto do Instituto Paranaense de Direito Administrativo. Advogado. E-mail: francisco@dotti.adv.br.

Juliana Legentil
Doutoranda e mestre em Administração pela Universidade de Brasília, linha de pesquisa Gestão de Pessoas e Estudos Organizacionais. Administradora na UnB com experiência em Gestão de Pessoas e Planejamento Organizacional. Integra o Grupo E-trabalho, certificado pelo CNPq, realizando pesquisas sobre as percepções e práticas de servidores e gestores em contexto de teletrabalho, além do Grupo de Excelência do Trabalho na Sociedade em Transformação (GETST) do CRA-SP. Exerce a função de Diretora Acadêmica Adjunta da *International Work Transformation Academy* (ITA), rede mundial de colaboração interdisciplinar, que investiga internacionalmente o comportamento do trabalho virtual e novas formas de trabalho baseadas no uso de tecnologias digitais.

Julieta Mendes Lopes Vareschini
Sócia fundadora do Grupo JML Consultoria & Eventos, empresa especializada em Direito Administrativo. Mestre em Direito. Especialista em Direito Ambiental e Gestão Ambiental. Possui graduação em Direito pela Faculdade de Direito de Curitiba. Advogada e consultora na área do Direito Administrativo, com ênfase em Licitações e Contratos Administrativos. Coordenadora técnica da JML Consultoria. Professora da UNIBRASIL. Palestrante na área de Licitações e Contratos perante entidades da Administração Pública e Sistema S, com atuação

em todo o território nacional. Autora das obras *Licitações e Contratos no Sistema S. e Discricionariedade Administrativa: uma releitura a partir da constitucionalização do direito*. Organizadora da obra *Repercussões da Lei Complementar 123/06 nas Licitações Públicas: de acordo com o Decreto 6.204/07*. Autora de diversos artigos jurídicos, dentre os quais: Gestão Planejada do Sistema de Registro de Preços. In: Diálogos de Gestão: novos ângulos e várias perspectivas. Curitiba: JML Editora, 2013.

Luciano Elias Reis
Doutorando com estágio na *Universitat Rovira i Virgili* com apoio da Coordenação de Aperfeiçoamento de Pessoal de Nível Superior – Brasil (CAPES) e mestre em Direito Econômico pela Pontifícia Universidade Católica do Paraná. Doutorando em Direito Administrativo pela *Universitat Rovira i Virgili*, Espanha. Diretor adjunto do Instituto Paranaense de Direito Administrativo. Professor de Direito Administrativo do UNICURITIBA e coordenador do Grupo de Pesquisa "Compras Públicas Inovadoras". Sócio do escritório jurídico Reis e Lippmann Advogados Associados. Advogado. E-mail: luciano@rcl.adv.br.

Luciano Ferraz
Advogado e parecerista. Pós-doutorado em Direito pela Nova Lisboa. Doutor e mestre em Direito Administrativo pela UFMG. Professor associado de Direito Administrativo na UFMG. Professor adjunto de Finanças Públicas e Direito Financeiro na PUC Minas.

Marcos Mafra
Advogado com Certificação Profissional de *Compliance* Anticorrupção pela LEC (CPC-A). Pós-graduando em Direito Empresarial e Econômico pela ABDConst. Cursando o MBA em Privacidade e Proteção de Dados (LGPD) pela Pólis Civitas/ESMAFE. Bacharel em Direito pela PUCPR e técnico em Informática pela TECPUC-PR. Ex-membro do Núcleo de Estudos Avançados em Direito, Trabalho e Socioeconomia. Antes de se tornar advogado, foi *Trainee* de *Compliance* Privado e Público por quase dois anos no escritório Pironti Advogados. Também foi assistente jurídico na área contenciosa de telefonia por mais de dois anos, atuando nos setores de apuração de riscos processuais e obrigações. Anteriormente, atuou como estagiário na área de Direito Bancário. Coordenador de Investigações Corporativas do escritório Pironti Advogados.

Matheus Lourenço Rodrigues da Cunha
Mestre e graduado em Direito pela Universidade Federal de Mato Grosso, onde defendeu em sua dissertação a tese da "Relação Tridimensional entre Corrupção, *Compliance* e Direitos Humanos e Fundamentais". Professor de cursos de pós-graduação, MBA e extensão, assim como autor de obras e artigos sobre Governança Corporativa e Pública, *Compliance* e Integridade, Gestão de Riscos, Auditoria e Controladoria. Foi secretário adjunto de Transparência e

Combate à Corrupção de Mato Grosso, responsável pela criação e implementação do Programa de Integridade Pública, um projeto pioneiro de mecanismos de *compliance* no setor público no Brasil. Advogado com mais de dez anos de experiência em *compliance* e contencioso estratégico em empresas nacionais e multinacionais. Atualmente é sócio e consultor líder na T4 *Compliance*. E-mail: matheus.cdlr@terra.com.br.

Mirela Miró Ziliotto

Advogada sócia e coordenadora da área de Licitações e Contratos do escritório Pironti Advogados. Especialista em Direito Administrativo pelo Instituto de Direito Romeu Felipe Bacellar. Mestranda em Direito Econômico e Desenvolvimento pela Pontifícia Universidade Católica do Paraná (PUCPR). Integrante da Comissão de Gestão Pública e Controle da Administração da OAB/PR. Integrante do Núcleo de Pesquisa em Políticas Públicas e Desenvolvimento Humano da PUCPR (NUPED).

Natália Brotto

Advogada fundadora do escritório Brotto Campelo Advogados, especialista em Direito Constitucional pela Academia Brasileira de Direito Constitucional (ABDCONST). Pós-graduada em Direito Contratual pela Escola de Direito de São Paulo da Fundação Getulio Vargas (FGV). Mestranda em Direito dos Negócios pela Escola de Direito de São Paulo da FGV.

Pedro Henrique Dalgallo Camargo

Advogado do escritório Brotto Campelo Advogados com atuação específica na Lei Geral de Proteção de Dados, graduado em Direito pela PUCPR, pós-graduando em Direito e Tecnologia pelo Instituto New Law, pesquisador vinculado ao Grupo de Desenvolvimento Social e Econômico do Núcleo de Pesquisa e Extensão Acadêmica UNICURITIBA.

Rafael Knorr Lippmann

Doutor e Mestre em Direito Processual Civil pela PUC-SP. Membro do Instituto Brasileiro de Direito Processual (IBPD). Membro fundador do Instituto Paranaense de Direito Processual (IPDP). Coordenador do Grupo de Pesquisa "Direito, novas tecnologias e sociedade", vinculado à Universidade Tuiuti do Paraná. Sócio do escritório jurídico Reis e Lippmann Advogados Associados. Advogado. E-mail: rafael@rcl.adv.br.

Rodrigo Pironti

Pós-doutor em Direito pela Universidad Complutense de Madrid. Doutor e mestre em Direito Econômico e Social pela Pontifícia Universidade Católica do Paraná. Especialista em Direito Administrativo pelo Instituto de Direito Romeu Felipe Bacellar Filho e em Direito Empresarial pela Pontifícia Universidade Católica do Paraná. Advogado sócio do escritório Pironti Advogados. Parecerista.

Sandro Tomazele

Graduado em TI, pós-graduado em Redes de Computadores, mestrando em comércio internacional pela Universidade de Angers, França, com vasta experiência na iniciativa privada, tendo atuado, por exemplo, na Brasil Telecom (atualmente Oi). Atualmente, Analista Judiciário do Tribunal Superior do Trabalho (TST), exercendo a função de supervisor de Segurança da Informação e tendo atuado como coordenador substituto de apoio à governança e gestão de TIC. Dentro do Tribunal exerceu diversas atividades, foi responsável por várias licitações de soluções de TI para a Justiça do Trabalho e para o próprio TST. Atua ativamente na governança e na gestão de riscos corporativos, tendo coordenado a equipe que desenvolveu a metodologia de gestão de riscos do TST e desenvolvido proposta para adequação do Tribunal para os requisitos da LGPD. Ministrou capacitações e palestras ou consultoria em governança, *compliance*, gestão de riscos, auditoria, controles internos, melhoria de processos, LGPD, entre outros na ANAC, no Senado Federal, no TST, nos Tribunais Regionais do Trabalho de Rondônia, Minas Gerais, Alagoas, João Pessoa, Mato Grosso do Sul, Goiânia, Sergipe, Paraná, Amazonas, para o Tribunal de Justiça de Rondônia, para o Ministério Público do Piauí e para alunos do CSJT, CNMP, para a Mútua de Assistência dos Profissionais do CREA, para entidades do Sistema S e mais de 50 outras instituições públicas e privadas. Foi membro do comitê de governança das corporações e do comitê gestão de riscos, ambos da ABNT. Articulista de *compliance*, governança, gestão de riscos, licitações e contratos e LGPD e coordenador científico para gestão de riscos da JML. Atua como professor convidado da Privacy Academy em Recife, PE. Professor do MBA em Privacidade e Proteção de Dados da Faculdade Pólis Civitas – Curitiba, PR.

Thiago Ferreira Almeida

Advogado e especialista em Direito Internacional e Parcerias Público-Privadas. Doutorando e mestre em Direito Internacional pela UFMG. Professor de MBA de Infraestrutura, Concessões e Parcerias Público-Privadas na PUC Minas. Professor de Direito Administrativo e Internacional no Instituto New Law. Assessor de Investimentos Internacionais da Vice-Governadoria do Estado de Minas Gerais.

Walter Luis Araujo da Cunha

MBA em Gestão de Projetos pela Fundação Getulio Vargas (FGV). Engenheiro Eletrônico pelo Instituto Tecnológico de Aeronáutica (ITA). Auditor federal de Finanças e Controle da Controladoria-Geral da União (CGU). Professor e palestrante sobre Teletrabalho, Gestão de Segurança da Informação, Contratações de TIC e Governança.